普通高等教育土建学科专业"十一五"规划教材
高等学校工程管理专业规划教材

土木工程经济

谭大璐　编著

中国建筑工业出版社

图书在版编目（CIP）数据

土木工程经济/谭大璐编著．—北京：中国建筑工业出版社，2010.5（2022.5重印）

普通高等教育土建学科专业"十一五"规划教材·高等学校工程管理专业规划教材

ISBN 978-7-112-12115-1

Ⅰ.①土…　Ⅱ.①谭…　Ⅲ.①土木工程-工程经济-高等学校-教材　Ⅳ.①F407.9

中国版本图书馆 CIP 数据核字（2010）第 091872 号

本书是普通高等教育土建学科专业"十一五"规划教材之一。它以普通高等学校工程管理专业指导委员会讨论通过的《工程经济学》课程教学大纲为依据，结合土木工程领域特点，以培养应用型人才为目标，通过查阅大量相关的专著、教材和应用实例编写而成。全书全面、系统地介绍了土木工程领域中最常用的工程经济分析方法，主要内容包括：土木工程经济基本概念、资金的时间价值与计算、资金筹措的途径与结构优化、项目的预测与决策方法、方案经济比较与选择、项目可行性研究、项目财务评价与国民经济评价、风险分析方法、设备更新经济分析、项目后评估等内容。

本书可作为高等学校土木工程专业、工程管理专业、工程造价专业、理工类专业的教材，也可作为从事工程项目投资决策、规划、设计、施工、咨询等工作的工程管理人员、工程技术人员、工程经济专业人员的参考书，同时还可以作为准备参加土木工程领域相关执业资格考试人员的参考书。

为更好地支持相应课程的教学，我们向采用本书作为教材的教师提供教学课件，有需要者可与出版社联系，邮箱：jckj@cabp.com.cn，电话：(010) 58337285，建工书院 http://edu.cabplink.com。

* * *

责任编辑：张　晶
责任设计：张　虹
责任校对：王雪竹

普通高等教育土建学科专业"十一五"规划教材
高等学校工程管理专业规划教材

土 木 工 程 经 济
谭大璐　编著

*

中国建筑工业出版社出版、发行（北京西郊百万庄）
各地新华书店、建筑书店经销
北京红光制版公司制版
北京建筑工业印刷厂印刷

*

开本：787×1092 毫米　1/16　印张：12¼　字数：306 千字
2010 年 7 月第一版　2022 年 5 月第十三次印刷
定价：**23.00** 元（赠教师课件）
ISBN 978-7-112-12115-1
(19376)

前　言

《土木工程经济》是普通高等教育土建学科专业"十一五"规划教材之一。它以普通高等学校工程管理专业指导委员会讨论通过的《工程经济学》课程教学大纲为依据，结合土木工程领域特点，以培养应用型人才为目标，力图为普通高等学校土木工程专业、工程管理专业、工程造价专业及其他理工类专业提供一部少学时的技术经济基础课程教材，本教材的编写思路如下图所示：

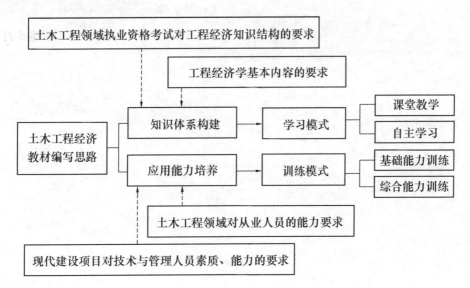

根据上述编写思路，本教材体现了以下特点：

（1）系统性。教材力图对工程经济学的基本理论与方法进行较为全面的阐述。为此，作者查阅了大量专著、教材和应用实例，教材既囊括了工程经济学的经典理论，又涵盖了国家有关部门对建设项目进行经济评价的内容、方法与体系。

（2）实用性。教材的实用性基于两点考虑。

首先，希望通过本书的学习，使读者能够较轻松地掌握工程经济学原理在建设领域的应用方法。为此在编写过程中，对每个知识点都配有由浅到深的例题与习题，便于读者理解与自学。同时许多章节还提供了实用性较强的案例，以提高读者解决实际问题的能力。

其次，希望通过本教材的学习，读者能够达到土木工程领域的相关执业资格考试中对工程经济学知识的要求。本书在保证教材知识系统性的同时，在内容的选择、习题的题型等方面，都力求与执业资格考试内容接轨，为读者今后参加土木工程领域的执业资格考试奠定基础。

（3）编写风格新颖性。为了重点突出，每节都设有图文并茂的"重要概念与知识点"，它是相应知识点的精炼与概括。如果读者对相应章节的知识点熟悉，只要浏览此部分，即可快速找到所需概念或公式，如果不熟悉，则可在学习了相应章节详细内容后，通过阅读此部分，复习与掌握本章节的重点内容。

本书由四川大学谭大璐主编，四川大学尹健对本书提出了大量宝贵的意见并对本书进行了认真的审阅。参加编写的还有四川大学彭盈、董娜、邹琢晶；四川大学锦城学院刘桂宏；西南石油大学罗振华；重庆文理学院魏燕。四川大学建筑与环境学院研究生陆杨、陈康、谭聪、杨小雪、陈沈杰、四川大学建筑与环境学院建筑学 05 级学生尹航为本书的案例编制、习题选编、绘图、校对等做了大量有益的工作。在编写过程中，作者还参阅并引用了不少专家、学者论著中的有关资料，在此表示衷心的感谢。

本书的构思是以编写一本通俗易懂、风格新颖的土木工程经济教材为初衷。但由于作者的理论水平和工作实际经验有限，成书付梓过程中，虽经仔细校对修改，但难免仍有不当之处，敬请各位专家和读者不吝指教。

2010 年 2 月

目   录

第1章 概 论

人类的进步与发展与人类有目的、有组织地进行经济活动密不可分。由于土木工程经济活动要消耗大量的资源，为保证社会的可持续发展，在土木工程实践中，利用工程经济原理与手段，最大限度地节约资源，保证项目建设的效果能满足人们的需求，这是土木工程经济的重要目标之一。

1.1 土木工程经济概述

重要概念与知识点

（1）工程经济学是工程与经济的交叉学科。

（2）土木工程经济学是一门利用工程经济学的基本原理，研究如何确定土木工程经济活动的代价，在此基础上寻求实现预期目标的有效途径，设计和选择最佳实施方案的学科。

1.1.1 基本概念

1. 工程

"工程"一词在《辞海》中有两层含义。

"工程"的第一层含义是将自然科学的原理应用到工农业生产而形成的各学科的总称，如土木工程、机械工程、化学工程、水利工程等。例如，土木工程就是把数学、物理学、化学等基础学科知识，力学、材料等技术科学知识，以及土木工程方面的工程技术知识综合运用到人们生产、生活实践中，用于研究、设计、修筑各种建筑物和构筑物的各种学科的总称。在此含义下，"工程"的主要内容包括对于工程的勘察、设计、施工、原材料的选择，设备和产品的研制，工艺和施工方法的研究等。

"工程"的第二层含义是指具体的建设项目，如三峡工程项目、南水北调项目、青藏铁路项目等等。现在，"工程"的概念已经广泛运用于各行各业。概括地说，工程是一种科学的应用，是把科学原理转化为新产品的创造性活动，而此活动是通过各种建设项目的实施，并利用各类工程技术，由不同类型的工程技术人员完成的。

2. 经济

经济一般有以下四个方面的含义：

一是社会生产关系。人们在物质资料生产过程中，为了进行生产，建立了不以人的意志为转移的社会生产关系。生产关系是上层建筑赖以存在的基础。

二是国民经济的总称。

三是指人类的经济活动，即对物质资料的生产、交换、分配和消费活动。

四是指节约、节省。即以较少的社会投入获取较大的社会产出。

3. 工程经济学

工程经济学是工程与经济的交叉学科。

工程经济学中的"工程"涵盖了一般概念中的工程（制作过程与方法）和技术（劳动的技能和技巧），即不仅包括了相应的生产工具、物质设备、生产的工艺过程或作业程序方法，同时也包括了相应的劳动生产经验、知识和技巧。

工程经济学中的"经济"包括了相应的社会经济体制（生产关系）、社会生产和再生产（物质资料的生产、交换、分配、消费的现象和过程）和社会资源的有效利用与节约。

4. 土木工程经济

土木工程经济学是一门利用工程经济学的基本原理，研究如何确定土木工程经济活动的代价，在此基础上寻求实现预期目标的有效途径，设计和选择最佳实施方案的学科。

土木工程经济是指用于土木工程领域的工程经济学。土木工程领域在决策阶段要对项目的融资方案及项目技术、经济的可行性进行评价；在设计阶段和施工阶段，要对设计方案、施工组织与施工方案进行优选；在竣工阶段要对项目实施后的结果进行后评价。

虽然土木工程经济与传统的工程经济学在原理、方法与手段上并无实质性的差异，但由于土木工程领域与其他工程领域相比，有其自身的特点，因此，有必要就土木工程领域中最常用的工程经济分析方法进行归纳阐述。另外，本教材的内容上力图与土木工程领域各类执业资格考试所涉及的工程经济知识接轨。从这个角度看，土木工程经济的目的在于拓宽土木工程领域技术与管理人员的知识面，并为其今后参加土木工程相关的执业资格考试奠定基础。

1.1.2　土木工程经济的研究对象

在土木工程项目的决策时，人们往往会从以下三方面进行思考：

（1）为什么要实施此项目？能否实施其他项目？

（2）为什么要现在实施此项目？项目实施的机会合适吗？

（3）为什么要采用此方案来实施项目？有无更经济合理的替代方案？

因此，土木工程经济的研究对象是以上所思考的具体工程建设项目；土木工程经济研究的目的是应采用什么方法与手段，才能正确预测建设项目在技术上的可行性和经济上的合理性，寻求到技术与经济的最佳结合点。

随着社会与经济的发展，土木工程经济涉及的领域从原来的建筑工程领域延伸到土木工程领域，研究的问题从微观的技术经济问题延伸到宏观的技术经济问题，如能源问题、环境问题、资源开发与利用问题、国家的经济制度到政策问题。

由此可知，土木工程经济学既为具体的建设工程项目分析评价提供方法，也为国家基本建设宏观政策的制定提供科学的依据。

1.1.3　土木工程经济的形成

土木工程经济学是伴随着工程经济学的发展而逐渐形成的。

1. 国外工程经济学发展的重要里程碑

为了解决从经济角度对技术方案进行选择的问题。1887 年，美国土木工程师威灵顿（A. M. Wellington）在其出版的著作《铁路布局的经济理论》（The Economic Theory of Railway Location）中首次将成本分析方法应用于铁路的最佳长度和路线的曲率选择上，并提出了工程资金利息的概念，开创了工程领域的经济评价。

1920 年，戈尔德曼教授（O. B. Goldman）出版了《财务工程学》（Financial Eingineering），提出相对价值的复利模型，并将其理论运用到不同方案的经济价值比较中。

1930 年，格兰特教授（E. L. Grant）出版了《工程经济学原理》（Principles of Engineering Economy），从而奠定了经典工程经济学的基础。

1982 年，里格斯（J. L. Riggs）出版了《工程经济学》（Engineering Economics），系统地阐述了工程经济学的内容，将工程经济学的学科水平推进了一大步。

近代工程经济学的发展将经济数学、计算机理论运用于项目的风险性研究及非经济因素的研究，使工程经济学日趋完善。

2. 国内土木工程经济的形成过程

我国在 20 世纪 50 年代初期就开始进行工程经济的研究活动。当时主要的工作是培养建筑经济人才，在一些学校创建建筑经济专业（如同济大学、西安冶金建筑学院），编译国外建筑经济专著（如前苏联博士伏·伊·沙斯的专著《建筑经济学》）和编写我国自己的相应建筑经济教材。在《1956－1967 年全国科学技术发展十二年规划》和《1965—1974 年全国科学技术发展十年规划》中，建筑经济研究作为独立的学科列入了规划。初期的研究，是从新材料、新结构、新工艺、新设备的技术经济分析入手的。

60 年代，工程经济以建筑经济为主，相继开辟了设计经济、技术定额、计划管理、劳动管理、施工组织、建筑工业化以及运筹学在建筑业中的应用等方面的课题研究，并着重开展了建筑技术经济效果评价理论与方法的研究，注重联系生产实际，为促进建筑新技术的发展和提高建筑施工的组织管理水平服务。

70 年代初期起，建筑经济研究引进了国外行之有效的企业现代化管理方法和电脑应用技术，如目标管理、行业管理、要素管理以及预测、决策方法等。1979 年末，中国建筑学会正式成立了建筑经济学术委员会。

80 年代开始，以建筑经济为主的工程经济得到迅猛的发展。其间，不仅继续了建筑经济学科理论研究、建筑工程技术经济研究，同时，还进行了诸如建筑工程招标承包制、建筑产品价格改革、建筑产业政策研究、我国住宅建设技术政策等经济体制改革的理论研究。

90 年代起，我国建筑经济研究人员将其研究领域进一步拓展到土木工程领域，既吸收国外先进的工程项目管理经验，又结合我国工程管理的实际，逐渐形成了土木工程经济的知识结构。

近年来，随着我国大型土木工程项目的增加，工程经济学理论在土木工程领域逐步应用与普及，为土木工程经济的应用与发展提供了广阔的空间。

1.2 土木工程经济的分析原则与方法

重要概念与知识点

（1）土木工程经济的分析原则包括：经济效益原则；可持续发展原则；资源合理配置和有效使用原则；技术与经济的对立统一的原则；定量分析和定性分析相结合，定量分析为主的原则；静态评价与动态评价相结合，动态评价为主的原则；可比性原则。

（2）常用的土木工程经济分析与评价方法：费用效益分析法、方案比较法、预测与决策方法、价值工程法等。

1.2.1 土木工程经济分析原则

土木工程经济的分析原则与工程经济学的分析方法相同,具体内容包括以下几方面。

1. 经济效益原则

经济效益是全部经济活动的中心,是工程经济分析的核心和基本依据。所谓经济效益是指有用的产出与投入的对比关系。经济效益的概念首先强调产出的有用性,即项目实施所产生的产品、服务及其他产出(广义的产品)有利于市场、有利于经济、有利于社会,这是经济效益"质"的规定;其次强调产出与投入的对比关系,即以较少的社会资源投入,获取较多的社会产品。这是经济效益"量"的规定。最后,经济效益概念中的投入,不仅包括消耗的社会资源,还包括项目实施所占用的社会资源。由于资源的稀缺性,所以应力求使资源能发挥最大的效用。

2. 可持续发展原则

工程经济分析必须立足于可持续发展。任何项目的实施都依赖社会经济资源的投入,所以,在项目分析评价中,应关注资源的合理配置,关注资源的节约、节省,关注资源的循环利用,关注紧缺资源的可替代使用等问题。其次,应注意项目和生态——社会系统的协调和优化。必须把项目置于生态——社会大系统中来考察项目的有效性。全面分析论证项目的投入、产出对生态、环境和社会系统的影响,致力于项目和其赖以存在的生态——社会系统的协调。

3. 资源合理配置和有效使用原则

资源合理配置和有效使用是经济效益原则和可持续发展原则的必然要求。通过工程经济分析,科学、合理地解决工程项目的"资源稀缺性"与人们日益增长的需要之间的矛盾,合理选择方案,努力实现资源的合理配置和有效使用。

4. 技术与经济的对立统一的原则

经济是技术进步的目的,技术是达到经济目标的手段,但是,技术与经济之间存在着相互制约和相互矛盾的一面。先进技术往往需要有相应的经济条件起支撑作用,需要相应的资源结构相配合。在经济分析中,既要考虑技术的先进性,又要兼顾经济的可支撑性,达到技术与经济的最佳结合。

5. 定量分析和定性分析相结合,定量分析为主的原则

工程经济分析应定量分析和定性分析相结合,以定量分析为重点,力求把效益因素货币量化,以增强评价结论的科学性和说服力。但对一些难以量化的因素,也可以采用定性分析方法。

6. 静态评价与动态评价相结合,动态评价为主的原则

静态评价是在不考虑时间因素的前提下,用一定的指标考察工程项目经济性的方法。由于静态评价忽略了资金的时间价值,因而评价结论粗略,通常适用于项目初评。动态评价方法是指在考虑资金的时间价值前提下,对方案进行评价,所以更符合工程实际情况。

7. 可比性原则

工程经济分析往往涉及方案的优选评价,在多方案的评价中必须建立共同的比较基础。

首先应满足需求可比性。只有各备选方案能满足同样的需求,实现同一经济目标,这样方案之间才有相互替代性，才存在选择问题。

其次，应满足价格可比性。价格是工程经济分析中十分重要的一个参数，它可以综合反映产品的各种信息。在企业财务分析时，一般可采用市场价格作为计价基础，以满足价格可比原则的要求。

再者，应满足时间上的可比性。工程经济分析时应考虑不同方案因资金的时间价值导致的各因素产生的差异，使经济分析更具可靠性。

1.2.2 土木工程经济分析方法

在土木工程领域，常用的工程经济分析方法有以下五种。

1. 费用效益分析法

费用效益分析法是工程经济分析的基本方法。通过项目的投入（即费用）和产出（即效益）的对比分析，定量考察工程项目的费用、效益以及经济效益状况，研究建设项目的经济性。

2. 方案比较法

工程经济分析的一个突出特征是进行方案优选，优选的前提就是方案比较。通过对众多备选方案的费用、效益以及经济效益水平的比较，确定相对较优方案作为建议实施方案。

3. 预测与决策法

工程经济分析主要是针对拟建项目进行的，要科学地预测未来项目的运行情况，在预测的基础上，对方案进行决策。预测与决策是经济分析与评价的重要手段。

4. 价值工程法

价值工程是通过对价值工程对象的功能定义、功能分析、功能评价，全面系统地认识研究对象的功能结构及内在关系，完善功能设计、降低费用和提高研究对象价值的途径。

5. 系统综合分析法

项目的规划、设计、建设和运行是一项复杂的系统工程，其外在表现状况也反映在多个方面，既有技术的、经济的，也有环境的、社会的等等，因此对建设项目的考察不能局限在一个方面或几个方面，要作全面综合评价，进行系统分析。

1.3 土木工程经济的应用

在土木工程领域，由于建设项目具有投资大、建设周期长、耗用资源多等特点，因此在建设项目的各阶段，正确的预测与决策，合理经济的方案选择，既与企业效益有关，也对国民经济产生巨大的影响。

土木工程经济的应用可分成两个层次，一是根据工程经济学的基本理论与方法，结合项目特点，以项目的决策与实施过程为主，运用相应的技术经济手段，选择技术上先进、经济上合理的建设方案；二是根据国家和有关部门制定的各项政策、法律法规，进行工程项目的有效管理，保证项目最佳效益目标的实现。在我国现行的诸多建设领域的执业资格考试中，都涉及土木工程经济的内容。见表1-1。

对工程经济知识有要求的执业资格名称、管理部门与实施时间　　　表 1-1

序号	名　　称	管理部门	实施时间
1	监理工程师	原建设部	1992.07
2	房地产估价师	原建设部	1995.03
3	资产评估师	财政部	1996.08
4	造价工程师	原建设部	1996.08
5	结构工程师	原建设部	1997.09
6	咨询工程师（投资）	国家发展和改革委员会	2001.12
7	一级建造师	原建设部	2003.01
8	设备监理师	国家质量监督检验检疫总局	2003.10
9	投资建设项目管理师	国家发展和改革委员会	2005.02

由此可知，将土木工程经济知识应用到土木工程领域，不仅可以为土木工程领域带来巨大的经济与社会效益，也是土木工程领域人员从业应具备的基本技能之一。

1.4　土木工程领域从业人员应具备的土木工程经济知识

随着科学技术的发展，新兴交叉学科不断涌现，科学技术在更高层次上走向综合化和整体化。现代工程项目中的纯技术工作、纯经济工作几乎已不存在。参与项目建设的人员都应具备技术、经济及管理的综合能力。

在土木工程领域，工程师不仅要能提出新颖的技术方案，还要能够对其实施的结果进行熟练的财务评价。在现代复杂的建设项目中，成本和价值的分析比以往更为细致、更为广泛（如工人的安全、环境影响、消费者保护）。缺少这些分析，整个项目很难达到预期的目标，甚至还有可能导致项目的失败。

一个称职的管理人员必须具备工程项目管理知识，也应该熟悉技术知识和掌握相应的土木工程经济知识，才能使其工作更为有效。

为了满足现代工程的要求，土木工程领域从业人员应具备的工程经济知识与能力为：

（1）了解社会需求及需求变化的规律，能够完成土木工程建设项目的可行性研究工作。熟悉建设项目的资金筹措方式和合理调整资金结构的技巧。

（2）影响土木工程建设项目的因素繁多，内部与外部因素都可能使项目偏离预期的目标，因此，其工程经济分析应具有很强的预见性，这就要求工程经济分析人员掌握科学的预测方法，尽可能对未来的发展情况做出准确的估计和推测，提高决策科学化水平。

（3）能够运用经济分析方法，对拟建项目计算期（寿命期）内的投入、产出诸多因素进行分析、研究、计算和论证，并利用资金时间价值概念、价值工程原理、成本——效益分析等技术经济分析方法，进行投资方案与更新方案的比较与选择，在满足产品必要的使用功能的前提下，有效地控制建设项目投资。

（4）由于土木工程投资大，周期长，存在的风险因素多，因此应熟悉土木工程建设项目的风险分析方法，通过识别项目的风险大小，制定出规避风险的对策，降低风险对项目的影响程度。

（5）掌握建设项目的财务评价方法，了解国民经济评价方法。

（6）具备获得工程信息、资料的能力，并能运用工程信息系统提供的各类技术与经济指标，结合工程项目特点，对已完项目进行后评估。

（7）根据国家和有关部门制定的各项政策、法律法规，将工程项目管理理论与工程经济学原理紧密结合，保证项目最佳效益目标的实现。

习　题

1. 土木工程经济分析研究的对象是什么？
2. 简述土木工程经济分析的一般步骤。
3. 简述土木工程经济的分析原则。
4. 土木工程领域从业人员应具备哪些工程经济知识？

第 2 章　建 设 项 目 融 资

建设项目融资又称项目资金筹措。项目融资是项目主体根据其建设活动和资金结构的需要，通过一定的渠道，采取适当的方式获取所需资金活动的总称。

2.1　融 资 主 体

重要概念与知识点

（1）新设法人融资主体：为了建设新项目，由项目的发起人及其他投资人出资建立新的独立法人资格的项目公司，并承担相应的融资责任和风险。

（2）既有法人融资主体：依托现有法人作为新项目的发起人或投资、融资人，并承担相应的融资责任和风险。

项目的融资主体是指进行融资活动并承担融资责任的项目法人单位。按融资主体分类，建设项目融资主体分为新设法人融资主体和既有法人融资主体。

1. 新设法人融资主体

新设法人融资主体是指为了建设新项目，由项目的发起人及其他投资人出资建立新的独立法人资格的项目公司，由新组建的项目公司进行资金筹措活动，其融资特点是：

（1）新组建的项目公司承担筹资责任和风险。

（2）拟建项目所需资金来源于项目公司的资本金和债务资金。

（3）项目公司的债务资金依靠项目本身的盈利能力来偿还，并以投资项目所形成的资产、未来的收益或权益作为融资担保的基础。

在下列情形下，一般以新设法人为融资主体：

（1）拟建项目规模较大，项目发起人希望拟建项目的生产经营活动独立运营，与既有法人的经营活动关联不大。

（2）既有法人财务状况较差，通过既有法人获得内外资金的可能性不大，需要新设法人募集项目资金。

（3）项目自身具有较强的盈利能力，依靠项目自身未来的收益可以按期偿还债务。

2. 既有法人融资主体

既有法人融资主体，依托现有法人作为新项目的发起人或投资、融资人，其融资特点是：

（1）由既有法人统一组织拟建项目的资金筹措活动并承担筹资责任和风险。

（2）拟建项目所需资金来源于既有法人内部融资、新增资本金和新增债务资金。

（3）新增债务资金依靠既有法人的整体（包括拟建项目资产）的盈利能力来偿还，并以既有法人整体的资产和信用承担债务担保。

在下列情形下，一般以既有法人为融资主体：

（1）既有法人财务状况良好，资信实力强，具有承担项目融资责任和风险的能力。

（2）项目与既有法人的资产以及经营活动关联性强。

（3）项目盈利能力较差，难以依靠项目自身的收益按期偿还债务，但项目对企业的持续发展具有重要作用。

2.2 资 金 来 源

资金来源即获得资金的途径或渠道，资金来源有不同的分类方法，资金可来自国内或国外，也可通过金融机构或其他方式获得，如图 2-1、图 2-2 所示。

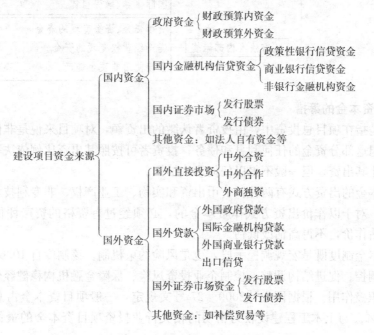

图 2-1　建设项目资金来源（1）

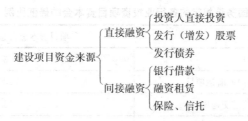

图 2-2　建设项目资金来源（2）

根据资金的可得性、供应的保障性及获得资金成本的高低，确定资金的来源渠道，这是项目决策阶段的重要工作之一。

2.3　资　金　筹　措

重要概念与知识点

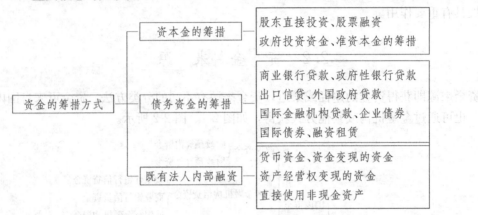

2.3.1　资本金的筹措

资本金是指在项目总投资中，由投资者认缴的出资额，对项目来说是非债务资金，项目法人不承担这部分资金的任何利息和债务；投资者可按照其出资比例依法享有所有者权益，也可转让其出资，但一般不得以任何形式抽回。

项目资本金的出资方式有两种：货币出资和实物、工业产权、非专利技术、土地使用权作价出资。对于以作价出资方式作资本金的，必须经过有资格的资产评估机构依照法律、法规评估作价，不得高估或低估。

项目资本金制度既是宏观调控手段，也是风险约束机制。该制度自 1996 年建立以来，对改善宏观调控、促进结构调整、控制企业投资风险、保障金融机构稳健经营、防范金融风险发挥了积极作用。根据国发［2009］27 号文规定，一般项目资本金占总投资的比例应不低于 20%。与土木工程建设较为密切的相关行业投资项目资本金的最低比例要求见表 2-1。

国务院规定的各行业投资项目资本金的最低比例　　　　　　　　　　表 2-1

投　资　行　业	项目资本金占总投资的最低比例
水泥项目	35%
机场、港口、沿海及内河航运项目	30%
铁路、公路、城市轨道交通项目	25%
保障性住房和普通商品住房项目	20%
其他房地产开发项目	30%

项目资本金的筹措方式有以下几类：

（1）股东直接投资

吸收股东直接投资是责任有限公司筹措资本金的方式。股东直接投资包括政府授权投资机构入股资金、企业入股资金、基金投资公司入股资金、社会团体和个人入股资金以及外商入股资金，分别构成国家资本金、法人资本金、个人资本金和外商资本金。

既有法人融资项目，股东直接投资表现为扩充既有企业的资本金，包括原有股东增资扩股和吸收新股东投资。

新设法人融资项目，股东直接投资表现为投资者为项目提供资本金。合资经营公司的资本金由股东按股权比例认缴，合作经营公司的资本金由合作投资方按预先约定的金额投入。

直接投资具有以下特点：

1）可以提高项目法人的资信和借债能力；

2）有可能直接获得先进设备与技术，尽快形成生产能力；

3）财务风险较低；

4）资金成本较高；

5）由于没有证券为媒介，不便于进行产权交易。

（2）股票融资

股票融资是股份有限公司筹措资本金的方式。无论是既有法人项目还是新设法人项目，凡符合规定条件的，均可以通过发行股票在资本市场募集股本资金。股票融资可以采取公募和私募两种形式。

股票融资具有下列特点：

1）股票融资所筹资金是项目的股本资金，可作为其他筹资方式的基础，可增强融资主体的借债能力。

2）股票融资所筹资金没有到期偿还的问题，投资者一旦购买便不得退股。

3）普通股股利的支付，可视融资主体的经营好坏和经营需要而定，融资风险较小。

4）股票融资的资金成本较高，因为股利需从税后利润支付，不具有抵税作用，而且发行费用较高。

5）上市公开发行股票，必须公开披露信息，接受投资者和社会公众的监督。

（3）政府投资资金

政府投资资金，包括各级政府的财政预算内资金、国家批准的各种专项建设资金、统借国外贷款、土地批租收入、地方政府按规定收取的各种费用及其他预算外资金等。政府投资主要用于关系国家安全和市场不能有效配置资源的经济和社会领域，包括加强公益性和公共基础设施建设，保护和改善生态环境，促进欠发达地区的经济和社会发展，推进科技进步和高新技术产业化。

（4）准资本金的筹措

准资本金是一种既具有资本金性质，又具有债务资金性质的资金。准资本金包括优先股股票和可转换债券。在项目评价中，优先股股票应视为项目资本金，可转换债券应视为项目债务资金。

2.3.2 债务资金的筹措

1. 商业银行贷款

商业银行贷款是我国建设项目筹集债务资金的重要渠道。具体分为国内商业银行贷款和国际商业银行贷款。

国内商业银行贷款的特点是手续简单、成本较低，适用于有偿还能力的建设项目。

国际商业银行贷款的提供方式有两种：一种是小额贷款，由一家商业银行独自贷款；另一种是金额较大由几家甚至几十家商业银行组成银团贷款。银团贷款除具有一般银行贷款的特点和要求外，由于参加银行较多，需要多方协商，贷款过程周期长，使用银团贷款除支付利息之外，按照国际惯例，通常还要支付承诺费、管理费、代理费等。银团贷款主要适用于资金需求量大、偿债能力较强的建设项目。

2. 政策性银行贷款

为了支持一些特殊的生产、贸易、基础设施建设项目，国家政策性银行可以提供政策性银行贷款。政策性银行贷款利率通常比商业银行贷款低，且期限较长。

3. 出口信贷

出口信贷是设备出口国政府为了支持和扩大本国的大型机械、成套设备、大型工程项目等的出口，提高国际竞争力，对本国的出口提供利率补贴并提供信贷担保的方法。出口信贷分为卖方信贷和买方信贷两类。

4. 外国政府贷款

外国政府贷款是指一国政府向另一国政府提供的具有一定援助或部分赠予性质的低息优惠贷款。

外国政府贷款的主要特点有：

（1）在经济上带有援助性质，期限长，利率低，有的甚至无息。一般年利率为 2％～4％，还款平均年限为 20～30 年，最长可达 50 年。

（2）贷款一般以混合贷款方式提供。如在贷款总额中，政府贷款占三分之一，其余为出口信贷。

（3）贷款一般都有限定用途，如用于支付从贷款国进口设备，或用于某类项目的建设。

（4）在一般情况下，借款国不能自由选择币种，而必须采用贷款国货币，因而将承担相应的汇率风险。

5. 国际金融机构贷款

国际金融机构贷款是国际金融机构按照章程向其会员国提供的各种贷款。目前向我国提供贷款的国际金融机构主要是国际货币基金组织、世界银行和亚洲开发银行。国际金融机构一般都有自己的贷款政策，只有这些机构认为应当支持的项目才能得到贷款。使用国际金融机构的贷款需要按照这些组织的要求提供资料，并且按照规定的程序和方法来实施项目。

6. 企业债券

企业债券是企业以自身的财务状况和信誉条件为基础，依照法律法规规定的条件和程序发行的、约定在一定期限内还本付息的债券。

企业债券代表着发债企业和债权人之间的一种债权债务关系。债券投资者是企业的债权人，无权干涉企业的经营管理，但有权按期收回本息。

企业债券融资的特点是：筹资对象广、市场大，但发行条件严格、手续复杂；其利率虽然低于银行贷款利率但发行费用高，需要支付承销费、发行手续费、兑付手续费及担保费用。适用于资金需求大、偿债能力强的建设项目。

7. 国际债券

国际债券是某国政府、金融机构、工商企业或国家组织为筹措和融通资金，在国际金融市场上发行的，以外国货币为面值的债券。国际债券的重要特征，是发行者和投资者属于不同的国家，筹集的资金来源于国际金融市场。

发行国际债券的优点是资金规模巨大、稳定、借款时间长，可以获得外汇资金；缺点是发债条件严格，信用要求高，资金成本高，手续复杂。适用于资金需求大，能引进外资的建设项目。

8. 融资租赁

融资租赁是指出租人在承租人给予一定报酬的条件下，授予承租人在约定的期限内占有和使用财产权利的一种契约性行为。融资租赁与分期付款购入设备相类似，实际上是承租人通过设备租赁公司筹集设备投资的一种方式。融资租赁的方式有以下几种：

（1）自营租赁。自营租赁亦称直接租赁，其一般程序为：用户根据自己所需设备，先向制造厂家或经销商洽谈供货条件，然后向租赁公司申请租赁预约，经租赁公司审查合格后，双方签订租赁合同，由租赁公司支付全部设备款，并让供货者直接向承租人供货，货物经验收并开始使用后，租赁期即开始，承租人根据合同规定向租赁公司分期交付租金，并负责租赁设备的安装、维修和保养。

（2）回租租赁。回租租赁亦称售出与回租，是先由租赁公司买下企业正在使用的设备，然后再将原设备租赁给该企业的租赁方式。

（3）转租赁。转租赁是指国内租赁公司在国内用户与国外厂商签订设备买卖合同的基础上，选定一家国外租赁公司或厂商，以承租人身份与其签订租赁合同，然后再以出租人身份将该设备转租给国内用户，并收取租金转付给国外租赁公司的一种租赁方式。

2.3.3 既有法人内部融资

当采用既有法人融资时，既有法人的现有资产也是项目建设资金的来源之一。

1. 可用于项目建设的货币资金

可用于项目建设的货币资金包括既有法人的现有货币资金和未来经营活动中可能获得的盈余现金。

现有货币资金是指现有的库存现金和银行存款扣除必要的日常经营所需货币资金额，多余的资金就可以用于项目建设。

未来经营活动中可能获得的盈余现金，是指在拟建项目的建设期内，企业在经营活动中获得的净现金余额，可以抽出一部分用于项目建设。

2. 资产变现的资金

资产变现的资金是指既有法人将流动资产、长期投资和固定资产变现为现金的资产。企业可以加强财务管理，避免资产的闲置，提高资产的利用效率。

3. 资产经营权变现的资金

资产经营权的变现是指既有法人可将其所属资产经营权的一部分或全部转让，取得现金用于项目建设。

4. 直接使用非现金资产

既有法人的非现金资产（包括实物、工业产权、非专利技术、土地使用权等）用于拟建项目的，经资产评估后，可直接用于项目建设。

2.4　资金成本与资金结构

重要概念与知识点

（1）资金成本概念：资金成本是指项目主体为筹集和使用资金而付出的代价。资金成本包括资金占用费和资金筹集费。

（2）常用的资金成本计算基本公式

①资金成本计算通式　$K = \dfrac{D}{P - F} = \dfrac{D}{P(1 - f)}$

②资本金资金成本计算通式　$K = \dfrac{i}{1 - f}$

③负债资金成本计算通式　$K = i \cdot \dfrac{1 - T}{1 - f}$

（3）资金结构：资金结构指项目主体所拥有的各种资金的比例关系。建设经营性项目的资本金必须符合国家规定的最低比例要求。

2.4.1　资金成本

2.4.1.1　资金成本的概念

资金成本是指项目主体为筹集和使用资金而付出的代价。资金成本包括资金占用费和资金筹集费。

资金占用费是指项目在投资、生产经营过程中，因使用资金而支付的代价，比如向股东支付的股利、向债权人支付的利息等。

资金筹集费是指项目在筹措资金过程中为获取资金而付出的费用，主要包括律师费、咨询评估费、公证费、证券印刷费、发行手续费、担保费、承诺费、银团贷款管理费等。资金筹集费通常是在筹措资金时一次支付，在用资过程不再发生。

由于项目建设方案不同，筹措的资金总额不同，为了便于比较，资金成本通常用相对数表示，即用资金成本率 K 来表示。

$$K = \frac{D}{P - F} = \frac{D}{P(1 - f)} \tag{2-1}$$

式中　P——筹集资金总额；

　　　D——资金占用费；

　　　F——资金筹集费；

　　　f——筹资费费率（即筹资费占筹集资金总额的比率）。

2.4.1.2　各种资金来源的资金成本计算

1. 债券资金成本的计算

债券资金成本中的利息在税前支付，具有抵税效应。债券的筹资费用一般较高，这类费用主要包括申请发行债券的手续费、债券注册费、印刷费、上市费以及推销费用等。债券税后资金成本 K_B 的计算公式为：

$$K_B = \frac{I(1 - T)}{B_0(1 - f)} = i \cdot \frac{1 - T}{1 - f} \tag{2-2}$$

式中　I——债券的年利息额；

T——项目主体所得税税率；

B_0——债券发行总额；

f——筹资费用率；

i——债券年利率。

【例 2.1】 某公司拟发行面值 500 元 10 年期的债券，票面利率为 9%，每年结息，筹资费用率为发行价的 5%，公司所得税率 25%，分别确定按面值等价发行、按面价的 1.1 倍发行及按面价的 0.9 倍发行，求该债券的资金成本率。

【解】 ①由式（2-2），按面值等价发行债券资金成本率为

$$K_{B1} = \frac{500 \times 9\%(1-25\%)}{500 \times (1-5\%)} = \frac{9\%(1-25\%)}{1-5\%} = 7.11\%$$

②按面值的 1.1 倍发行债券资金成本率为

$$K_{B2} = \frac{500 \times 9\%(1-25\%)}{550 \times (1-5\%)} = \frac{9\%(1-25\%)}{1.1(1-5\%)} = 6.46\%$$

③按面值的 0.9 倍发行债券资金成本率为

$$K_{B3} = \frac{500 \times 9\%(1-25\%)}{450 \times (1-5\%)} = \frac{9\%(1-25\%)}{0.9(1-5\%)} = 7.89\%$$

2. 银行借款资金成本的计算

银行借款资金成本 K_g 与债券资金成本的计算相同。借款利息在所得税前支付，但融资费用主要指借款的手续费，一般较低。

$$K_g = \frac{I(1-T)}{G-F} = \frac{i(1-T)}{1-f} \tag{2-3}$$

式中 I——贷款年利息；

T——所得税税率；

G——贷款总额；

F——贷款筹资费用；

i——贷款年利率；

f——筹资费用率。

3. 优先股资金成本的计算

优先股筹资额应按优先股的发行价格确定，优先股筹资需要支付较高的筹资费用，股利通常是固定的。优先股资金成本 K_P 可按下列公式计算：

$$K_P = \frac{D_P}{P_o(1-f)} = \frac{P_o \cdot i}{P_o(1-f)} = \frac{i}{1-f} \tag{2-4}$$

式中 D_P——优先股每年的股利；

P_o——优先股发行总额；

i——股息率；

f——优先股筹资费用率。

【例 2.2】 某公司发行优先股，票面额按正常市价计算为 300 万元，筹资费用率为 3.5%，股息年利率为 12%，试计算该股票的资金成本。

【解】 由式（2-4），有：

$$K_P = \frac{i}{1-f} = \frac{12\%}{1-3.5\%} = 12.44\%$$

4. 普通股资金成本的计算

普通股资金成本计算常采用的计算方法为股利增长模型法和资本资产定价模型法。

1) 股利增长模型法

假设普通股股利是按一个固定的比例 G 增长的，资金成本 K_s 计算公式为：

$$K_s = \frac{D_C}{P_C(1-f)} + G \tag{2-5}$$

式中　D_C——预期年股利额；

　　　P_C——普通股发行总额；

　　　G——现金股利每年预期增长率。

【例 2.3】　某公司拟增发普通股，每股发行价 18 元，筹资费用率为发行价的 8%，预计年股利额为 1.5 元，以后逐年股利增长率 6%，确定该股票的资金成本。

【解】　由式（2-5），股票资金成本率为

$$K_s = \frac{1.5}{18 \times (1-8\%)} + 6\% = 15.06\%$$

2) 资本资产定价模型法

按资本资产定价模型法，资金成本 K_s 计算公式为：

$$K_s = R_f + \beta \times (R_m - R_f) \tag{2-6}$$

式中　R_f——社会无风险投资收益率；

　　　β——项目的投资风险系数；

　　　R_m——市场投资组合预期收益率。

在实际工作中，R_f 通常取政府债券的利率；β 为某公司股票收益率相对于市场投资组合期望收益率的变动幅度。当整个证券市场投资组合的收益率增加 1% 时，如果某公司股票的收益率增加 2%，那么，该公司股票的 β 值为 2。

【例 2.4】　设社会无风险投资收益率为 6%，市场投资组合预期收益率 9%，某股份公司普通股的项目的投资风险系数为 1.12，确定该股票的资金成本。

【解】　由式（2-6），股票资金成本率为

$$K_s = 6\% + 1.12 \times (9\% - 6\%) = 9.36\%$$

5. 租赁资金成本的计算

企业租用某项资产，获得其使用权，要定期支付租金，并且租金列入企业成本，可以减少应付所得税。租金成本率 K_L 的计算公式为：

$$K_L = \frac{E}{P_L}(1-T) \tag{2-7}$$

式中　P_L——租赁资产价值；

　　　E——年租金额；

　　　T——所得税税率。

6. 留存盈余资金成本的计算

留存盈余是指企业从税后利润总额中扣除股利之后保留在企业的剩余盈利，包括盈余公积金和未分配利润。它是企业经营所得净收益的积余，属于股东所有。如果股东将其用于对外投资，则资金成本的计算公式为：

$$K_r = R \times (1-T) \times (1-f) \tag{2-8}$$

式中　K_r——保留利润的资金成本；

　　　R——向外投资预期利润率；

　　　f——经纪人手续费；

　　　T——所得税税率。

如果股东将留存盈余用于公司，是想从中获取投资报酬，留存盈余也有资金成本，即失去了向外投资的机会成本。此时，留存盈余的资金成本计算与普通股的计算基本相同，只是不考虑筹资费用，资金成本的计算公式为：

$$K_r = \frac{D_C}{P_C} + G \tag{2-9}$$

式中　K_r——留存盈余资金成本，其他符号同式（2-5）。

2.4.1.3　加权平均资金成本的计算

加权平均资金成本又称综合资金成本，是指以各种筹资方式的筹资额占总筹资额的比重为权数，对不同来源的资金成本进行加权平均后的资金成本。

在实践中，由于受各种因素的影响，基于对风险以及优化资金结构的考虑，项目主体在融资时不可能只使用单一的方式来筹集资金，而必须从多种来源取得资金，这样就产生了各种来源资金的组合问题。工程项目主体从不同来源取得的资金，其成本各不相同，风险各异，为此，需要计算全部资金来源的加权平均资金成本，加权平均资金成本一般用于筹资方案和投资方案的评价与优选。

加权平均资本成本 K_w 的计算公式为：

$$K_w = \sum_{j=1}^{n} W_j K_j \quad (\text{其中} \sum_{j=1}^{n} W_j = 1) \tag{2-10}$$

式中　W_j——第 j 类资金在总资金额中所占的比重；

　　　K_j——第 j 类资金的个别资金成本。

【例 2.5】　某企业为筹集资金，拟决定采取以下三种方式：占资金总额 50% 的资金靠发行普通股筹集，资金成本率为 14%；占资金总额 20% 的设备通过融资租赁得到，资金成本率为 12%；最后 30% 的资金向银行贷款，贷款成本率为 10%。求该企业获得全部资金的平均资金成本率为多少？

【解】　$K = 14\% \times 50\% + 12\% \times 20\% + 10\% \times 30\% = 12.40\%$

2.4.2　资金结构

资金结构是指项目主体所拥有的各种资金的构成及其比例关系，是项目融资决策的核心问题。融资人应综合考虑各方面的因素，选择最合理的资金结构。若出现资金结构不合理的情况，应通过筹资活动主动调整，使其趋于合理。

对融资人来说，债务利息从税前支付，可减少缴纳所得税的数额，在一定的限度内增加债务比例，就可降低加权平均资金成本。另一方面，无论利润多少，债务的利息通常都是固定不变的，当息税前利润增大时，每单位盈余所负担的固定利息就相应的减少，会给资本金带来更多的收益。因此，在息税前利润较多、增长幅度较大时，适当地利用债务资金，可加大普通股每股利润；但当息税前利润下降时，也会造成普通股每股利润的下降。恰当的资本金与债务资金的比例能有效利用负债来提高资本金收益，规避风险。对债权人来说，资本金比例越高，项目贷款的风险越低。当资本金比例降低到银行不能接受的水平时，银行会拒绝贷款。所以合理的资本结构需要由各个参与方的利益平衡来决定。

最优资金结构是指在一定条件下使加权平均资金成本最低、企业获得利润最大的资金结构。采用加权平均资金成本比较法可以较为方便地确定项目资金结构的优劣。

【例 2.6】　某企业拟筹资组建一项目公司，投资总额为 500 万元，有三个筹资方案可供选择，见表 2-2。试分析何种方案的资金结构最优。

筹资方案的资金结构分析表

表 2-2

筹资方式	A 方案		B 方案		C 方案	
	筹资额（万元）	资金成本率（%）	筹资额（万元）	资金成本率（%）	筹资额（万元）	资金成本率（%）
长期借款	50	7	100	7	150	7
债券	100	9	150	9	200	9
普通股	350	15	250	15	150	15
合计	500	—	500	—	500	—

【解】　A 方案加权平均成本 $=\dfrac{50}{500}\times 7\%+\dfrac{100}{500}\times 9\%+\dfrac{350}{500}\times 15\%=13\%$

B 方案加权平均成本 $=\dfrac{100}{500}\times 7\%+\dfrac{150}{500}\times 9\%+\dfrac{250}{500}\times 15\%=11.6\%$

C 方案加权平均成本 $=\dfrac{150}{500}\times 7\%+\dfrac{200}{500}\times 9\%+\dfrac{150}{500}\times 15\%=10.2\%$

根据计算结果，C 方案的资金结构最优。

2.5　融资风险分析

重要概念与知识点

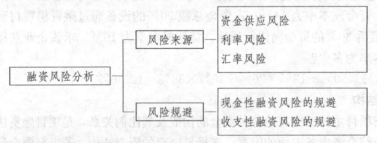

2.5.1　融资风险的来源

融资方案的实施经常要受到各种风险的影响，常见的风险因素有以下三种。

1. 资金供应风险

资金供应风险是指项目实施过程中由于资金不落实，导致建筑工期延长，工程造价提高，项目原定的效益目标不能实现。导致资金不能落实的主要原因包括已承诺出资的投资者由于出资能力有限或对拟投资的项目缺乏信心，而不能（或不再）兑现承诺；原定发行股票或债券的机会不能实现；既有法人由于经营状况恶劣，无力按原计划出资等。

2. 利率风险

利率风险是指由于利率变动导致资金成本上升的风险，如项目采用浮动利率，当利率上升，项目的资金成本就提高；如采用固定利率，未来利率下降，由于项目的资金成本不能下降，相对的资金成本将提高。因此无论采用浮动利率还是固定利率，都存在利率风险。

3. 汇率风险

汇率风险是指由于汇率变动给项目造成损失的可能性。如因汇率变化，人民币对各种外币币值的变动和各种外币币种之间币值的变动，导致项目成本增加或收益下降。

2.5.2　融资风险的规避

1. 现金性融资风险的规避

应注重资金占用与资金来源间的合理搭配，尽可能使借款周期与生产经营周期相匹配。在选择股本投资时，应当选择资金实力强、既往信用好、风险承受能力强的投资者。在借用国内外银行资金时，应对未来利率的走势进行分析，确定应采用的利率方式。

2. 收支性融资风险的规避

从总体上优化资金结构，从总体上减少收支风险。当企业出现严重的经验亏损，应实施债务重组，降低收支性融资风险。

习　　题

一、单选题

1. 某企业发行长期债券 400 万元，筹资费率 2%，债券利息率为 5.5%，所得税税率 25%，则资金成本率为（　　）。

A. 4.13%　　　　　　B. 4.21%　　　　　　C. 5.50%　　　　　　D. 5.61%

2. 建设项目可以采取（　　）的方式筹集资本金。

A. 银行贷款　　　　　B. 发行股票　　　　　C. 设备租赁　　　　　D. 发行债券

二、多选题

1. 企业负债的筹集方式主要包括（　　）。

A. 发行股票　　　　　B. 发行债券　　　　　C. 银行贷款

D. 出口信贷　　　　　E. 政府投资资金

2. 以下对新设法人融资主体融资特点，说法正确的是（　　）。

A. 新组建的项目公司承担筹资责任和风险

B. 既有法人承担部分筹资连带责任和风险

C. 拟建项目所需资金来源于项目公司的资本金和债务资金

D. 项目公司的债务资金可依靠项目本身的盈利能力来偿还

E. 新增债务资金依靠既有法人的整体盈利能力来偿还

三、计算题

1. 某企业发行面值为 100 元的债券，发行价格为 90 元，票面年利率 4.5%，3 年期，每年付息，到期一次还本，发行费率 1%，所得税率 25%。试计算债券资金成本。

2. 某企业发行面值 100 元优先股，发行价格与面值相同，发行费率 2%，固定股息率 5%，该优先股的资金成本是多少？

3. 已知长期国债利率为 5%，社会平均收益率 12%，该公司投资风险系数 β 为 1.2，利用资本资产定价模型法，计算该公司普通股股票的资金成本。

4. 某公司通过发行债券购买设备。债券面值为 10000 元，年利率 8%。每张债券发行时市价为 9500 元。如果所得税率为 25%，试计算该公司发行债券的资金成本。

5. 某企业年初的资金结构如下表所示。

企业资金结构表

各种资金来源	金额（万元）
长期债券，年利率 9%	600
优先股，年股息率 7%	200
普通股，年股息率 10%，年增长率 5%	600
保留盈余（企业自用）	200
合计	1600

普通股票每股面值 300 元，今年期望股息为 30 元，预计以后每年股息增加 5%，假定所得税率为 25%。该企业拟增资 600 万元，有 A、B 两个备选方案。

A 方案：发行长期债券 600 万元，年利率 10%，筹资费费率 3%，同时普通股股息增加到 35 元，以后每年还可增加 6%。

B 方案：发行长期债券 300 万元，年利率 10%，筹资费费率 3%，另发行普通股 300 万元，筹资费费率为 5%，普通股息增加到 35 元，以后每年增加 5%。

试比较 A、B 两方案的资金成本率，并选择方案。

第 3 章　现金流量与资金时间价值计算

工程项目建设中，通过投入资金和其他资源，为社会提供有用的产品或服务。用货币量化工程建设的投入和产出，是工程经济分析的重要工作。而资金和其他资源的货币价值都与时间密切相关，因此，资金时间价值计算是进行工程经济分析的基础手段之一。

3.1　现金流量

重要概念与知识点

（1）在经济分析中，把方案在寿命期内流入与流出的资金称为现金流量。

（2）现金流量图的三要素：现金流量的大小、方向与时点。

（3）现金流量图的起点是"0"，指方案开始的时点，即第 1 个计息期的期初。

（4）现金流量图中横轴上的"m"，代表第"m"计息期的期末或第"$m+1$"计息期的期初。

3.1.1　现金流量的概念

在经济分析中，为了计算方案的经济效益，往往把该方案在寿命期内流入与流出的资金称为现金流量，现金流量包括现金流入量（CI，如销售收入、回收固定资产余值、回收流动资金等）、现金流出量（CO，如固定资产投资、经营成本、销售税金及附加等）和净现金流量（NCF，即方案在同一时点的现金流入量与现金流出量的代数和）。

3.1.2　现金流量图

为了简单明了地反映投资经营活动的投资成本、收益情况及资金发生流动的时间，可用现金流量图进行描述，如图 3-1 所示。

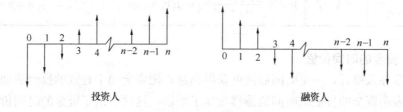

投资人　　　　　　　　　　融资人

图 3-1　现金流量图

图中横轴表示时间序列。每个刻度表示一个计息周期。起点 0 表示现时点（投资活动的初始起点）。发生在该时点的资金价值，以及未来某时点的资金按一定利率折算到该点的价值，称为资金的"现值"。1 至 n 分别表示各计息周期的终点。第 1 个计息期的终点也就是第 2 个计息期的起点。在各点发生的资金相对于 0 点来说，都称为将来值。横轴的终点是投资过程时间序列的终点。发生在该时点的资金价值，以及发生在该时点以前某时点的资金按一定利率折算到该点的价值，称为资金的"终值"。资金的流入（收入）用向上的箭头表示，流出（支出）以向下的箭头表示。箭线的长短与收支大小成比例。由图 3-1 可以看出，由于考虑问题的出发点不同，融资人和投资人各自的现金流量图中，现金流量的箭线长短相同，但方向相反。

3.2 资金时间价值计算

重要概念与知识点

（1）资金的时间价值：把资金投入流通领域，用于有效的投资活动，可获得利润。这表明资金的价值随时间的推移发生了变化，这就是资金的时间价值。

（2）利息计算的分类：

单利：仅用本金计算利息，而不计算利息所生的利息。

复利：除了计算本金的利息外还要计算利息所生的利息。

（3）常用的复利计息公式：

公式名称	条件 （已知 i, n）	公 式	备 注
一次支付 终值公式	由 P 求 F	$F = P(1+i)^n = P(F/P, i, n)$	1. P——现值，发生在零点或未来某时点的资金按一定利率折算到零点的价值。
一次支付 现值公式	由 F 求 P	$P = F(1+i)^{-n} = F(P/F, i, n)$	
等额年金 终值公式	由 A 求 F	$F = A\left[\dfrac{(1+i)^n-1}{i}\right] = A(F/A, i, n)$	2. F——终值，发生在终点或发生在终点之前某时点的资金按一定利率折算到终点的价值。
等额存储 偿债基金公式	由 F 求 A	$A = F\left[\dfrac{i}{(1+i)^n-1}\right] = F(A/F, i, n)$	3. A——等值，每个计息期等额发生的资金流入或资金流出。
等额支付 资金回收公式	由 P 求 A	$A = P\left[\dfrac{i(1+i)^n}{(1+i)^n-1}\right] = P(A/P, i, n)$	4. i——计息期利率。
等额年金 现值公式	由 A 求 P	$P = A\left[\dfrac{(1+i)^n-1}{i(1+i)^n}\right] = A(P/A, i, n)$	5. n——计息周期数。

3.2.1 资金的时间价值

一笔资金存入银行，一定时间后便可获得利息；把资金用于有效的投资活动，便可获得利润。这表明资金的价值随时间的推移发生了增值，这便引出了资金的时间价值概念。

资金的时间价值是商品经济中的普遍现象，资金的时间价值体现为：

（1）货币增值。从社会再生产的过程来讲，投资者将其拥有的资金投入生产活动中，形成生产要素，这些生产要素进入有效的生产和流通领域后，通过经济活动使其原有的资金货币形态产生增值，使得资金具有时间价值。

（2）承担风险。从资金流通的角度讲，当资金拥有者将资金存入银行或用于其他投资，即在一定时间内个人失去了对货币的使用权。投资具有风险，投资人也就面临着承担风险。利息、红利等相当于资金使用者向投资人对失去资金使用权并承担其风险所进行的补偿。

（3）货币贬值。正常的经济社会中存在一定的通货膨胀率。通货膨胀导致资金贬值，因此，资金随时间推移而产生新的价值（增值），前提必须是进入流通领域或再生产过程，否则，资金只会因通货膨胀而贬值，所以资金只有运动才具有时间价值（增值）。

3.2.2 利率与计息周期

衡量资金的时间价值可以用绝对数表示，如收益、利息、红利等，也可以用相对数表示，如收益率或利息率。由于资金的时间价值计算方法与常见的银行利息计算方法相似，所以，常以利息来说明资金的时间价值。

由前所述，利息是资金使用者对其占用的资金（本金）所付出的代价。代价的高低可用利息率表述。

利息率也称为利率，是单位时间内利息量和本金的比率。记为：

$$i = \frac{I}{P} \times 100\% \tag{3-1}$$

式中　i——利率；

　　　I——单位时间内的利息；

　　　P——本金。

公式中的"单位时间"称为计息周期，通常为 1 年，但也可以根据投资人和融资人的约定，以半年、季度、月等为计息周期。

利息计算分为单利计算和复利计算两种。

3.2.2.1 单利计算

单利计算的主要特点是仅用本金计算利息，而不计算利息所生的利息。例如在私人多年定期存款中，银行不将第一年所获得利息转入到后一年的本金中去。

利息发生在计息周期末。如果有 n 个计息周期，则利息的计算公式为：

$$I = P \times i \times n \tag{3-2}$$

到投资期末，本金与利息之和（本利和）为：

$$F = P(1 + i \cdot n) \tag{3-3}$$

式中　I、P、i 含义同式（3-1）；

　　　n——计息周期数；

　　　F——本利和。

【例 3.1】　某人现存入银行 100 万元，定期 3 年，年利率 3.4%，问 3 年后本利和为多少？

【解】　$F = P(1 + i \cdot n) = 100 \times (1 + 0.034 \times 3) = 110.2$ 万元

3.2.2.2 复利计算

复利法是国内外工程建设投资中广泛应用的方法。在现代经济管理中，投资决策、资金回收计算、通货膨胀分析等都离不开复利计算。

复利计算法的特点是除了计算本金的利息外还要计算利息所生的利息。如借方不能按期付息就等于增加了债务本金。采用这种方法，能使企业在使用贷款时更加小心谨慎。因此复利制对合理利用资金、加快资金周转及加快工程建设都起到了积极的作用。

【例 3.2】 在【例 3.1】中，若采用复利法计算，3 年后的本利和是多少？

【解】 第 1 年末本利和：$F_1 = 100 \times (1 + 1 \times 0.034) = 103.4$ 万元

第 2 年末本利和：$F_2 = F_1(1 + 1 \times 0.034) = 100 \times (1 + 1 \times 0.034)^2 = 106.9$ 万元

第 3 年末本利和：$F_3 = F_2(1 + 1 \times 0.034) = 100 \times (1 + 1 \times 0.034)^3 = 110.6$ 万元

与【例 3.1】相比，第 3 年末采用复利计算比采用单利计算的利息多了 4000 元，由此可见，采用复利计息对资金拥有者有利。

3.2.3　资金的时间价值计算公式

3.2.3.1　资金等值

工程经济分析中，需要对项目寿命期内不同时间点发生的收益与费用进行分析计算。由于资金时间价值的作用，不同时间点上发生的现金流量不能直接进行比较。资金等值是指考虑了时间因素的作用，通过特定的方法，使不同时间点发生的现金流量具有可比性。

3.2.3.2　资金时间价值计算的基本公式

资金时间价值计算也称资金等值计算。

1. 一次支付终值公式

也称一次整付本利和公式，现金流量图如图 3-2 所示。

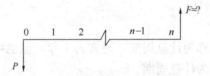

图 3-2　一次支付终值现金流量图

设第 1 年年初投入资金 P，以年利率 i 进行计息，则第 n 年末的本利和 F 从【例 3.2】计算可以看出：

$$F = P(1 + i)^n \tag{3-4}$$

式中 $(1+i)^n$ 称为一次支付终值系数，以符号 $(F/P, i, n)$ 表示，记为

$$F = P(F/P, i, n) \tag{3-5}$$

常用的终值系数已制成表供直接查用（见附录）。

【例 3.3】 某企业向银行借款 100 万元，年利率 6%，5 年后应偿还本利和多少？

【解】 画出现金流量图，如图 3-3 所示。

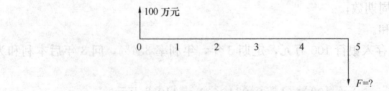

图 3-3　【例 3.3】现金流量图

依据式（3-4）得：$F = 100 \times (1 + 0.06)^5 = 133.82$ 万元

此题也可依式（3-5），先在附录中查出 $(F/P, 6\%, 5) = 1.3382$

$$F = 100 \times 1.3382 = 133.82 \text{ 万元}$$

2. 一次支付现值公式

由【例 3.3】可看出，当年利率为 6% 时，5 年后的 133.82 万元与现在的 100 万元等

值。这种把将来的收入（或支出）换算成现时点价值的方法，称为"折现"。由式（3-4）可知，

$$P = F(1+i)^{-n} \tag{3-6}$$

$(1+i)^{-n}$ 称为现值系数，用符号 $(P/F, i, n)$ 表示，记为

$$P = F(P/F, i, n) \tag{3-7}$$

由式（3-6）可以看出，当 F、i 一定，n 越大，P 越小，说明未来的一笔资金离现在越远，价值越低。这说明，企业应收的钱，越早收回越有利；应付出去的钱，在允许的条件下，越晚付出去越好，这就是经营中的"早收晚付"原则。当 F、n 一定，i 越大，P 越小，这说明如果投资活动的贷款利率越高，就越应尽早收回投资。若在某项投资活动中，n、i 都很大，"早收晚付"原则就越显得重要。

【例 3.4】 某企业两年后拟从银行取出 50 万元，假定复利率为 3%，现在应存多少？

【解】 画出现金流量图，如图 3-4 所示。

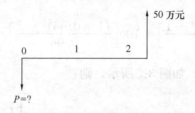

图 3-4　【例 3.4】现金流量图

依据式（3-6），得：

$$P = F(1+i)^{-n} = 50(1+0.03)^{-2} = 47.13 \text{ 万元}$$

3. 等额年金终值公式

等额年金是指在经济活动期内，每单位时间间隔里具有相同的收入与支出（年等值）。设在 n 个时间周期中，每个时间周期末支出（或收入）相同的金额 A，并在投资期末将资金全部收入（或支出）。设年利率为 i，求 n 年末的本利和 F，现金流量图如图 3-5 所示。

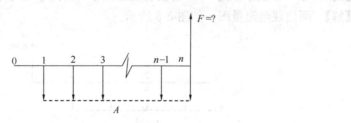

图 3-5　年末等额年金法现金流量图

由图可推得

$$F = A + A(1+i) + A(1+i)^2 + \cdots + A(1+i)^{n-2} + A(1+i)^{n-1} \tag{3-8}$$

根据等比数列前 n 项和公式可得：

$$F = A \left[\frac{(1+i)^n - 1}{i} \right] \tag{3-9}$$

系数 $\left[\dfrac{(1+i)^n - 1}{i} \right]$ 称为等额年金终值公式系数，记为 $(F/A, i, n)$，故

$$F = A(F/A,i,n) \tag{3-10}$$

【例 3.5】　某企业连续每年年末投资 100 万元，年利率为 6%，到第五年末可得本利和多少？

【解】　画出现金流量图，如图 3-6 所示。

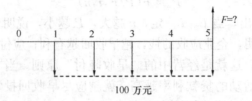

图 3-6　【例 3.5】现金流量图

依据式（3-9），得

$$F = A\left[\frac{(1+i)^n - 1}{i}\right] = 100\left[\frac{(1+0.06)^5 - 1}{0.06}\right] = 563.71 \text{ 万元}$$

若 A 在每个周期初发生，如图 3-7 所示，则：

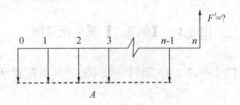

图 3-7　年初等额年金法现金流量图

$$F' = A(1+i)(F/A,i,n) = F(1+i) \tag{3-11}$$

【例 3.6】　在【例 3.5】中，若投资发生在年初，则第五年末可得本利和多少？

【解】　画出现金流量图，如图 3-8 所示。

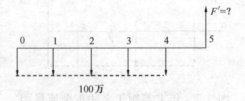

图 3-8　【例 3.6】现金流量图

依据式（3-11），得：
$$F' = F(1+i) = 563.71(1+0.06) = 597.53 \text{ 万元}$$

4. 等额存储偿债基金公式

已知一笔 n 年末的借款 F，拟在 1 至 n 年末等额存储一笔资金 A，以便到 n 期末偿还借债 F，现金流量图如图 3-9 所示。

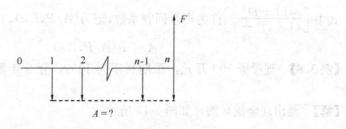

图 3-9 等额存储偿债基金现金流量图

每年末等额存储的资金 A 由式（3-9）可推得：

$$A = F\left[\frac{i}{(1+i)^n - 1}\right] \tag{3-12}$$

$\left[\dfrac{i}{(1+i)^n - 1}\right]$ 称为偿债资金系数,记为 $(A/F, i, n)$,故

$$A = F(A/F, i, n) \tag{3-13}$$

【例 3.7】 某企业要在 5 年末获得 563.71 万元的资金，当资金利率为 6%，每年末应存多少?

【解】 画出现金流量图，如图 3-10 所示。

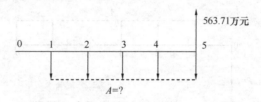

图 3-10 【例 3.7】现金流量图

依据式（3-13），得：

$$A = 563.71(A/F, 6\%, 5) = 563.71 \times 0.1774 = 100 \text{ 万元}$$

此题中，若将存款时间改在年初，每年应存入的款额为多少，也是可以计算的。

5. 等额支付资金回收公式

现投入一笔资金 P，希望今后 n 年内将本利和在每年末以等额 A 的方式回收，问 A 值为多少。如图 3-11 所示。

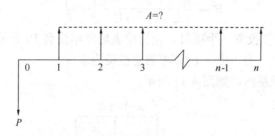

图 3-11 等额支付资金回收系列现金流量图

将式（3-4）代入式（3-12）中，可得：

$$A = P\left[\frac{i(1+i)^n}{(1+i)^n - 1}\right] \tag{3-14}$$

式中 $\left[\dfrac{i(1+i)^n}{(1+i)^n-1}\right]$ 称为资金回收系数，记为 $(A/P,i,n)$，故上式又可记为

$$A = P(A/P,i,n) \tag{3-15}$$

【例3.8】　现投资 100 万元，预期利率为 10%，分 5 年等额回收，每年可回收多少资金？

【解】　画出现金流量图，如图 3-12 所示。

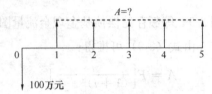

图 3-12　【例 3.8】现金流量图

依据式（3-14），得：$A = 100\left[\dfrac{0.1(1+0.1)^5}{(1+0.1)^5-1}\right] = 26.38$ 万元

6. 等额年金现值公式

已知 n 年内每年末有一笔等额的收入（或支出）A，求现值 P，其现金流量图如图 3-13 所示。

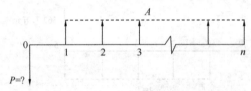

图 3-13　等额年金现值现金流量图

由式（3-14）可推出

$$P = A\left[\dfrac{(1+i)^n-1}{i(1+i)^n}\right] \tag{3-16}$$

式中 $\left[\dfrac{(1+i)^n-1}{i(1+i)^n}\right]$ 称为等额年金现值系数，记为 $(P/A,i,n)$，故上式又可记为

$$P = A(P/A,i,n) \tag{3-17}$$

式（3-16）中，当 n 很大时，可近似为

$$P = \dfrac{A}{i}\left[\dfrac{(1+i)^n-1}{(1+i)^n}\right] = \dfrac{A}{i} \tag{3.18}$$

【例3.9】　某公司拟投资一个项目，预计建成后每年获利 10 万元，3 年后收回全部投资的本利和。设贷款利率为 10%，问该项目总投资为多少？

【解】　画出现金流量图，如图 3-14 所示。

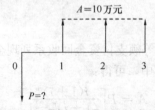

图-14　【例 3.9】现金流量图

依式（3-17），查得（P/A，10%，3）为 2.4869，故
$$P = 10 \times 2.4869 = 24.87 \text{ 万元}$$

7. 均匀梯度支付系列公式

随时间增长，现金流量以等额增加或减少的方式变化，便会形成一个均匀梯度支付系列。在图 3-15 中，现金流量在 0 时点有一个一次性收入 P，一年后支出 A_1，以后每年较前一年增加一个等值 G。

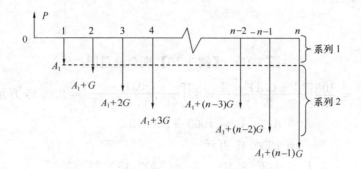

图 3-15　均匀梯度支付系列现金流量图

将该系列分为两个子系列。系列 1 是等额支付系列，系列 2 是由 0，G，$2G$，…，$(n-1)G$ 组成的梯度支付系列，也即从第二年末起，每年递增（减）一个 G。如果以下标 1 对应于系列 1，以下标 2 对应于系列 2，则与整个系列对应，有：
$$P = P_1 + P_2, F = F_1 + F_2, A = A_1 + A_2$$

P_1、F_1 和 A_1 可用前述公式很快计算出来，对于系列 2，则要将其也转变为年末等额支付系列。由式（3-9），有：
$$F_2 = G\left[\frac{(1+i)^{n-1}-1}{i} + \frac{(1+i)^{n-2}-1}{i} + \cdots + \frac{(1+i)-1}{i}\right]$$
$$= \frac{G}{i}\{[(1+i)+(1+i)^2+\cdots+(1+i)^{n-2}+(1+i)^{n-1}+1]-n\}$$

根据等比数列前 n 项和公式，
$$F_2 = \frac{G}{i}\left[\frac{(1+i)^n-1}{i} - n\right] \tag{3-19}$$

将式（3-19）代入式（3-12），
$$A_2 = \frac{G}{i}\left[\frac{(1+i)^n-1}{i} - n\right]\left[\frac{i}{(1+i)^n-1}\right] \tag{3-20}$$

由式（3-19）、式（3-20）便可算出 P_2。

【例 3.10】　某工程项目建设期为 8 年，第一年末贷款 1000 万元，从第二年末每年递增贷款 100 万元，按复利计算，年利率为 10%，问第八年末共需偿还本利和多少？

【解】　现金流量图如图 3-16 所示。依式（3-20）。

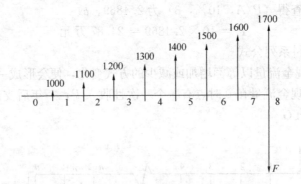

图 3-16　【例 3.10】现金流量图

$$A_2 = \frac{100}{0.1}\left[\frac{(1+0.1)^8 - 1}{0.1} - 8\right]\left[\frac{0.1}{(1+0.1)^8 - 1}\right] = 300.45 \text{ 万元}$$

$$A = A_1 + A_2 = 1000 + 300.45$$
$$= 1300.45 \text{ 万元}$$
$$F = A(F/A, 10\%, 8) = 1300.45 \times 11.4359$$
$$= 14871.82 \text{ 万元}$$

8. 等比现金流量序列公式

等比现金流量序列是指每期期末发生的现金流量成等比 q 变化，其现金流量图如图 3-17 所示。

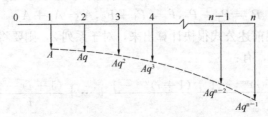

图 3-17　等比现金流量序列的现金流量图

此现金流量序列的复利终值 F 可表示为

$$F = A(1+i)^{n-1} + Aq(1+i)^{n-2} + Aq^2(1+i)^{n-3} + \cdots + Aq^{n-2}(1+i) + Aq^{n-1}$$

$$= A\sum_{k=1}^{n}(1+i)^{n-1}\left(\frac{q}{1+i}\right)^{k-1} = A \cdot (1+i)^{n-1} \cdot \frac{1 - \left(\frac{q}{1+i}\right)^n}{1 - \frac{q}{1+i}}$$

$$= A \cdot (1+i)^n \cdot \frac{1 - \left(\frac{q}{1+i}\right)^n}{1+i-q} \tag{3-21}$$

令 $q = 1 + s$，则式 (3-21) 为：

$$F = A \cdot \frac{1}{i-s} \cdot (1+i)^n\left[1 - \left(\frac{1+s}{1+i}\right)^n\right] \tag{3-22}$$

求得 F 后，可利用式 (3-6)、式 (3-12) 求 P 和 A。

3.3 名义利率与实际利率

重要概念与知识点

(1) 周期利率 (r')：指计息周期采用的利率。

(2) 名义利率 (r)：以年为一个计息周期的利率。

(3) 实际利率 (i)：一年内按周期利率，复利 m 次所形成的利率。

(4) 名义利率 r 与周期利率 r' 的关系：$r' = \dfrac{r}{m}$

(5) 名义利率 r 与实际利率 i 的关系：$i = \left(1 + \dfrac{r}{m}\right)^m - 1$

3.3.1 周期利率 (r')

周期利率也称计息周期有效利率，是指计息周期的利率。

3.3.2 名义利率 (r)

名义利率是以年为一个计息周期的利率。若 1 年内计息周期数为 m，则周期利率与名义利率的关系为：

$$r' = \frac{r}{m} \tag{3-23}$$

3.3.3 实际利率 (i)

实际利率也称年有效利率，是在一年内，按计息周期利率，复利 m 次所形成的总利率。

若年计息周期次数为 m 次，实际利率与名义利率的关系为：

$$i = \left(1 + \frac{r}{m}\right)^m - 1 \tag{3-24}$$

由式 (3-23)、式 (3-24) 可知，当 $m=1$ 时，实际利率＝名义利率＝周期利率；当 $m>1$，实际利率＞名义利率。

需要说明的是，在前面介绍的复利公式中，i 均指周期利率 r'，n 为寿命期的总计息周期数。

【例 3.11】 1000 万元 3 年期存款，名义利率为 8%，问下列情况下第三年末的本利和为多少。(1) 单利；(2) 年复利；(3) 季复利。

【解】 (1) 单利　　　　　$F = 1000 \ (1 + 3 \times 0.08) = 1240$ 万元

(2) 年复利　　　　　$F' = 1000 \ (1 + 0.08)^3 = 1259.71$ 万元

(3) 季复利　　　　　季度利率＝8%÷4＝2%，共 $3 \times 4 = 12$ 个周期，故
$$F'' = 1000 \ (1 + 0.02)^{12} = 1268.24 \text{ 万元}$$

【例 3.12】 一笔 1000 万元的贷款，要求在四年半后一次性还本付息。每半年计息一次，总偿还金额为 1250 万元。求此笔贷款的名义利率与实际利率。

【解】 计息周期为半年，周期数 $n = 4.5 \times 2 = 9$，周期利率为 r'，有：
$$F = 1000(1 + r')^9 = 1250$$
$$(1 + r')^9 = 1.25$$

$$r' = 1.25^{\frac{1}{9}} - 1 = 2.51\%$$

名义利率　$r = 2.51\% \times 2 = 5.02\%$

实际利率　$i = \left(1 + \dfrac{5.02\%}{2}\right)^2 - 1 = 5.08\%$

【例 3.13】 设每年年初和 7 月初分别存入 5 万元，年利率 10%，每年复利两次，共存 10 年，按复利计算，到期后的折现值和未来值分别为多少？

【解】 计息周期为半年，则 $r' = 5\%$，$n = 20$，现金流量图如图 3-18 所示。由式 (3-11)，有：

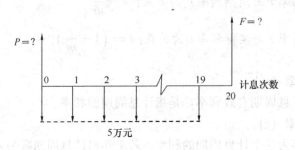

图 3-18　**【例 3.13】**现金流量图

$$F = A\left[\frac{(1+i)^n - 1}{i}\right](1+i) = 5\left[\frac{(1+5\%)^{20} - 1}{5\%}\right](1+5\%) = 173.60 \text{ 万元}$$

$$P = F(1+i)^{-n} = 173.60(1+5\%)^{-20} = 65.43 \text{ 万元}$$

3.4　建设期贷款利息计算

重要概念与知识点

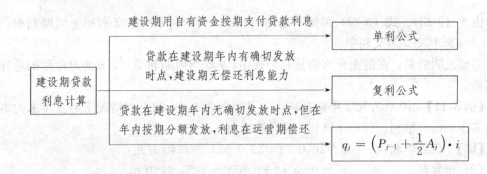

为了加快资金周转，缩短建设周期，提高基本建设项目的投资效果，我国基本建设贷款的利息，一般都采用复利计息。

如果贷款额的发放方式以及企业的还款方式很有规律，则只需运用前述资金时间价值计算公式就能方便地算出工程贷款利息。

【例 3.14】 某房地产开发商向银行借款 8000 万元，期限为 3 年，年利率为 8%，还款方式约定按季度支付利息，期满后一次偿还本金，则该笔贷款的利息总额为多少？如果该贷款按年复利计息，3 年后一次支付本利和，则该笔贷款的利息又是多少？

【解】 本例题中的第 1 种情况，由于每个计息期都按时支付了利息，即为单利，故
$$I_1 = P \times i \times n = 8000 \times 0.08 \times 3 = 1920 \text{ 万元}$$

第 2 种情况，由于 3 年后一次支付本利和，即为复利，故
$$I_2 = P(1+i)^n - P = 8000(1+0.08)^3 - 8000 = 2077.70 \text{ 万元}$$

在实际工程建设中，贷款一般在年内不是一次发放，而是按期分额发放。在项目建设期，企业一般无还款付息能力，因此需按复利计算，连本带息到运营期偿还。

为了计算的简化，在计算工程贷款利息时，一般都将贷款看作是年内均匀发放，因此，采用年内贷款平均计息的方法，每一计息期的利息加入本金，在下一计息期一并计息。其计算公式为

$$q_j = \left(P_{j-1} + \frac{1}{2}A_j\right) \cdot i \tag{3-25}$$

式中　q_j——建设期第 j 年应付的利息；

P_{j-1}——建设期第 $j-1$ 年末贷款余额，它由 $j-1$ 年末的贷款累计和此时贷款利息累计构成；

A_j——建设期第 j 年支用的贷款；

i——贷款利率。

【例 3.15】 某工业建设项目，建设期 3 年，共贷款 1200 万元，第 1 年贷款额 400 万元，第 2 年 500 万元，第 3 年 300 万元，年利率 8%，计算建设期利息。

【解】 各年利息按式（3-25）计算。

$$q_1 = \frac{1}{2}A_1 i = \frac{1}{2} \times 400 \times 0.08 = 16 \text{ 万元}$$

$$q_2 = \left(P_1 + \frac{1}{2}A_2\right)i = \left[(400+16) + \frac{1}{2} \times 500\right] \times 0.08 = 53.28 \text{ 万元}$$

$$q_3 = \left(P_2 + \frac{1}{2}A_3\right)i = \left[(900+16+53.28) + \frac{1}{2} \times 300\right] \times 0.08 = 89.54 \text{ 万元}$$

3 年累计的建设期利息为：$\sum q_i = 158.82$ 万元

3.5 资金时间价值计算应用案例

重要概念与知识点

（1）用现值法与终值法进行方案择优时，要求被比方案寿命期相同，投资额相当。

（2）对寿命期不同的方案进行择优时，一般宜用年值法。

3.5.1 现值法

现值法利用现值系数将不同年度发生的现金流量换算成可比的现值，以便进行方案比较。现值法往往分为费用现值法（PV）和净现值法（NPV）两种。

【例 3.16】 某施工企业欲购一台混凝土构件成型机，现有 3 种型号可供选择，使用期限均为 4 年。设机器 4 年后残值为 0。各机器的价格和工作成本见表 3-1，贷款购买设

备的利率为 10％，问购买哪种机器较好？

不同机器的价格与年成本 表 3-1

项 目	机 种	机器 A	机器 B	机器 C
购入价格（元）		34000	32000	30000
年工作成本（元）	第一年	1800	2000	2500
	第二年	1800	2200	2500
	第三年	2000	2300	2600
	第四年	2000	2400	2800

【解】 从表 3-1 可看出，机器 C 的购入价格最便宜，但它的年工作成本比 A 和 B 都高，为了选择最佳的投资方案，应对总费用进行分析。

A 机器的综合费用折现值为：

$$PV_A = 34000 + 1800(P/F,10\%,1) + 1800(P/F,10\%,2) + 2000(P/F,10\%,3)$$
$$+ 2000(P/F,10\%,4) = 39992.62 \text{ 元}$$

同理可得 $PV_B = 39003.62$ 元，$PV_C = 38204.70$ 元。

经过比较，P_C 最低，故购买机器 C 为最佳投资方案。

【例 3.17】 某企业投入一条生产线，预计第 1 年初投资 1100 万元，寿命期为 6 年。从第 2 年末开始，生产线每年的运营费为 300 万元，销售收入为 650 万元，第 6 年末的残值为 200 万元。企业确定的目标收益率为 12％，试计算该方案的净现值。

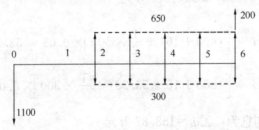

图 3-19 【例 3.17】现金流量图

【解】 2～6 年的净现金为 350 万元，则

$$NPV = -1100 + (650 - 300)(P/A,12\%,5)(P/F,12\%,1) + 200(P/F,12\%,6)$$
$$= -1100 + 1126.55 + 101.32 = 127.87 \text{ 万元}$$

3.5.2 终值法（FV 法）

终值比较法是将各年度发生的费用换成可比的终值，然后进行比较，从中选出最佳投资方案的方法。

【例 3.18】 某建设单位有两个建设方案，建设期限都是 3 年。甲方案总投资为 340 万元，其资金分配方式为：第 1 年初投资 200 万元，第 2 年初投资 100 万元，第 3 年初投资 40 万元；乙方案总投资为 350 万元，其资金分配方式为：第一年初投资 50 万元，第二年初投资 100 万元，第三年初投资 200 万元。行业的基准收益率为 10％，试对两投资方案进行经济评价。

【**解**】 从总投资看，甲方案比乙方案少 10 万元，两方案工期相同，似乎甲方案优于乙方案。但用一次支付终值公式可算出：

$$F_{甲}=200（F/P，10\%，3）+100（F/P，10\%，2）+40（F/P，10\%，1）$$
$$=431.20 万元$$

$$F_{乙}=50（F/P，10\%，3）+100（F/P，10\%，2）+200（F/P，10\%，1）$$
$$=407.55 万元$$

计算结果表明，乙方案的终值小于甲方案的终值，因此乙方案较优。其原因是甲方案在工程前期积压在未完施工上的资金较多，因此，表现出经济效果较差。

当投资者关心项目完成后所投入资金的实际价值时，宜采用终值法进行分析。

用现值法及终值法进行方案择优时，往往要求被比方案的寿命期相同。

3.5.3 年等值法

年等值法是将方案在寿命期内所发生的现金流量折算为每年相等的年值或年成本，并以此评价方案经济效益的方法。年等值法又分为净年值法（NAV）和年成本法（AC）两种。

净年值法是将方案在寿命期内所有的收入和支出都折算为等值的年金并求出代数和，以此评价方案经济效益的方法。方案可行的标准为 $NAV\geqslant0$，NAV 愈大，经济效益越好。

年成本法是将方案在寿命周期内的所有耗费都换算成与其等值的平均年成本，并以此评价方案经济效益的方法。采用年成本法时，年成本 AC 愈低，方案的经济效果愈好。

当被比方案的寿命期不同时，往往采用年等值法进行方案的择优。

【**例 3.19**】 设有 A、B 两个投资方案，预期的最小收益率为 12%，现金流量图如图 3-20 所示，问应采取哪个方案？

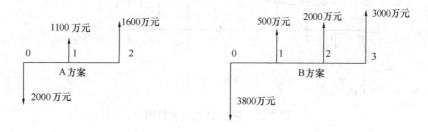

图 3-20 【例 3.19】现金流量图

【**解**】 如图所示，在计算期内既有收入也有支出，A 方案的净年值为

$$NAV_A=-2000(A/P,12\%,2)+1100(P/F,12\%,1)(A/P,12\%,2)$$
$$+1600(A/F,12\%,2)$$
$$=152.48 万元$$

同理可得 $NAV_B=156.53$ 元。可见 B 方案的年净收入高于 A 方案，故 B 为优方案。

【**例 3.20**】 某工地投资 10 万元购买了一台挖掘机，使用年限为 20 年，每年的运行费用为 700 元，此外，该机器每 5 年需大修一次，大修费用为每次 2200 元，若年利率为 10%，求该机器每年发生的年成本费用。

【解】 本题现金流量图如图 3-21 所示。

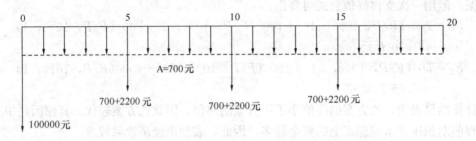

图 3-21　例 3.20 现金流量图

【解】
$$AV = 700 + [100000 + 2200(1+10\%)^{-5} + 2200(1+10\%)^{-10}$$
$$+ 2200(1+10\%)^{-15}](A/P,10\%,20)$$
$$= 700 + [100000 + 2200 \times (0.6209 + 0.3855 + 0.2394)] \times 0.1175$$
$$= 12772.04 \text{ 元}$$

3.5.4　综合应用案例

【例 3.21】 某项目第 1 年年初投资 800 万元，第 2 年年初又投资 100 万元，第 2 年年末获净收益 400 万元，从第 2~6 年，每年净收益逐年递增 6%，第 7~9 年每年年末获净收益 750 万元，若年利率为 10%，求与该项目现金流量等值的现值和终值。

【解】 按题意，在 1~9 年内现金流量如图 3-22 所示。

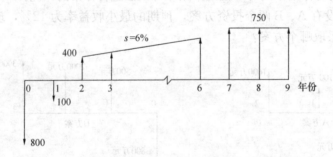

图 3-22　例 3.21 现金流量图

$$P = -800 - 100(P/F,10\%,1) + 400 \frac{1}{10\%-6\%}(1+10\%)^5$$
$$\times \left[1 - \left(\frac{1+6\%}{1+10\%}\right)^5\right](P/F,10\%,6)$$
$$+ 750(P/A,10\%,3)(P/F,10\%,6)$$
$$= -800 - 100 \times 0.9091 + 400 \times 25 \times 1.6105 \times 0.1691 \times 0.5645$$
$$+ 750 \times 2.4869 \times 0.5645$$
$$= 1699.32 \text{ 万元}$$
$$F = 1699.32(F/P,10\%,9) = 1699.32 \times 2.3579 = 4006.83 \text{ 万元}$$

此题还可以用多种其他方法求解。

【例 3.22】 某房地产项目建设期为 3 年，建设期内每年年初贷款 600 万元，贷款年利率为 10％。若在运营期第 1 年末偿还 1000 万元，拟在运营期第 2～6 年每年年末等额偿还剩余贷款，则每年应偿还多少万元？

【解】　现金流量图如图 3-23 所示：

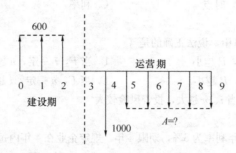

图 3-23　例 3.22 现金流量图

第 4 年末（运营期第 1 年末）应偿还的贷款余额为：

$$P' = \left[600 \frac{(1+0.1)^3 - 1}{0.1} \right](1+0.1)^2 - 1000 = 1403.06 \text{ 万元}$$

运营期后 5 年每年应偿还：

$$A = 1403.06 \left[\frac{0.1(1+0.1)^5}{(1+0.1)^5 - 1} \right] = 1403.06 \times 0.2638 = 370.12 \text{ 万元}$$

习　题

一、单选题

1. 某单位向银行借款订购设备。甲银行年利率 12％，每年计一次息；乙银行月利率 10‰，按月计息。建设单位的结论是（　　）。

A. 甲银行实际利率高于乙银行

B. 乙银行实际利率高于甲银行

C. 两银行的年实际利率相同

D. 两银行的年实际利率相同，但偿还利息次数不同

2. 单利计息与复利计息的区别在于（　　）。

A. 是否考虑资金的时间价值　　　　　　B. 是否考虑本金的大小

C. 是否考虑利率的高低　　　　　　　　D. 采用名义利率还是实际利率

3. 实际利率是指在名义利率包含的单位时间内，按（　　）复利计息所形成的总利率。

A. 月利率　　　　B. 周期利率　　　　C. 年利率　　　　D. 季利率

4. 若名义利率为 r，1 年中计息周期为 m，计息周期的有效利率为 r/m，则有效年利率为（　　）。

A. $\left(1+\frac{r}{m}\right)^m - 1$　　B. $\left(1+\frac{r}{m}\right)^m + 1$　　C. $\left(1+\frac{r}{m}\right)^{mr} - 1$　　D. $\left(1+\frac{r}{m}\right)^r - 1$

5. 若名义利率一定，则年有效利率与 1 年中计息周期数 m 的关系是（　　）。

A. 计息周期数增加，年有效利率不变　　B. 计息周期数减少，年有效利率不变

C. 计息周期数增加，年有效利率减少　　D. 计息周期数减少，年有效利率减少

6. 以下关于复利计算公式系数表述正确的是（　　）。

A. 复利终值系数和年金现值系数互为倒数

B. 复利现值系数和年金终值系数互为倒数

C. 年金终值系数和偿债基金系数互为倒数

D. 年金现值系数和偿债基金系数互为倒数

二、多选题

1. 现金流量图的三要素包括（　　）。

A. 现金流大小　　　　B. 时点　　　　　　C. 利率　　　　　　D. 时间长短

E. 现金流方向

2. 关于资金时间价值计算中，说法正确的是（　　）。

A. 当 F，i 一定，n 越大，P 越小　　　　　B. 当 F，i 一定，n 越大，P 越大

C. 当 F，n 一定，i 越大，P 越小　　　　　D. 当 F，n 一定，i 越大，P 越大

E. 由 F 求 P 的公式中，当 i、n 越大，投资风险较大

三、计算题

1. 某企业贷款 60 万元，年利率为 5%，期限 4 年，规定企业在 4 年内每年末等额偿还贷款。问企业每年应偿还多少？

2. 某建设项目建设期为 3 年，在建设期第一年贷款 100 万元，第二年贷款 400 万元，第 3 年贷款额为 0，贷款利率为 10%，用复利法计息时，建设期中第 3 年末的贷款利息应为多少？建设期建设利息共为多少？

3. 现在存入银行 100 万元，银行存款利率为 4%，按复利计算，6 年后一次性取出，则获得的利息总数为多少？

4. 某项目建设期为 3 年，建设期内每年年初贷款分别为 100 万元、200 万元和 400 万元，年利率为 8%。若在运营期第 4 年末一次性偿还贷款，则应偿还的本利和多少元？

5. 某企业于年初向银行借款 2000 万元，名义利率为 8%，若按月复利计息，则该年第 3 季度末借款本利和为多少？

6. 某项目各年现金流量图如图所示，年利率为 8%，求 F 为多少？

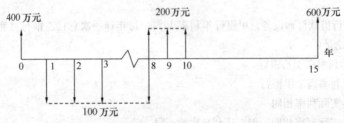

7. 某设备价格为 120 万元，采用 5 年内分期付款方式支付。合同签订时付款 40 万元，第 1 年末再付款 20 万元，以后每半年等额付款 1 次。设年利率为 10%，每半年复利一次。问每半年应付多少设备价款？

8. 设计息周期为半年，每半年末借款 2 万元，年利率 6%，每季复利一次。问 5 年末应还的本利和为多少？

9. 某投资者 5 年前以 200 万元价格买入一房产，在 1～5 年内每年末获得净收益 15 万元，现在房产能以 300 万元出售。若投资者要求的年收益率为 15%，此项投资能否达到要求的收益水平？

10. 某企业准备拟建一建设项目，建设期为 5 年，建设期内每年年初贷款 200 万元，年利率 8%，若在运营期第 2 年底和第 5 年底分别偿还 400 万元，要在运营期第 9 年底全部还清贷款本利和，尚需偿还多少万元？

第4章 建设项目经济评价方法

投资的主要目的是为了获得经济效益。投资项目经济评价的核心内容就是经济效益评价。为确保项目投资决策的正确性和科学性，研究经济效益评价指标和方法就显得十分必要。

4.1 建设项目经济评价指标体系

建设项目经济评价是指在对影响项目的各项技术经济因素预测、分析和计算的基础上，评价投资项目的直接经济效益和间接经济效益，为投资决策提供依据的活动。

由于经济效益是一个综合性指标，任何一种具体的评价指标都只是反映项目的某一侧面或某些侧面，因此，凭单一指标难以达到全面评价项目的目的。由于项目所要达到的目标不尽相同，因此需要采用不同的指标予以反映，从多个方面进行分析考察。

在项目经济效益评价中，常将经济评价指标体系分为三大类。

1. 根据是否考虑资金时间价值分类

根据是否考虑了资金的时间价值，财务评价指标可分为静态评价指标和动态评价指标，如图4-1所示。

2. 根据指标量纲分类

根据指标的量纲不同，财务评价指标可分为比率性指标、价值性指标和时间性指标，如图4-2所示。

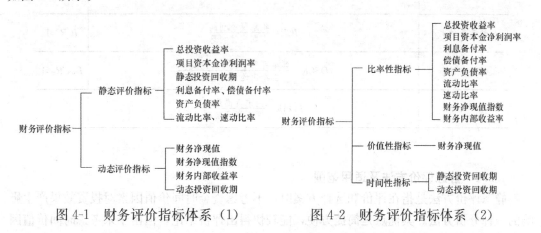

图4-1 财务评价指标体系（1）　　图4-2 财务评价指标体系（2）

3. 根据财务能力分类

根据项目的财务能力，财务评价指标可分为盈利能力指标、偿债能力指标和财务生存能力指标，如图4-3所示。

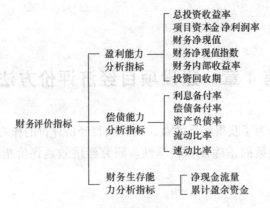

图 4-3　财务评价指标体系（3）

4.2　建设项目静态评价指标与方法

重要概念与知识点

常用的静态评价指标、计算公式和评价准则

指标名称	计　算　公　式	评价准则
总投资收益率 ROI	$ROI=\dfrac{\text{正常年份息税前利润}}{\text{总投资}}\times100\%$	$ROI\geqslant i_c$
项目资本金净利润率（ROE）	$ROE=\dfrac{\text{正常年份净利润}}{\text{项目资本金}}\times100\%$	$ROE\geqslant$ 同行业净利润率参考值
静态投资回收期 P_t	$P_t=\left[\begin{array}{c}\text{累计净现金流量开始}\\\text{出现正值的年份数}\end{array}\right]-1+\left[\dfrac{\text{上年累计净现金流量的绝对值}}{\text{当年净现金流量}}\right]$	$P_t\leqslant P_c$
利息备付率	$ICR=\dfrac{\text{年息税前利润}}{\text{当期应付利息}}$	$ICR\geqslant1$
偿债备付率	$DSCR=\dfrac{\text{各年可用于还本付息资金}}{\text{当期应还本付息金额}}$	$DSCR\geqslant1$
资产负债率	$LOAR=\dfrac{\text{期末负债总额}}{\text{期末资产总额}}$	

4.2.1　静态评价方法及适用范围

静态评价方法是指在评价和选择方案时，不考虑资金时间价值因素对投资效果产生影响的一种分析方法。其优点是简捷方便，能较快得出评价结论，但由于未考虑时间价值因素带来的资金价值变化，不能反映项目寿命期的全面情况，所以只适合于一些工期很短或属于政府专项预算拨款的建设项目的经济评价，结论的精确度也较差。

4.2.2　静态评价的指标与评价标准

1. 总投资收益率（ROI）

　　总投资收益率是指项目达到设计能力后正常年份的年息税前利润或运营期内年平均息税前利润（$EBIT$）与项目总投资（TI）的比率，它反映了项目总投资的盈利水平。总投资收益率的计算公式为：

$$ROI = \frac{EBIT}{TI} \times 100\% \tag{4-1}$$

式中　$EBIT$——项目正常年份的年息税前利润或运营期内年平均息税前利润；

　　　　TI——项目总投资（建设投资＋流动资金）。

　　总投资收益率可根据利润与利润分配表中的有关数据计算求得。在财务评价中，总投资收益率高于同行业收益率参考值，表明用总投资收益率表示的盈利能力满足要求。

　　2. 项目资本金净利润率（ROE）

　　项目资本金净利润率是指项目达到设计能力后正常年份的年净利润或运营期内年平均净利润（NP）与项目资本金（EC）的比率。其计算公式为：

$$ROE = \frac{NP}{EC} \times 100\% \tag{4-2}$$

式中　NP——项目正常年份的年净利润或运营期内年平均净利润；

　　　　EC——项目资本金。

　　项目资本金净利润率表示项目资本金的盈利水平，项目资本金净利润率高于同行业的净利润率参考值，表明用项目资本金净利润率表示的盈利能力满足要求。

　　【例 4.1】　某公司注册资本金为 1650 万元，投资 2800 万元兴建一工厂，该项目达到设计生产能力后的一个正常年份的年末利润与利润分配表见表 4-1。已知同类企业总投资收益率和项目资本金净利润率的平均水平分别为 25％和 30％，试评价该项目的获利能力水平。

利润与利润分配表（万元）　　　　　　　　表 4-1

序号	项　　目	本年累计数	序号	项　　目	本年累计数
1	销售收入	4200	6	净利润（④－⑤）	582.6
2	总成本费用	3070.5	7	盈余公积金（⑥×10％）	58.3
3	销售税金及附加	260	8	可供分配利润（⑥－⑦）	524.3
4	利润总额（①－②－③）	869.5	9	息税前利润	909.2
5	所得税	286.9			

　　【解】　$ROI = \dfrac{909.2}{2800} \times 100\% = 32.47\% > 25\%$

　　　　　　$ROE = \dfrac{582.6}{1650} \times 100\% = 35.31\% > 30\%$

　　由于该项目的总投资收益率和项目资本金净利润率均分别高于行业平均水平，可认为该项目具有较强的获利能力。

　　3. 静态投资回收期（P_t）

　　静态投资回收期（P_t）是指以项目净收益回收项目投资所需要的时间，一般以年为单位。静态投资回收期的计算公式为：

$$\sum_{t=0}^{P_t} (CI - CO)_t = 0 \tag{4-3}$$

式中　　CI——现金流入量;

　　　　CO——现金流出量;

$(CI - CO)_t$——第 t 年净现金流量。

静态投资回收期可借助项目投资现金流量表计算。项目投资现金流量表中累计净现金流量由负值变为零的时点,即为项目的投资回收期。项目投资回收期更为实用的计算公式为:

$$\frac{静态投资}{回收期(P_t)} = \frac{累计净现金流量开始}{出现正值的年份数} - 1 + \frac{上年累计净现金流量的绝对值}{当年净现金流量} \tag{4-4}$$

当求出项目的静态投资回收期以后,应与行业的标准静态投资回收期(P_C)比较,若 $P_t \leqslant P_C$,则认为项目投资可在规定时间内收回,项目方案在财务经济上可以接受。当在项目的多个方案中择优时,应选择回收期较短的方案。

【例 4.2】　某建设项目的净现金流量如表 4-2 所示,该项目的行业的标准静态投资回收期 P_C 为 5 年,试根据该项目的静态投资回收期,判断该项目是否可行。

现金流量表（万元）　　　　　　　　　　　　　　　　　　　　表 4-2

年　份	1	2	3	4	5
净现金流量	-200	80	40	60	80

【解】　表 4-3 为表 4-2 的续表:

现金流量表续表（万元）　　　　　　　　　　　　　　　　　　表 4-3

年　份	1	2	3	4	5
净现金流量	-200	80	40	60	80
累计净现金流量	-200	-120	-80	-20	60

根据式（4-4）,有

$$P_t = 5 - 1 + \frac{|-20|}{80} = 4.25 \text{ 年} < 5 \text{ 年}　方案可行$$

静态投资回收期宜从项目建设开始年算起,若从项目投产开始年计算,应予以注明。

静态投资回收期反映了项目方案在财务上的投资回收能力,但没有考虑投资回收期之后项目的财务经济效益,难以对不同方案的比较做出正确判断,所以使用该指标时应与其他指标相配合。

4. 利息备付率（ICR）

利息备付率是指项目在借款偿还期内,各年可用于支付利息的税息前利润（EBIT）与当期应付利息（PI）费用的比值,其计算公式为:

$$ICR = \frac{EBIT}{PI} \tag{4-5}$$

式中　$EBIT$——年税息前利润（利润总额＋计入总成本费用的利息费用）;

　　　PI——当期应付利息（计入总成本费用的全部利息）。

利息备付率应分年计算。利息备付率表示用项目的利润偿付债务利息的保障程度。利息备付率应当大于1，并结合债权人的要求确定。根据我国企业历史数据统计，一般情况下，利息备付率不宜低于2。

5. 偿债备付率（DSCR）

偿债备付率是指项目在借款偿还期内，各年可用于还本付息的资金（$BEITDA - T_{AX}$）与当期应还本付息金额（FD）的比值，其计算公式为：

$$DSCR = \frac{EBITDA - T_{AX}}{FD} \tag{4-6}$$

式中　$EBITDA$——年息税前利润加折旧和摊销；

　　　　T_{AX}——企业所得税；

　　　　FD——当期应还本付息金额，包括还本金额和计入总成本费用的全部利息。

偿债备付率应分年计算。偿债备付率表示可用于还本付息的资金偿还借款本息的保障程度。偿债备付率在正常情况应当大于1（一般不低于1.3，并满足债权人的要求）。当指标小于1时，表示当年资金来源不足以偿付当期债务，需要通过短期借款偿付已到期债务。

在计算利息备付率和偿债备付率时，如果能够得知或根据经验设定所要求的借款偿还期，可以直接计算利息备付率和偿债备付率指标，如果难以设定借款偿还期，也可以先大致估算出借款偿还期，再采用适宜的方法计算出每年需要还本付息的金额，代入公式计算利息备付率和偿债备付率指标。借款偿还期的估算公式为：

$$借款偿还期 = (偿清债务年份数 - 1) + \frac{偿清债务当年应付本息}{当年可用于还款收益额} \tag{4-7}$$

需注意的是，借款偿还期只是为了估算利息备付率和偿债备付率指标所用，不应与利息备付率和偿债备付率指标并用。

6. 资产负债率（LOAR）

资产负债率是指各期末负债总额（TL）同资产总额（TA）的比率，计算公式为：

$$LOAR = \frac{TL}{TA} \times 100\% \tag{4-8}$$

式中　TL——期末负债总额；

　　　TA——期末资产总额。

资产负债率用以反映债权人所提供的资金占企业总资产的百分比，从债务比重上说明债权人所得到的保障程度。

适度的资产负债率，表明企业经营安全、稳健，有较强的筹资能力，也表明企业和债权人的风险较小。对该指标的分析，应结合国家宏观经济状况、行业发展趋势、企业所处竞争环境等具体条件判定。项目财务分析中，在长期债务还清后，可不再计算资产负债率。

7. 流动比率

它是衡量项目清偿短期负债能力的指标。其计算公式为：

$$流动比率 = \frac{流动资产}{流动负债} \tag{4-9}$$

流动比率可用来分析企业资产流动性的大小，判断偿债企业用现金或预期在该期中能变为现金的资产偿还债务的限度。

8. 速动比率

流动比率是一个很粗略的指标，以其判断短期偿债能力的可靠性差。因为流动资产中的存货很难按期顺利变现。为此可引入速动比率来衡量企业偿付短期债务的能力，它是反映项目快速清偿流动负债能力的指标。其计算公式为：

$$速动比率 = \frac{速动资产}{流动负债} \tag{4-10}$$

式中　速动资产＝流动资产－存货。

流动比率及速动比率过高或过低都不理想，比率过高表明项目持有闲置的（不能盈利的）现金余额，比率过低则表明项目可能面临清偿到期债务的某些困难。

对财务比率指标，一般无统一的判断标准，在财务评价中应根据企业的资金需求量和行业特点综合分析，确定合理的率值。

【例 4.3】　某企业建设期第 3 年末的资产负债表见表 4-4。试计算该年末企业的资产负债率，流动比率和速动比率，并分析该企业的偿债能力。

资产负债表（万元）　　　　　　　　　　　　　表 4-4

序号	项　目	合计	计 算 期					
			1	2	3	4	…	n
1	资产	…	…	…	481000			
1.1	流动资产总额	…	…	…	111000			
1.1.1	货币资金	…	…	…	14000			
1.1.2	应收账款	…	…	…	32500			
1.1.3	存货	…	…	…	64500			
1.2	固定资产净值	…	…	…	370000			
2	负债及所有者权益（2.3＋2.4）	…	…	…	481000			
2.1	流动负债总额	…	…	…	71276			
2.1.1	短期借款	…	…	…	33359			
2.1.2	应付账款	…	…	…	37917			
2.2	建设投资借款	…	…	…	138000			
2.3	负债小计（2.1＋2.2）	…	…	…	209276			
2.4	所有者权益	…	…	…	271724			
2.4.1	资本金	…	…	…	240000			
2.4.2	累计未分配利润	…	…	…	31724			

【解】　资产负债率 $= \dfrac{71276 + 138000}{481000} \times 100\% = 43.51\%$

流动比率 $= \dfrac{111000}{71276} = 1.56$　　速动比率 $= \dfrac{111000 - 64500}{71276} = 0.65$

从三个指标看，均有较强的偿债能力。

4.3 建设项目动态评价指标与方法

重要概念与知识点

常用的动态评价指标、计算公式和评价准则

指标名称	计　算　公　式	评价准则
财务净现值	$FNPV = \sum_{t=1}^{n}(CI-CO)_t(1+i_c)^{-t}$	$FNPV \geqslant 0$
财务净现值指数	$FNPVR = \dfrac{FNPV}{I_P} \times 100\%$	$FNPVR \geqslant 0$
财务内部收益率	$FIRR \approx i' = i_1 + \dfrac{FNPV_1}{FNPV_1 + \lvert FNPV_2 \rvert} \times (i_2 - i_1)$	$FIRR \geqslant i_c$
动态投资回收期	$P'_t = \left[\dfrac{\text{累计净现金流量折现值}}{\text{开始出现正值的年份数}}\right] - 1 + \dfrac{\text{上年累计净现金流量折现值的绝对值}}{\text{当年净现金流量折现值}}$	$P'_t \leqslant P_c$

4.3.1 动态评价方法及适用范围

在工程实施过程中，由于时间和利率的影响，同样的货币面值在不同的时间会有不同的价值。在建设项目经济评价中，应考虑每笔现金流量的时间价值。这种对建设项目的一切资金流都考虑它所发生的时点及其时间价值，用以进行经济评价的方法称为动态分析法。该方法能够比较全面地反映项目整个寿命期的经济效果，使用范围较广。

4.3.2 动态评价的指标与评价标准

1. 财务净现值（$FNPV$）

财务净现值是指按行业的基准收益率或投资主体设定的折现率，将方案计算期内各年发生的净现金流量折现到建设期初的现值之和。它是考察项目盈利能力的绝对指标。其计算公式为：

$$FNPV = \sum_{t=1}^{n}(CI-CO)_t(1+i_c)^{-t} \tag{4-11}$$

式中　　CI——年度现金流入量（收入）；

　　　　CO——年度现金流出量（支出）；

　　$(CI-CO)_t$——第 t 年净现金流量。

当 $FNPV \geqslant 0$，方案可行；当 $FNPV < 0$，方案不可行。

【例 4.4】　已知某项目的现金流量如图 4-4 所示，设行业的基准收益率为 12%，试计算该项目的净现值，并判断方案是否可行。

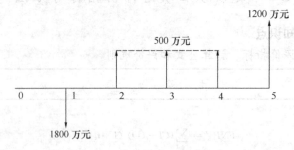

图 4-4　方案的现金流量图

【解】　据式（4-9）有：

$$FNPV = -1800(P/F,12\%,1) + 500(P/F,12\%,2) + 500(P/F,12\%,3)$$
$$+ 500(P/F,12\%,4) + 1200(P/F,12\%,5)$$
$$= -1800 \times 0.8929 + 500 \times 0.7972 + 500 \times 0.7118 + 500$$
$$\times 0.6355 + 1200 \times 0.5674$$
$$= -1607.22 + 398.60 + 355.90 + 317.75 + 680.88$$
$$= 145.91 \text{万元} > 0，\text{方案可行}。$$

本题还可以用以下方法求解：

$$FNPV = -1800(P/F,12\%,1) + 500(P/A,12\%,3)(P/F,12\%,1)$$
$$+ 1200(P/F,12\%,5)$$
$$= -1800 \times 0.8929 + 500 \times 2.4018 \times 0.8929 + 1200 \times 0.5674$$
$$= 145.94 \text{万元} > 0，\text{方案可行}。$$

两种算法的结果不同是由于四舍五入造成的。

2. 财务净现值指数（FNPVR）

财务净现值指数也称为财务净现值率，在多方案比较时，如果几个方案的 FNPV 值都大于零但投资规模相差较大，可以进一步用财务净现值指数作为财务净现值的辅助指标。财务净现值指数是财务净现值与总投资现值之比，即单位投资现值所带来的净现值。计算公式为：

$$FNPVR = \frac{FNPV}{I_P} \times 100\% \tag{4-12}$$

式中　I_P——方案总投资现值。

若为单一方案经济评价时，$FNPVR \geq 0$，则方案可行。

【例 4.5】　试计算图 4-4 中现金流量的净现值指数。

【解】　$FNPVR = \dfrac{145.91}{1800 \times 0.8929} = 0.091$

3. 财务内部收益率（FIRR）

财务内部收益率是指项目在整个计算期内各年净现金流量现值累计等于零时的折现率，是评价项目盈利能力的相对指标。根据资金的来源渠道不同，财务内部收益率可分为项目投资财务内部收益率、项目资本金财务内部收益率和投资各方财务内部收益率。

财务内部收益率的计算公式为:

$$\sum_{t=1}^{n}(CI-CO)_t(1+FIRR)^{-t}=0 \tag{4-13}$$

财务内部收益率计算方程是一元 n 次方程,不容易直接求解,一般是采用"插值试算法",其步骤为:

(1) 初略估计 $FIRR$ 的值。为减少试算的次数,可先令 $FIRR=i_c$;

(2) 找到该方案净现值为正值和负值的两个最为接近的折现率 i_1 和 i_2;

(3) 用线性插入法计算 $FIRR$,其公式如下:

$$FIRR=i_1+\frac{FNPV_1(i_2-i_1)}{FNPV_1+|FNPV_2|} \tag{4-14}$$

式中 i_1——净现值为正数时的折现率;

i_2——净现值为负数时的折现率;

$FNPV_1$——折现率为 i_1 时的净现值;

$FNPV_2$——折现率为 i_2 时的净现值。

由于上式 $FIRR$ 的计算误差与 (i_2-i_1) 的大小有关,且 i_2 与 i_1 相差越大,误差也越大,为控制误差,通常要求 $i_2-i_1 \leqslant 2\%$ 左右,一般不应超过 5%。

项目的判别准则为:设基准收益率为 i_c,若 $FIRR \geqslant i_c$,则 $FNPV \geqslant 0$,方案可行;若 $FIRR < i_c$,则 $FNPV < 0$,方案不可行。

【例 4.6】 某项目利用银行贷款投资生产。若银行贷款利率为 10%,该项目的净现值为 33.82 万元;银行贷款利率为 12% 时,净现值为 -16.64 万元。求在此情况下,企业的收益率定为多少能保证企业不亏不盈?

【解】 企业的内部收益率确定的高低与银行利率高低密切相关。当企业的内部收益率与银行的贷款利率相等时,企业不亏不盈。设企业的内部收益率为 $FIRR$,银行的贷款利率为 i,则当 $FIRR > i$ 时,项目可行,反之项目不可行。

图 4-5 中 x 为 $FIRR$ 与 i_1 间的利率差,利用插值法可确定出保证企业不亏不盈时的内部收益率。

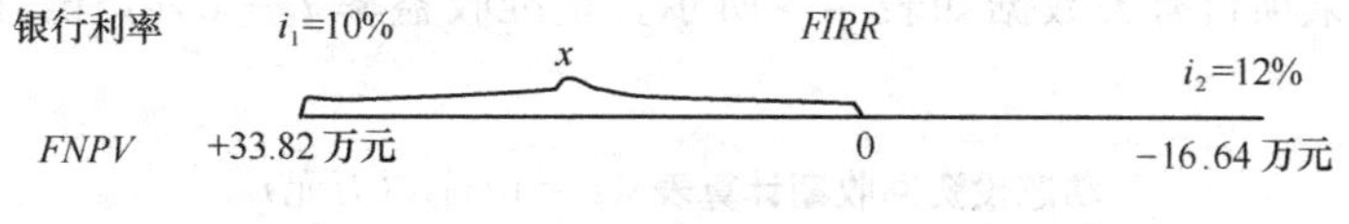

图 4-5 银行贷款利率与企业盈亏值关系图

$$x=\frac{2\times33.82}{16.64+33.82}=1.34$$

$$FIRR=10+1.34=11.34 \quad (\%)$$

由图 4-5 可以看出,当银行贷款利率小于 11.34% 时,净现值为正,企业盈利;银行贷款利率大于 11.34% 时,净现值为负,企业亏损;银行利率等于 11.34% 时,净现值为 0,企业不亏不盈,因此,企业能够接受的银行贷款利率最高为 11.34%。

【例 4.7】　某一工程项目计划投资 470 万元，年收入 160 万元，年成本 50 万元，有效期 6 年，残值 18 万元，求企业的内部收益率。

【解】　将整个经济活动期间的投资与收入折现，令其为 0，有

$$-470 + (160-50)(P/A,i,6) + 18(P/F,i,6) = 0$$

上式中有两个未知项，因此首先进行估算。设每年残值为 3 万元（18/6＝3），代入上式，则

$$-470 + (160-50)(P/A,i,6) + 3(P/A,i,6) = 0$$
$$(P/A,i,6) = 4.159$$

查附录，可知（P/A，12%，6）和（P/A，10%，6）的值与 4.159 较接近。计算该投资过程的净现值：

$$FNPV_1(i_1 = 10\%) = -470 + 110(P/A,10\%,6) + 18(P/F,10\%,6) = 19.24 \text{ 万元}$$
$$FNPV_2(i_2 = 12\%) = -470 + 110(P/A,12\%,6) + 18(P/F,12\%,6) = -8.63 \text{ 万元}$$

满足原等式的 i 可用（4-13）式求出：

$$FIRR = 10\% + \frac{19.24 \times (12-10)\%}{19.24 + 8.63} = 11.38\%$$

4. 动态投资回收期（P'_t）

为了克服静态投资回收期不考虑资金时间价值的缺点，可采用按固定折现率的动态投资回收期。动态投资回收期是在考虑资金时间价值的条件下，以项目净收益抵偿项目全部投资所需的时间。其理论表达式为

$$\sum_{l=1}^{P'_t} (CI - CO)_t \times (1+i_c)^{-t} = 0 \tag{4-15}$$

式中　i_c——行业基准折现率。

动态投资回收期可通过项目财务现金流量表求得，计算公式如下：

$$P'_t = \left[\begin{array}{c}\text{累计净现金流量折现值}\\\text{开始出现正值的年份数}\end{array}\right] - 1 + \frac{\text{上年累计净现金流量折现值的绝对值}}{\text{当年净现金流量折现值}} \tag{4-16}$$

用动态投资回收期指标评价方案的标准是 $P'_t \leqslant P_c$。

【例 4.8】　某项目有关数据如表 4.5 所示。基准收益率 $i_c = 8\%$，试计算动态投资回收期 P'_t。

动态投资回收期计算表（$i_c = 10\%$）（万元）　　　　　　　　　　　表 4-5

年　份	1	2	3	4	5	6	7	8	9	10
投资支出	520	100								
其他支出			300	450	450	450	450	450	450	450
收　入			450	700	700	700	700	700	700	700
净现金流量	-520	-100	150	250	250	250	250	250	250	250
折现值	-481.47	-85.73	119.07	183.75	170.15	157.55	145.88	135.08	125.05	115.80
累计折现值	-481.47	-567.20	-448.13	-264.38	-94.23	63.32	209.20	344.28	469.33	585.13

【解】　计算各年净现金流量的累计折现值。计算结果如表4-5所示。将表4-5的有关数据代入式（4-14），得：

$$P'_t = 6 - 1 + \frac{|-94.23|}{157.55} = 5.60（年）$$

与静态投资回收期相比，动态投资回收期的优点是考虑了资金时间价值，但计算却较复杂。在投资回收期不长和基准收益率不大的情况下，两种投资回收期的差别不大，不至于影响方案的选择，因此，动态投资回收期指标不常用。只有在静态投资回收期较长和基准收益率较大的情况下，才需计算动态投资回收期。

4.4　不同类型方案的经济评价与选择

重要概念与知识点

（1）方案的分类：独立方案、互斥方案、混合方案、相关方案、互补方案。

（2）独立方案的选择：

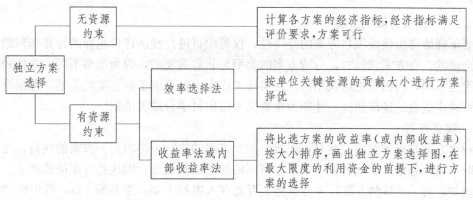

（3）互斥方案的选择：

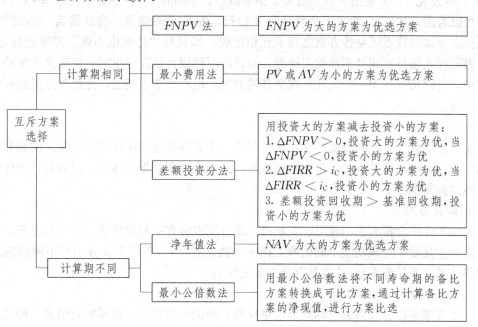

(4) 混合方案的选择:

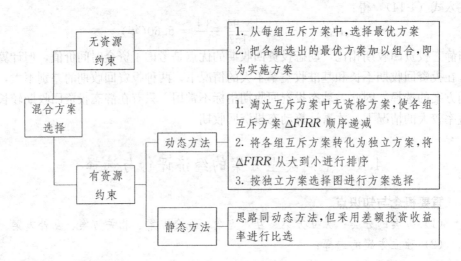

4.4.1　投资方案的分类

要正确地评价建设项目方案的经济性,仅对项目进行经济评价指标的计算和判断往往是不全面的。在方案选择时,分清方案的类型是非常重要的,因为类型不同,选择和判断的尺度也不同,因而结论也就不同。在实际工作中,首先应了解方案的类型,再根据方案的类型确定适合的经济指标,才能为投资决策做出科学合理的依据。

1. 独立方案

独立方案是指方案间彼此互不干扰,一个方案的执行不影响另一方案的执行,在选择方案时可以任意组合。或者说,如果方案间的加法法则成立,则这些方案彼此独立。

例如,有 A、B 两方案,A 方案将 2 万元存入银行 1 年,年利润 4%,到年底时本利和为 2.08 万元。B 方案用 3 万元购买 1 年期债券,年利润 5%,年底本利和 3.15 万元。

可以看出,如果 A 方案不是将钱存入银行,而是购买债券,会获得高一些的利润。但是独立方案的特点就是各方案之间不互相比较,都只对"什么也不做"方案进行比较。即 2 万元存入银行利润虽不及购买债券,但总比不存银行放在家里好。在独立方案的被比方案中,可以接受其中一个或几个或全部的方案,也可全部不接受,并且各方案的有效期可以不同。

2. 互斥方案

互斥方案是指方案间彼此排斥,接受其中一个方案就必然排斥其他方案。例如某建筑物的地基,可以采用桩基础、带型基础方案,这两个方案就是互斥的,因为取其中任何一个必然抛弃其他方案。

3. 混合方案

实际工作中常常有互相独立、互相排斥的方案混合在一起的情况,即混合方案,例如某施工企业接受了三项功能不同的施工任务(独立方案),各任务又分别有不同的施工方法可供选择(互斥方案),这就是混合方案的问题。

4. 相关方案

相关方案是指各投资方案间现金流量存在影响的一组方案。根据影响结果,相关方案分为正相关与负相关方案。当一个方案的执行使另一方案净现金流量减少时，此时方案间具有负相关关系；当一个方案的执行使另一方案净现金流量增加时，方案之间具有正相关关系。例如商业区建一个中式餐厅和一个西式餐厅，任一个餐厅的建设都会影响到另一个餐厅的收入现金流，两餐厅的建设方案即为相关方案。

5. 互补方案

如果不同方案间，某一个方案的实施要以另一个或另几个方案的实施为条件，那么这些方案间就是互补关系。如要在某地开发一个旅游项目，就需要有交通、旅店等项目与之配套。在进行方案评价时，通常将互补方案作为一个项目群整体评价。

4.4.2 独立方案的选择方法

独立方案可采用净现值法、年等值法、将来值法、内部收益率法和净现值率法等进行选择，这些方法得出的结论都是一致的。

在实际中，独立方案的选取可分两种情况：

1. 无资源约束

企业资源（如资金、人力、物力、时间、生产能力、空间等等）充足，可以满足全部项目的资金要求，独立方案的取舍只决定于本方案的经济价值，而不必考虑其他方面各因素的影响，此时只要方案的经济指标满足评价要求，就认为方案可行。

2. 有资源约束

但在大多数情况下，企业的资源是有限的，在众多的互相独立的方案中选择几个方案时，通常使用"效率选择法"、"收益率法"和"内部收益率法"来确定方案的优先顺序，前两者为静态分析方法，后者为动态分析方法。

（1）效率选择法。效率选择法是按单位关键资源的贡献大小来进行方案择优。

【例 4.9】 某施工企业的构件厂使用大型成型机制作多种产品，可将产品分为 A、B、C、D 四类。产品之间互相独立，各类产品生产销售状况如表 4-6 所示，该成型机每月有效加工时间最多为 500 小时，固定费用为 8 万元，问应如何制定月生产计划？

【解】 若四种产品都按销售上限生产且全部售出，该厂可获得最好的效益。但全部产品都以上限生产时，则需生产时间为：

$$t = 10000 \times 0.02 + 4000 \times 0.06 + 20000 \times 0.01 + 5000 \times 0.05 = 890 \text{ 小时}$$

构件厂产品生产销售状况表 表 4-6

项 目	A	B	C	D
销售价格（元/件）	8.60	11.40	12.00	18.00
成本费（元/件）	4.00	6.00	8.50	11.00
生产所需时间（小时/件）	0.02	0.06	0.01	0.05
销售数量上限（件/每月）	10000	4000	20000	5000

由题意知，用于生产的时间最多为 500 小时，故不能都按上限生产。由于产品是独立的，问题便在于如何有效地利用每月的生产时间（资源限额），使其利润最大。用单位产品生产时间除贡献利润，即可求出单位时间贡献利润率，见表 4-7。

单位时间贡献利润率（元/小时）　　　　　　　　　　　表 4-7

项　　目	A	B	C	D
单位时间贡献利润率	230	90	350	140

以横轴为加工时间（限制资源），纵轴为单位时间贡献率，按单位时间贡献率大小依次排列如图 4-6 所示。

由图可知，在有限的 500 小时加工时间中，应该尽量生产单位时间贡献利润率高的产品，即用 200 小时生产 C 产品，200 小时生产 A 产品，100 小时生产 D 产品，此时每月纯利润为

$$200 \times 350 + 200 \times 230 + 100 \times 140 - 80000 = 50000 \ \text{元}$$

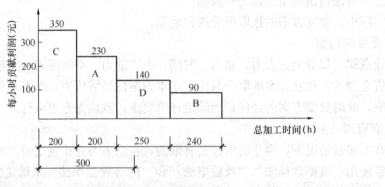

图 4-6　生产产品选择图

本题中不以单位产品贡献利润作选择标准，是因为有些产品的单位产品利润虽然高，但加工时间长，不能有效地发挥有限资源的效率。

（2）收益率法。收益率法是将比选方案的收益率按大小排序，根据收益率的大小，在最大限度的利用资金的前提下，进行方案的选择。

【例 4.10】　有 7 个互相独立的投资方案 A、B、C、…、G，投资额及年内的收益见表 4-8，资金的条件为以下几种情况时，资金存款利率为 5%，试确定最适宜的组合。

① 投资的贷款利率是 10% 时，可利用的资金总额为 1600 万元（设贷款总额不能变动）；

② 贷款数量没有限制，但贷款利率 i 有以下三种可能：$i = 12\%$、14% 和 16%；

③ 贷款金额为 1000 万元时，利率为 10%，以后每增 1000 万元，利率增 2%，最多可筹措 4000 万元资金。

七方案的投资额与年收益值（万元）　　　　　　　　　　表 4-8

方　案　＼　指标	A	B	C	D	E	F	G
投资额	200	300	400	450	500	600	700
年净收益值	30	90	140	90	50	270	200
年收益率（%）	15	30	35	20	10	45	29

【解】

① 项目是否可行首先取决于项目的收益率是否高于贷款利率 10％。因此，首先计算各方案年收益率，见表 4-8 中第 4 行。

相对贷款利率 10％ 而言，计算出 7 个项目的收益率都不小于 10％，即为可行项目，按年收益率大小依次排列画出独立方案选择图，如图 4-7 所示。

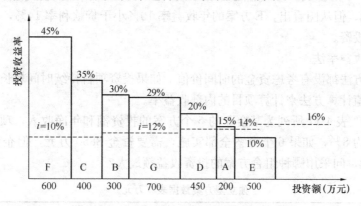

图 4-7　七方案年收益率大小选择图

由于可利用金额为 1600 万元，各方案的投资额必须足量投入，因此按年收益率大小排序，应选择的方案为 F、C、B、A 四个方案，总投资为 1500 万元，余下的 100 万元只能以 5％ 的利率存入银行，此决策方案的总净收益见表 4-9。

选择方法（一）总收益表（万元）　　　　　　　　　表 4-9

指标 ＼ 方案	F	C	B	A	合计	备注
投资额	600	400	300	200	1500	
年净收益值	270	140	90	30	530	
应付资本利息	60	40	30	20	155	剩余的 100 万元实
扣减贷款利息纯收入	210	100	60	10	375	际支付利息 5 万元

这种组合不一定是最好选择，因为有 100 万元没有充分得到利用。再选择 F、B、G 方案组合，总投资为 1600 万元，同样算出其收益值见表 4-10。

选择方法（二）总收益表（万元）　　　　　　　　表 4-10

方案 ＼ 指标	F	B	G	合计
投资额	600	300	700	1600
年净收益值	270	90	200	560
应付贷款利息	60	30	70	160
扣减贷款利息纯收入	210	60	130	400

由表 4-10 可知第二种选择方案能充分利用资金，扣减贷款利息后的总净收益也较第一种选择方法的高。

由此可知，当贷款总额不能变动时，应在满足收益率大于贷款利率时，最大限度的利用贷款资金。

② 当资金没有限制，只要项目的收益高于贷款利率，都为可行方案，按图 4-7 可知：

当 $i=12\%$ 时，择优顺序为：F、C、B、G、D、A；

当 $i=14\%$ 时，择优顺序同上；

当 $i=16\%$ 时，择优顺序为：F、C、B、G、D。

③ 当筹措资金为 1000 万元，$i=10\%$，以后每增加 1000 万元，利率增加 2%；利率变化线见图 4-7 中的虚线，可知应选方案为 F、C、B、G、D、A，共筹资 2650 万元。虽不足 4000 万元，但从图看出，E 方案的年收益率 10% 小于贷款利率 14%，故为不可取方案，不应借款投资。

（3）内部收益率法

上述两种方法都没有考虑资金的时间价值。如果投资项目持续时间较长，就应考虑采用资金时间价值计算方法来计算项目的内部收益率。

【例 4.11】 表 4-11 所列为某企业的 6 个方案的投资额和年净收入，项目寿命期为 4 年，资金成本为 8%，如果 6 个方案全部实施，需要资金 3850 万元，但企业可使用资金只有 3000 万元，问采用哪种组合方案的投资收益额最大？

独立型方案数据表（万元） 表 4-11

方　　案	A	B	C	D	E	F
投资额	600	550	450	800	750	700
年净收入	290	160	240	350	500	260

【解】 先计算各方案的内部收益率：$-600+290\,(P/A,\,FIRR_A,\,4)=0$

用插值法求得：$FIRR_A=32.8\%$

同理可求得：

$$FIRR_B=6.4\%,\ FIRR_C=39.1\%,\ FIRR_D=26.9\%$$

$$FIRR_E=55.2\%,\ FIRR_F=18.0\%$$

将内部收益率由大到小依次画在独立方案选择图 4-8 上。

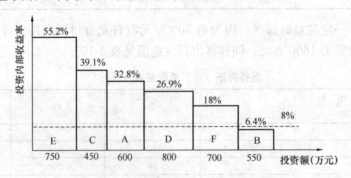

图 4-8　投资方案内部收益率选择图

如按内部收益率的大小选择，若选 E、C、A、D 四个方案共用资金 2600 万元。此时年净收入为 1380 万元，若选 E、A、D、F 共用去资金 2850 万元，年利润为 1400 万元。故选后者方案组合较有利。

可以看出，对有资源约束的独立方案，选择时应在满足指标评判要求的前提下，进行不同的方案组合，并进行收益对比，选择最高的收益为最佳组合方案。

4.4.3 互斥方案的选择方法

进行互斥方案比选，必须遵循可比原则，以保证分析、论证能全面、正确地反映实际情况，有助于正确决策。方案的可比表现在满足需要的可比性，满足消耗费用的可比性，满足价格的可比性以及时间的可比性。

4.4.3.1 寿命期相同的互斥方案选择

对于计算期相同的互斥方案，在满足需要、消耗费用、价格的可比性前提下，由于时间是可比的，因此，可以直接按照经济评价指标值进行比选，需要注意的是，对互斥方案采用内部收益率进行评价往往会得出错误的结论。常用的比选方法有净现值比较法、最小费用法和差额投资分析法等。

1. 财务净现值比较法

财务净现值大的方案为优选方案。

2. 最小费用法

最小费用法实质上是净现值比较法不考虑收益时的一种特例。在互斥方案比选中，假设各方案收益相同，仅对备选方案的费用进行比较，以备选方案中费用最小者作为最优方案。最小费用法通常是计算备选方案的费用现值（PV）或费用年值（AC），以其最低的方案作为最优方案。

3. 差额投资分析法

差额投资分析法是用投资大的方案减去投资小的方案，得到差额投资现金流量，然后通过计算差额投资现金流量的经济评价指标，如差额投资财务净现值、差额投资财务内部收益率、差额投资收益率、差额投资回收期等来进行方案比选。

（1）差额投资财务净现值（$\Delta FNPV$）。

差额投资财务净现值法的评价步骤为：

① 将备选方案按投资额大小，从小到大顺序排列。

② 增设 0 方案，0 方案又称不投资方案。在互斥方案比选中增设 0 方案可避免选择一个经济上并不可行的方案作为最优方案。

③ 将顺序第一的方案与 0 方案进行比较，当 $\Delta FNPV>0$，投资大的方案为优，$\Delta FNPV<0$，投资小的方案为优。两者中优者方案作为当前最优方案。

④ 将排列第二的方案再与当前最优方案以 $\Delta FNPV$ 指标进行比较，方法同上。

⑤ 依次对下一方案与前一比选中的最优方案进行比选，直至比选完所有备选方案，最后确定的最优方案作为入选方案。

（2）差额投资内部收益率（$\Delta FIRR$）

差额投资内部收益率法的评价思路基本同上，当 $\Delta FIRR>i_c$，投资大的方案为优，当 $\Delta FIRR<i_c$，投资小的方案为优。

（3）差额投资收益率

差额投资收益率是两方案投资的差额与两方案利润的差额之比。若差额投资收益率大于 i_c，则投资大的方案为优。

（4）差额投资回收期

若采用差额投资回收期进行方案比选，则差额投资回收期大于基准回收期，投资小的方案为优。

【例 4.12】 某项目有 3 个互斥方案,寿命期均为 10 年,$i_c = 10\%$,各方案的初始投资和年净收益见表 4-12,试用财务净现值比较法、差额投资财务净现值法和差额投资内部收益率法进行方案比选。

互斥方案数据表(万元)

表 4-12

方 案	A	B	C
投资额	490	600	700
年净收入	100	120	130

【解】

(1) 财务净现值比较法

$$FNPV_A = -490 + 100(P/A, 10\%, 10) = 124.4 \text{ 万元}$$
$$FNPV_B = -600 + 120(P/A, 10\%, 10) = 137.3 \text{ 万元}$$
$$FNPV_C = -700 + 130(P/A, 10\%, 10) = 98.8 \text{ 万元}$$

$FNPV_B$ 最大,故 B 方案最优。

(2) 差额投资财务净现值法

① 将 A 方案与 0 方案进行比较,有:

$$\Delta FNPV_{A-0} = FNPV_A = 122.4 \text{ 万元} > 0$$

A 方案为优。

② 将 B 方案与 A 方案进行比较,有:

$$\Delta FNPV_{B-A} = -(600 - 490) + (120 - 100)(P/A, 10\%, 10) = 12.9 \text{ 万元} > 0$$

B 方案为优。

③ 将 C 方案与 B 方案进行比较,有:

$$\Delta FNPV_{C-B} = -(700 - 600) + (130 - 120)(P/A, 10\%, 10) = -38.6 \text{ 万元} < 0$$

故 B 方案最优。

(3) 差额投资内部收益率法

① 将 A 方案与 0 方案进行比较,有:

$$-490 + 100(P/A, \Delta FIRR_{A-0}, 10) = 0 (P/A, \Delta FIRR_{A-0}, 10) = 4.90$$

通过查表,由插值法可得 $\Delta FIRR_{A-0} = 15.63\% > i_c$

A 方案为优方案。

② 将 B 方案与 A 方案进行比较,有:

$$-(600 - 490) + (120 - 100)(P/A, \Delta FIRR_{B-A}, 10) = 0$$

通过查表,由插值法可得 $\Delta FIRR_{B-A} = 12.6\% > i_c$

B 方案为优方案。

③ 将 C 方案与 B 方案进行比较,有:

$$-(700 - 600) + (130 - 120)(P/A, \Delta FIRR_{C-B}, 10) = 0$$

通过查表,由插值法可得 $\Delta FIRR_{C-B} = 0.1\% < i_c$,

故 B 方案为优方案。

4.4.3.2 寿命期不同的互斥方案选择

当备选方案具有不同的寿命期时，不能直接采用净现值法、差额投资分析法进行方案比选。这时需要采取方法，使备选方案具有时间上可比的基础，常用的比选方法有净年值法和最小公倍数法。

（1）净年值法（NAV法）

净年值法已在3.5.3节介绍，在寿命期不同的互斥方案中，这种方法是最为简便的方法，当备选方案较多时，此方法的优点显得更为突出，NAV为大的方案为优方案。

（2）最小公倍数法

最小公倍数法是以各备选方案计算期的最小公倍数为比较期，假定在比较期内各方案可重复实施，现金流量重复发生，直至比较期结束。这种方法使各备选方案具备了时间上的可比性，然后在可比的计算期内，通过计算方案的净现值，进行方案比选。

但是对于某些不可再生资源开发项目，方案可重复实施假定本身就不成立，另外，当各方案形成的最小公倍数很大时，比较期会变得很长，此时假定比较期内各方案现金流量重复发生就严重脱离实际了。因此，最小公倍数法往往只用于可重复实施的、技术更新不快的方案的比选。

【例4.13】 某项目有A、B两个备选方案，试用净年值法和最小公倍数法进行方案比选。

互斥方案数据表　　　　　　　　　　　　　　　　　　　　　　　表4-13

方案	投资（万元）	年收益值（万元）	年支出值（万元）	寿命期（年）	i_C（%）
A	3500	1900	645	4	10
B	5000	2500	1383	8	10

【解】 绘出两方案的现金流量图，如图4-9所示。

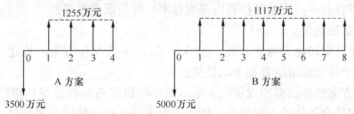

图4-9 例4.13现金流量图

（1）净年值法的方案比选

$$NAV_A = -3500(A/P,10\%,4) + 1255 = 150.85 \text{万元}$$
$$NAV_B = -5000(A/P,10\%,8) + 1117 = 179.78 \text{万元}$$

由此可得：B方案为优。

（2）最小公倍数法的方案比选

A方案和B方案的最小公倍数为8，A方案的最小公倍数流量图如图4-10所示。

$$FNPV_A = -3500[1 + (P/F,10\%,4)] + 1255(P/A,10\%,8) = 804.80 \text{万元}$$

图4-10 A方案的最小公倍数流量图

$FNPV_B = -5000 + 1117(P/A, 10\%, 8) = 959.08$ 万元

由此可得：B 方案为优。

4.4.4　混合方案的选择方法

混合方案决策问题实际上是一个多方案投资决策问题。其投资特点是：

(1) 它可以在并不互斥的方面投资，然而在每一个投资方面都存在着几个相互排斥的方案，即在每一个投资方面只能选一个方案。例如某施工企业承担了商店、住宅、工厂三项施工任务（独立方案），各任务又分别有不同的施工方法可供选择（互斥方案）。

(2) 当企业的资金是有限的，它必须将资金用于那些投资收益率高的方案。

因此，混合方案既包括了独立方案的选择，又包括了互斥方案的选择，而最后的方案又可能是好几个方案的组合。

当企业资源足够，则只要按互斥方案择优的方法，并结合方案的经济指标是否满足评价要求做出方案的选择即可。

当企业资源有约束，如果方案较少，可以采用简单组合进行择优，如果方案较多时，可采用差额投资收益率（或差额投资内部收益率）排序法进行方案的选择。其具体步骤为：

1) 在各组互斥方案中，淘汰无资格方案。

所谓无资格方案是指在投资额递增的 N 个方案中，如第 $t+1$ 个方案对第 t 个方案的差额投资收益率（或差额投资内部收益率）高于第 t 个方案对第 $t-1$ 个方案的差额投资收益率（或差额投资内部收益率），则第 t 个方案即为无资格方案。因此，需要计算各组互斥方案中的差额投资收益率（或差额投资内部收益率），淘汰无资格方案，确保各组互斥方案差额投资收益率（或差额投资内部收益率）数值顺序递减。

2) 混合方案独立化。

将各组互斥方案转化为独立方案。如 A_1、A_2、A_3 为互斥方案，构建 $A_1 - A_0$、$A_2 - A_1$、$A_3 - A_2$ 三个独立的增量方案予以替代。

3) 按独立方案选择的差额投资收益率（或差额投资内部收益率）排序法进行方案选择。这样选出的符合条件的方案组合，即为混合方案选择的最优方案组合。

【例 4.14】　某企业对 A、B 两车间实行更新改造以增加利润（表 4-14），更新资金的贷款利率为 7%，A、B 两车间投资的效果互不影响，A_i、B_i 为 A、B 车间的互斥方案，A_0、B_0 为不更新改造的方案。问该企业更新改造金额分别为 3 万元和 4 万元时，应如何进行投资决策？

两车间更新改造方案收支表　　　　　　　　　表 4-14

向 A 车间投资			向 B 车间投资		
方案	投资额 （万元）	利润额 （万元）	内部收益率 （%）	方案	投资额 （万元）	利润额 （万元）	内部收益率 （%）
A_0	0	0	0	B_0	0	0	0
A_1	1	0.40	40	B_1	1	0.20	20
A_2	2	0.52	26	B_2	2	0.38	19
A_3	3	0.60	20	B_3	3	0.54	18

【解】　(1) 在各组互斥方案中，淘汰无资格方案

分别计算各方案的差额投资收益率，结果见表4-15。表中A_{1-0}，A_{2-1}，…分别表示向A_0方案追加投资而得的A_1方案、向A_1方案追加投资而得的A_2方案……。

两车间的差额投资收益率值（%） 表 4-15

A 车 间		B 车 间	
增量方案	差额投资收益率（%）	增量方案	差额投资收益率（%）
A_{1-0}	40	B_{1-0}	20
A_{2-1}	12	B_{2-1}	18
A_{3-2}	8	B_{3-2}	16

从计算结果可以看出，A、B车间的各互斥方案的差额投资收益率数值顺序递减，故此例题没有无资格方案。

（2）混合方案独立化

将各增量投资部分看成是独立方案的问题，并按差额投资收益率的大小，将各方案（不含无资格方案）排列成图4-11。该图称为混合方案选择图。画出此图之后即可由左至右加以选择，直至达到资金的限额为止。

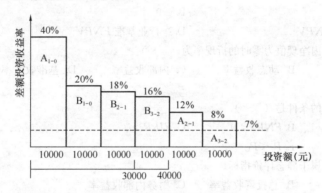

图 4-11 混合方案选择图

当资金限额为4万元时，方案应选：

$$A_{1-0} + B_{1-0} + B_{2-1} + B_{3-2} = (A_1 - A_0) + (B_1 - B_0) + (B_2 - B_1) + (B_3 - B_2) = A_1 + B_3$$

即应选择A_1和B_3方案投资更新改造。

当资金限额为3万元时，方案应选：

$$A_{1-0} + B_{1-0} + B_{2-1} = (A_1 - A_0) + (B_1 - B_0) + (B_2 - B_1) = A_1 + B_2$$

即应选择A_1和B_2方案投资更新改造。

与独立方案遇到的问题类似，当资金的限额不是恰巧在两增量方案的界线处，只要适当将方案前后位置调整一下，最大限度的利用资金就行了。

对寿命期较长的混合方案择优时，还应考虑资金时间价值因素，计算差额投资内部收益率。

4.4.5 其他方案的选择方法

其他方案是指除互斥方案、独立方案和混合方案以外的方案，包括互补方案、相关方案等。

其他方案的选择可以采用单独处理的方法。对于完全互补方案，两个方案A与B互为前提条件，此时应将两个方案作为一个综合体（A＋B）参与方案选择。对于不完全互补方案，可以转化为两个互斥方案进行比选，如办公楼与空调，空调方案 C 以办公楼 D 存在为前提条件，可以转化为配空调办公楼（C＋D）与无空调办公楼（C）两个互斥方案的比较问题。对于现金流量相关方案，如 E 与 F 两方案现金流量相关，可以通过构建 E、F 和 E＋F 三个互斥方案组来进行方案选择，此时应注意现金流量间的正影响和负影响。详细内容可参考其他相关教材，此处不再赘述。

习　　题

一、单选题

1. 由于时间价值的存在，发生在前的资金的价值（　　）发生在后的资金的价值。

　A. 相等　　　　　　B. 低于　　　　　　C. 高于　　　　　　D. 近似等于

2. 项目的（　　）计算结果越大，表明其盈利能力越强。

　A. 财务净现值　　　B. 投资回收期　　　C. 利息备付率　　　D. 借款偿还期

3. 财务净现值大于零，则说明财务内部收益率（　　）行业基准收益率。

　A. 不小于　　　　　B. 不大于　　　　　C. 大于　　　　　　D. 小于

4. 在建设项目财务评价中，当 $FNPV$（　　）时，项目是可行的。

　A. $\leqslant 0$　　　　　　　　　　　　　　B. $\geqslant 0$

　C. ＜行业基准 $FNPV$　　　　　　　　D. ＞行业基准 $FNPV$

5. 项目在计算期内净现值为零时的折现率为（　　）。

　A. 静态收益率　　　B. 动态收益率　　　C. 内部收益率　　　D. 基准收益率

二、多选题

1. 保证项目可行的条件是（　　）。

　A. $FNPV \geqslant 0$　　　　　B. $FNPV ＜ 0$　　　　　C. $FIRR ＞ i_c$

　D. $FIRR ＜ i_c$　　　　　E. $P_t ＜ P_C$

2. 下列（　　）属于静态评价指标。

　A. 财务净现值　　　B. 总投资收益率　　　C. 财务内部收益率

　D. 利息备付率　　　E. 资产负债率

3. 偿债备付率（　　）。

　A. 是指借款偿还期内，各年可用于支付利息的利润与当期应付利息费用的比值

　B. 是指借款偿还期内，各年可用于还本付息的资金与当期应还本付息金额的比值

　C. 在正常情况下应大于1

　D. 在正常情况下应大于2

　E. 偿债备付率反映了企业的偿债能力

4. 对计算期不同的互斥方案择优，可采用（　　）方法。

　A. 单位关键资源贡献率法　　　B. 最小公倍数法　　　C. 最小费用法

　D. 净年值法　　　　　　　　　E. 差额投资分析法

5. 静态投资回收期（　　）。

　A. 指从项目建设期初起，用各年的净收入将全部投资回收所需的时间

　B. 在技术进步较快时能反映项目风险的大小

　C. 可以对不同方案的比较作出正确的判断

　D. 能较全面地反映项目在寿命期内的真实效益

　E. 部分考虑了回收期后的收入与支出

三、计算题

1. 某项目前五年的财务净现值为 50 万元，第 6、7、8 年年末净现金流量分别为 40、40、30 万元，若基准收益率为 8%，试求该项目在 8 年中形成的财务净现值。

2. 已知某拟建项目财务净现金流量如下表所示，该行业的基准投资回收期为 8 年，试求该项目的静态投资回收期，并分析该项目是否可行？

某项目财务净现金流量表

时间	1	2	3	4	5	6	7	8	9
净现金流量（万元）	−1200	−1000	200	300	500	500	500	500	500

3. 某建设项目，当银行利率为 $i=10\%$ 时，$FNPV=200$ 万元；当银行利率为 $i=12\%$ 时，$FNPV=-100$ 万元。用插值法求内部收益率。

4. 某建设单位欲购一设备，现有 A_1，A_2，A_3，A_4 四个方案，初期投资额、每年的净收益如下表所示（单位：万元），寿命期为 10 年，资金贷款利率 12%，假如资金足够，则哪个方案较为有利？

设备购置方案数据表

方　案	初期投资额	年销售收入	方　案	初期投资额	年销售收入
A_1	200	58	A_3	400	92
A_2	300	78	A_4	500	100

5. 某企业拟从具有同一功能的设备 A、B 中选择一个予以投资，使用期皆为 7 年。初期投资 A 为 10 万元，B 为 14 万元。年作业费 A 为 2 万元，B 为 0.9 万元（假定发生于年末）。贷款利率为 12%。

（1）试用净现值法、年等值法判定哪个方案有利。

（2）设备使用年限为多少年以上 B 方案较 A 有利？

（3）当使用期为 7 年时，贷款利率为多少，A 方案较 B 方案有利？

6. 现有两个方案。购买机械 A 一次投资 6000 元，每年运行费 5000 元，可使用 15 年，15 年后处理可得残值 1000 元；购买机械 B 一次投资 10000 元，年运行费 3000 元，可使用 10 年，无残值。设两种机械每年创造的收入相等，要求的投资收益率为 6%，问采用哪个方案经济上较合理？

7. A、B 为两个互斥方案，各年的现金流量如下表所示，基准收益率为 10%，试用最小公倍数法比选方案。

投资方案数据表

方　案	投资（万元）	年净收入（万元）	残值（万元）	寿命期（年）
A	10	3	1.5	6
B	15	4	2	9

第 5 章　建设项目预测与决策技术

在建设项目经济分析、建设项目投资控制以及建筑经营管理等一系列过程中，投资者首先需要进行的一项重要而基本的工作，就是调查掌握各方面的有关资料和情况，如国家经济发展政策、国家及本地区的建设投资情况、国际经济动向、各类建筑产品的市场、行业竞争、技术发展、金融市场和资源条件等等，并在调查分析的基础上对各种情况的未来趋势作出科学的预测，以此作为投资决策及经营管理决策的依据。

5.1　建设项目的预测技术

重要概念与知识点

(1) 预测的特点：科学性、局限性。

(2) 预测的类型：

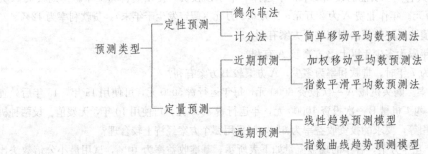

(3) 线性趋势预测模型公式

$$\hat{x} = a + bt \qquad b = \frac{n\sum tx - \sum t \sum x}{n\sum t^2 - (\sum t)^2} \qquad a = \frac{\sum x - b\sum t}{n} = \overline{x} - b\overline{t}$$

5.1.1　概述

所谓预测，就是根据调查所得的资料，通过一定的科学方法和逻辑推理，对事物未来发展的趋势进行预计和推测，定性或定量地估计事物的发展规律，并对这种估计加以评价，以指导人们的行动。

在进行建设项目预测时，应先确定预测目标，然后收集和分析有关过去和当前的资料，并选择适当的预测方法，建立相应的预测模型，进行预测，最后对预测结果进行分析评价。

1. 预测的特点

(1) 科学性　预测就是通过一定的程序、方法和模型对事物的未来进行估计，在一定程度上反映其发展规律，使之具有科学性。

(2) 局限性　预测对象的发展变化受多方面的影响，而各因素自身的变化又带有随机性质，加上掌握的资料不准确、不系统或者在建立模型时简化了一些因素和条件，以致预测的结果不能反映事物发展的全貌，因而会有一定的局限性。

2. 预测的类型

预测按时间期限可分为长期预测、中期预测和短期预测；按预测性质可分为定性预测、定量预测两类。

5.1.2 定性预测

定性预测是在数据资料不足或事物发展变化过程难以定量描述时，利用直观材料，依靠个人经验和主观判断，对未来状况作出估计的方法。德尔菲法和计分法是两种比较常用的方法。

1. 德尔菲法（Delphi）

德尔菲法首先向参加预测的专家发调查表，然后将收集到的意见加以综合，并匿名反馈给专家们再次提出预测意见。经多次反复循环，使意见趋向一致，就作为预测的结果。此法的优点是参加预测的人不见面，而且匿名，可以使专家充分发表个人见解，而不会因面对面讨论或互相了解而产生心理因素上的影响。

2. 计分法

例如依靠专家对各种建筑设计方案进行择优预测时，可用计分法从中选择较好的方案，以平均得分值最高者为最优方案。平均得分值 M 为：

$$M = \frac{\sum_{i=1}^{n} x_i}{n} \tag{5-1}$$

式中　n——参加预测的专家人数；

　　x_i——专家 i 给方案的评分值。

5.1.3 定量预测

定量预测是通过建立数学模型并求解，对事物进行定量分析，然后根据分析结果对事物的未来发展趋势的数量变化作出预测和判断。常用的模型及求解方法有移动平均数法、指数平滑法及回归分析法。这些方法在不同的预测问题中有各自的应用。

1. 近期预测

（1）移动平均数预测法

1）简单移动平均数预测法。此法是在某个经济变量的时间序列中选出离预测期最近的若干时期的数值，计算其算术平均数，并把它作为这个经济变量在下一个时期的预测值。通常在采用这种方法进行预测时，先要确定计算时期长度，其值 n 为正整数。n 个时期的移动平均数预测公式为：

$$\hat{x}_{t+1} = \frac{x_t + x_{t-1} + x_{t-2} + \cdots + x_{t-n+1}}{n} = \frac{\sum_{s=0}^{n-1} x_{t-s}}{n} \tag{5-2}$$

式中　$\hat{x}_{t+1}$——经济变量在 $t+1$ 时期的预测值；

　　x_t——经济变量在 t 时期的实际值。

【例 5.1】　某地区 1～7 月份的商品房销售额资料见表 5-1，试预测该地区 8 月份商品房销售额。

【解】　令 $n=3$，根据式（5-2），8 月份预测值需要根据前三期预测值得到，因此依次计算各个时期的移动平均数，以 4 月份为例，其他月份类推。

$$\hat{x}_4 = \frac{x_3 + x_2 + x_1}{3} = \frac{142 + 148 + 154}{3} = 148$$

表 5-1

1～7 月份的商品房销售资料及预测计算表（万元）

月份	销售额	三期移动平均数（预测值）	四期移动平均数（预测值）	月份	销售额	三期移动平均数（预测值）	四期移动平均数（预测值）
1	154	—	—	5	145	147	149
2	148	—	—	6	154	146	147
3	142	—	—	7	157	150	148
4	151	148	—	8	—	152	152

其他月份预测值见表 5-1 中第三列和第六列。可见，当 $n=3$ 时，8 月份预测销售额为 152 万元。

时期长度 n 的确定取决于各个经济变量的具体情况，也取决于过去的预测经验。如果某个经济变量预测期数值与最近几个时期的数值关系很密切，时期长度可取得短些，反之则取得长些。表 5-1 中第四列和第八列是取 $n=4$ 时的预测值。

2）加权移动平均数预测法。经济变量各时期数值与预测时期数值的关系密切程度有所不同。一般说来，近期数值关系会更密切些。进行预测时，可以对不同时期的数值赋予不同的权数，然后利用加权移动平均数进行预测，公式为：

$$\hat{x}_{t+1} = \frac{x_t w_t + x_{t-1} w_{t-1} + \cdots + x_{t-n+1} w_{t-n+1}}{w_t + w_{t-1} + \cdots + w_{t-n+1}} = \frac{\sum\limits_{s=0}^{n-1} x_{t-s} w_{t-s}}{\sum\limits_{s=0}^{n-1} w_{t-s}} \tag{5-3}$$

式中　w——权数。

权数的大小系人为确定的，近期大，远期小，可以是绝对数，也可以是百分数或总和为 1 的小数。例如，三期加权平均数的权数设计见表 5-2。

表 5-2

三期加权平均数的权数设计

	第 1 种	第 2 种	第 3 种	第 4 种
$t-2$	0.2	0.3	0.25	0.1
$t-1$	0.3	0.3	0.25	0.3
t	0.5	0.4	0.5	0.6

现以第 1 种权数方案对【例 5.1】作三期加权移动平均数预测：

表 5-3

商品房销售三期加权移动平均计算表（万元）

月份	销售额	三期加权移动平均数（预测值）	月份	销售额	三期加权移动平均数（预测值）
1	154	—	5	145	$148 \times 0.2 + 142 \times 0.3 + 151 \times 0.5 = 147.7$
2	148	—	6	154	$142 \times 0.2 + 151 \times 0.3 + 145 \times 0.5 = 146.2$
3	142	—	7	157	$151 \times 0.2 + 145 \times 0.3 + 154 \times 0.5 = 150.7$
4	151	$154 \times 0.2 + 148 \times 0.3 + 142 \times 0.5 = 146.2$	8	—	$145 \times 0.2 + 154 \times 0.3 + 157 \times 0.5 = 153.7$

用三期加权移动平均数预测 8 月份商品房销售额为 153.7 万元。

同理，可以人为选定权数对四期、五期的加权移动平均数进行预测。

（2）指数平滑平均数预测法

指数平滑平均数预测法是从移动平均数发展形成的一种指数加权移动平均数法。它利用本期预测值和实际值资料，以平滑系数 α 为加权因子来计算。指数平滑平均数预测，就是以此平滑平均数作为下期的预测值。其公式为：

$$\hat{x}_{t+1} = \alpha x_t + (1-\alpha)\hat{x}_t \tag{5-4}$$

α 值是一个经验数据，取值范围为 $0 \leqslant \alpha \leqslant 1$，它的大小体现了不同时期数值在预测中所起的不同作用。α 取值越大，表明近期数值的倾向性变动的影响越大，适应新水平灵敏；α 取值越小，表明近期数值的倾向性变动的影响越小，变动越趋平滑，越能反映趋势。α 一般的取值规律是：若重视近期数值的作用，可取 $0.7 \sim 0.9$；若重视平滑趋势，可取 $0.1 \sim 0.3$，有时也可取 $0.1 \sim 0.5$。

这种方法面临的问题是：为了启动这种预测程序，必须要有一个初始值。可以采用 $\hat{x} = x_1$ 的方法，但这难免带有偶然性。改进的方法是，将各期观察值中最早几期的算术平均数作为初始值，如令 $\hat{x}_3 = \dfrac{x_1 + x_2 + x_3}{3}$，具体选前几期由具体情况确定。

现仍以【例 5.1】为例，用指数平滑法进行预测，期数取 4，有：

$$\hat{x}_4 = \frac{x_1 + x_2 + x_3 + x_4}{4} = \frac{154 + 148 + 142 + 151}{4} = 148.75$$

α 分别取 0.2 和 0.8，将两种 α 值的预测计算结果列入表 5-4 中的第三、四列。

采用指数平滑平均数预测，当平滑系数 α 取 0.2 时，8 月份商品房销售额为 150.99 万元；当 α 取 0.8 时，销售额为 156.08 万元。

商品房销售指数平滑预测表（万元）　　　　　　　　表 5-4

月份	销售额	指数平滑平均数（预测值）$\hat{x}$	
		$\alpha = 0.2$	$\alpha = 0.8$
1	154		
2	148		
3	142		
4	151	148.75	148.75
5	145	$0.2 \times 151 + (1-0.2) \times 148.75 = 149.20$	$0.8 \times 151 + (1-0.8) \times 148.75 = 150.55$
6	154	$0.2 \times 145 + (1-0.2) \times 149.20 = 148.36$	$0.8 \times 145 + (1-0.8) \times 150.55 = 146.11$
7	157	$0.2 \times 154 + (1-0.2) \times 148.36 = 149.49$	$0.8 \times 154 + (1-0.8) \times 146.11 = 152.42$
8	—	$0.2 \times 157 + (1-0.2) \times 149.49 = 150.99$	$0.8 \times 157 + (1-0.8) \times 152.42 = 156.08$

这反映 α 取值较小时，原数列波动不大，α 取值较大时，原数列波动较大。

2. 长期趋势预测模型

长期趋势是指事物由于受某些因素的影响，在较长时间内，持续增加或持续减少的发展总趋势。一个经济变量所形成的时间数列，往往存在着某种类型的长期趋势，用适当的方法测定这个趋势，给它配合一条趋势线作为依据，以进行外推预测，这就是长期趋势模型预测。长期趋势模型包括线性趋势模型和非线性趋势模型两类。预测长期趋势一般用年度资料。

（1）线性趋势预测模型

这种预测是利用描述时间数列的线性趋势模型进行的外推预测。如果一个时间数列每期大体上按同等数量增减变动，则可认为是直线型的。

当时间数列的长期趋势模型属直线型，可用直线方程描述 t 时期经济变量的预测值 $\hat{x}$：

$$\hat{x} = a + bt \tag{5-5}$$

式中　t——时期数；

a，b——模型参数。

上式中的模型参数可以利用最小二乘法求得。其基本思路是使式（5-5）进行预测时所造成的误差为最小，为防止正负抵消，取误差的平方和最小，即

$$Q = \Sigma(x_i - \hat{x}_i)^2 = 最小值$$

即

$$\Sigma(x_i - a - bt_i)^2 = 最小值$$

使函数 Q 达到最小值的必要条件是它对 a 和 b 的一阶偏导数为 0，即

$$\frac{\partial Q}{\partial a} = -2\Sigma(x_i - a - bt_i) = 0 \tag{5-6}$$

$$\frac{\partial Q}{\partial b} = -2\Sigma(x_i - a - bt_i)t_i = 0 \tag{5-7}$$

联立求解式（5-6）和式（5-7），得到参数 a、b 的计算公式：

$$b = \frac{n\Sigma tx - \Sigma t \Sigma x}{n\Sigma t^2 - (\Sigma t)^2} \tag{5-8}$$

$$a = \frac{\Sigma x - b\Sigma t}{n} = \bar{x} - b\bar{t} \tag{5-9}$$

其中

$$\bar{x} = \frac{\Sigma x}{n} \qquad \bar{t} = \frac{\Sigma t}{n} \tag{5-10}$$

【例 5.2】　某地区 2004～2009 年间的住宅竣工面积情况见表 5-5 所示。按照最小二乘法建立住宅竣工面积直线趋势模型，并以此模型预测 2010 年和 2012 年的住宅竣工面积。

某地区住宅竣工面积资料（万 m^2）　　　　　　　　　　表 5-5

年　份	时期序号（t）	竣工面积（x）	年　份	时期序号（t）	竣工面积（x）
2004	1	73	2007	4	95
2005	2	80	2008	5	104
2006	3	88	2009	6	115

【解】　对表 5-5 的数据进行计算，见表 5-6。

最小二乘法确定模型参数计算表（万 m^2）　　　　　　　　表 5-6

年　份	时期序号 t	竣工面积 x	tx	t^2
2004	1	73	73	1
2005	2	80	160	4
2006	3	88	264	9
2007	4	95	380	16
2008	5	104	520	25
2009	6	115	690	36
Σ	21	555	2087	91

因 $n=6$，$\Sigma t=21$，$\Sigma x=555$，$\Sigma tx=2087$，$\Sigma t^2=91$，故

$$b=\frac{n\Sigma tx-\Sigma t\Sigma x}{n\Sigma t^2-(\Sigma t)^2}=\frac{6\times2087-21\times555}{6\times91-21^2}=8.26$$

$$a=\frac{\Sigma x-b\Sigma t}{n}=\frac{555-8.26\times21}{6}=63.59$$

$$\hat{x}=63.39+8.26t$$

预测 2010 年和 2012 年的住宅竣工面积，t 分别取值为 7 和 9，由预测模型可得：

2010 年的住宅竣工面积预测值为：

$$\hat{x}_{2010}=63.59+8.26\times7=121.41\ 万\ m^2$$

同理 $$\hat{x}_{2012}=63.59+8.26\times9=137.93\ 万\ m^2$$

（2）指数曲线趋势预测模型

这种预测模型是非线性趋势预测模型中的一种。当时间数列各期数值与上期数值之比大致相同时，可按指数曲线建立趋势模型并进行外推预测。

指数曲线趋势预测模型公式为：

$$\hat{x}=ab^t \tag{5-11}$$

式中　　$\hat{x}$——t 时期的预测值；

　　　　t——时期数；

　　a,b——模型参数。

【例 5.3】　已知某地区 2003～2009 年房地产投资额的长期趋势属于指数曲线型，见表 5-7，试用最小二乘法确定预测模型，并预测 2010 年和 2013 年的房地产投资额。

最小二乘法确定模型参数计算表（亿元）

表 5-7

年份	时期序号 t	投资额 x	$\lg x$	$t\lg x$	t^2
2003	1	1.76	0.2455	0.2455	1
2004	2	2.04	0.3096	0.6192	4
2005	3	2.35	0.3711	1.1133	9
2006	4	2.77	0.4425	1.7700	16
2007	5	3.20	0.5051	2.5255	25
2008	6	3.75	0.5740	3.4440	36
2009	7	4.30	0.6335	4.4345	49
Σ	28	20.17	3.0813	14.1520	140

【解】　将式（5-11）两边取对数，有

$$\lg\hat{x}=\lg a+t\lg b \tag{5-12}$$

按最小二乘法求上式的参数公式为：

$$\begin{cases}\lg b=\dfrac{n\Sigma t\lg x-\Sigma t\Sigma\lg x}{n\Sigma t^2-(\Sigma t)^2}\\[3mm]\lg a=\dfrac{\Sigma\lg x-\lg b\Sigma t}{n}\end{cases} \tag{5-13}$$

题中 $n=7$，$\Sigma t=28$，$\Sigma t\lg x=14.1520$，$\Sigma\lg x=3.0813$，$\Sigma t^2=140$，故

$$\lg b=\frac{7\times14.1520-28\times3.0813}{7\times140-28^2}=0.06524$$

67

$$\lg a = \frac{3.0813 - 0.06524 \times 28}{7} = 0.1792$$

即　$b=1.162$，$a=1.511$，

$$\hat{x} = 1.511 \times 1.162^t$$

以上式预测该地区 2010 年和 2013 年的房地产投资额，取 t 为 8 和 11，有

$$\hat{x}_{2010} = 1.511 \times 1.162^8 = 5.02 \text{ 亿元}$$

$$\hat{x}_{2013} = 1.511 \times 1.162^{11} = 7.88 \text{ 亿元}$$

5.2　建设项目的决策技术

重要概念与知识点

(1) 决策的类型：

(2) 决策树的绘制：

□表示决策点，从它引出的分支叫做决策分支，分支数目反映了可能的方案数。

○表示方案节点。在节点上的数字为此方案的损益期望值。从它引出的分支叫做概率分支。所有概率分支上的概率之和应为 1。

△表示结果点，它后面所标的数字为损益值。

根据节点上损益期望值大小进行方案的决策。

(3) 转折概率：用来确定方案优劣变化的转折点。

5.2.1　概述

为了制定达到目标的行动方案，均需进行一系列调查研究和对比选择的决策工作，通常包括制定行动方案和方案优选两部分。

决策过程中常会遇到一些不确定因素，如天气变化、市场需求、原材料供应、产品价格等等。每一种不确定的因素又存在着若干不以人们的意志为转移的客观可能状态，称为自然状态。例如，在施工过程中，存在着"天气"这个不确定因素，它可能出现"晴"、"雨"、"雪"等自然状态，哪种状态会出现，很难准确预料。对于不同的自然状态所采取的相应措施，称为行动方案。决策的目的就是从这些可供选择的行动方案中，取其预期收益最大或预期亏损最小的方案。在选择最优方案中，容许采取妥协性行为，即所取方案并不是任何自然状态下的最优方案。

决策问题按所处的条件不同，可分为确定型决策、不确定型决策和风险型决策。

5.2.2 确定型决策的方法

确定型决策，是指方案有确定结果的决策。例如，某工程队进行桥梁施工，施工过程中可能遇到好天气，也可能因遇到下暴雨等给施工造成影响。开工与否的损益值列入表5-8。

某工程队施工、停工损益表（元）　　　　　　　　　　　表 5-8

方案 ＼ 效益 ＼ 天气	不 下 雨	下 雨
开　　工	4300	−1300
停　　工	−2000	−2000

显然，对施工企业来讲，任何天气状态开工都比停工所获效果佳。因此应选择"开工"方案。

5.2.3 不确定型决策的方法

不确定型决策，是指决策问题中的不确定因素存在着两个或更多的自然状态，这些自然状态以及各方案在不同自然状态下的损益都已知，但决策者无法对未来自然状态出现的概率进行预测，此时决策往往取决于决策者对待风险所持的态度。

1. 大中选大法

大中选大法又称冒险型决策方法，决策者性格乐观。在决策时，假设方案在自然状态下出现好效果的概率为1。决策的步骤是：从各方案的最好效果（即最大效益值）中选取最大值，其所属方案即为决策方案。

【例 5.4】 为适应市场需求，某企业要对新建水泥厂的规模作出决策。根据预测，水泥市场需求量有三种可能：50 万吨、100 万吨和 150 万吨。相应也有三个建厂方案，即新建水泥厂的规模分别 50 万吨、100 万吨和 150 万吨。根据技术资料以及有关原材料价格的核算，水泥厂建成后可获得的损益值见表5-9。

【解】 用"大中选大"法进行决策。从表5-9 中可看出，建设年产 150 万吨的水泥厂可能得到最大的收益。如果决策者是一个敢于冒险的人，便会据此做出建设年产 150 万吨的水泥厂的决策。

水泥厂规模决策表（一）（万元）　　　　　　　　　　表 5-9

方案 ＼ 年收益 ＼ 自然状态	年需求量			最大效益值
	50 万吨	100 万吨	150 万吨	
建设规模 50 万吨	15000	15000	15000	15000
建设规模 100 万吨	8400	30000	30000	30000
建设规模 150 万吨	−2700	24000	45000	45000
max〔最大效益〕＝max〔15000，30000，45000〕＝45000				
优选的决策方案：建设规模 150 万吨				

2. 小中选大法

小中选大法又称保险型决策方法。决策者性格保守（或悲观），以有把握获得收益为准则，假设方案在自然状态下出现坏效果的概率为1。其决策步骤是：从各种方案的最坏效果中选择最有利的方案作为决策方案。

用这种方法对上例进行决策，结果见表 5-10。

从表 5-10 可以看出，建设年产水泥 50 万吨的厂，可避免损失而得到有把握的最大的效益。如果决策者是一个保守型人物，就会据此作出建设年产 50 万吨的水泥厂的决策。

水泥厂规模决策表（二）（万元）　表 5-10

方案	年需求量			最小效益值
	50 万吨	100 万吨	150 万吨	
建设规模 50 万吨	15000	15000	15000	15000
建设规模 100 万吨	8400	30000	30000	8400
建设规模 150 万吨	−2700	24000	45000	−2700
max〈最小效益〉＝max〈15000，8400，−2700〉＝15000				
优选的决策方案：建设规模 50 万吨				

3. 平均概率法

此法介于前两种方法之间。其前提是假定出现各种自然状态的概率相等。如有 M 种自然状态，则每种自然状态可能出现的概率为 $1/M$。其决策步骤是：用这个概率求出各方案的期望值，以最大期望值选择最有利的方案。仍用水泥厂建设规模为例说明此决策方法。

建设规模 50 万吨的期望值＝$15000 \times \frac{1}{3} + 15000 \times \frac{1}{3} + 15000 \times \frac{1}{3} = 15000$ 万元

建设规模 100 万吨的期望值＝$8400 \times \frac{1}{3} + 30000 \times \frac{1}{3} + 30000 \times \frac{1}{3} = 22800$ 万元

建设规模 150 万吨的期望值＝$-2700 \times \frac{1}{3} + 24000 \times \frac{1}{3} + 45000 \times \frac{1}{3} = 22100$ 万元

将结果填入表 5-11 中，比较三种方案的期望值，以建设年产 100 万吨的水泥厂方案的期望值为最大，即为最优的决策方案。

水泥厂规模决策表（三）（万元）　表 5-11

方案	年需求量			期望值
	50 万吨	100 万吨	150 万吨	
建设规模 50 万吨	15000	15000	15000	15000
建设规模 100 万吨	8400	30000	30000	22800
建设规模 150 万吨	−2700	24000	45000	22100
平均概率	1/3	1/3	1/3	—
max〈最大效益〉＝max〈15000，22800，22100〉＝22800				
优选的决策方案：建设规模 100 万吨				

不确定型决策方法简单，但由于不知道自然状态出现的概率，不论采取以上哪种方法，都存在着一定的盲目性。

5.2.4　风险型决策的方法

风险型决策是随机决策，决策者除了要研究可能出现的自然状态外，还要估计自然状态可能出现的概率，这是与不确定型决策的区别。风险型决策问题应具备以下条件：

(1) 在决策问题中要有两个或两个以上的方案可供选择；

(2) 自然状态至少要有两个，且其发生的概率可估计出来；

(3) 各种情况的损益值可以计算出来；

(4) 存在着决策者希望达到的目标。

1. 最大效益期望值法

设决策中方案为 A_i，$i=1, 2, \cdots, n$，自然状态为 $1, 2, \cdots, m$，θ_{ij} 出现的概率为 $p(\theta_{ij})$，方案 A_i 在自然状态 θ_{ij} 下的损益值为 L_{ij}。那么方案 A_i 的损益期望值为：

$$E(A_i) = \sum_{j=1}^{m} L_{ij} p(\theta_{ij}) \quad i = 1, 2, \cdots, n \tag{5-14}$$

决策时，根据已知的概率计算出各方案的损益期望值，取其中最大值所属的方案为优选的决策方案。

【例 5.5】 某混凝土构件厂现生产能力过剩可以再增加产品品种，计划可考虑的品种有三个，一种是 A_1，它在销路好、中、差的情况下的概率分别是 $p(\theta_{11}) = 0.3$，$p(\theta_{12}) = 0.5$，$p(\theta_{13}) = 0.2$，效益值分别是 $L_{11} = 20$ 万元，$L_{12} = 12$ 万元，$L_{13} = 8$ 万元。其余产品 A_2 和 A_3 的情况如表 5-12。

各期望值分别如下：

$$E(A_1) = 20 \times 0.3 + 12 \times 0.5 + 8 \times 0.2 = 13.6 \text{ 万元}$$

同理，$E(A_2) = 15.0$ 万元，$E(A_3) = 13.4$ 万元

比较可知新增产品 A_2 可获得最大效益期望值，因此 A_2 为优选方案。

某建材厂产品决策表（万元） 表 5-12

方案＼损益与概率＼自然状态	销路好 θ_{11}	销路中 θ_{12}	销路差 θ_{13}	效益期望值
A_1	20	12	8	13.6
	$p(\theta_{11}) = 0.3$	$p(\theta_{12}) = 0.5$	$p(\theta_{13}) = 0.2$	
A_2	18	16	10	15.0
	$p(\theta_{21}) = 0.4$	$p(\theta_{22}) = 0.3$	$p(\theta_{23}) = 0.3$	
A_3	14	14	12	13.4
	$p(\theta_{31}) = 0.3$	$p(\theta_{32}) = 0.4$	$p(\theta_{33}) = 0.3$	

2. 决策树法

当决策者从一组方案中选择方案时，用上述方法较方便，但是当决策问题复杂，决策者需要在一系列、多层次方案中决策时，上述方法就较为麻烦，而决策树方法却较为方便。

用决策树法进行决策分析，首先要画出决策树。绘图的符号定义如下：

□：表示决策点，从它引出的分支叫做决策分支，分支数目反映了可能的方案数。决策点上面的数字表示优选后决策方案所对应的期望值。

○：表示方案节点。在节点上的数字为此方案的损益期望值。从它引出的分支叫做概率分支。分支数目反映了可能发生的自然状态数，在概率分支上应标明自然状态及其概率。

△：表示结果点，反映每一行动方案在相应的自然状态下可能得到的损益，它后面所标的数字，即为此结果损益值。

在决策分支上划横线代表删剪符号。在若干决策分支中，将损益值小的分支用此符号删去，只留下期望值最大的决策分支，并将它的数值转移到决策点上面去。

（1）单级决策

从一组平行的方案中选择一个决策方案，叫做单级决策。

【例 5.6】 某企业的生产线面临扩建、新建和改建三种选择：该企业生产的产品由于市场价格变动，利润也不相同。根据市场预测，五年内产品价格高、中、低的可能性分别是 0.3，0.5，0.2，计算五年内的效益值见表 5-13，问应采取哪一种方案决策？

【解】 绘出决策树如图 5-1 所示。

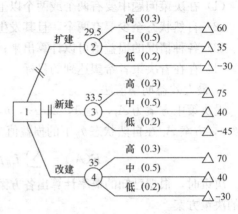

图 5-1　例 5.6 决策树

方案的概率与损益值 表 5-13

方　案	价格（万元）		
	高（0.3）	中（0.5）	低（0.2）
扩　建	60	35	−30
新　建	75	40	−45
改　建	70	40	−30

计算各点的期望值：

点②：$60 \times 0.3 + 35 \times 0.5 + (-30) \times 0.2 = 29.5$

点③：$75 \times 0.3 + 40 \times 0.5 + (-45) \times 0.2 = 33.5$

点④：$70 \times 0.3 + 40 \times 0.5 + (-30) \times 0.2 = 35$

将各期望值填在对应的节点上。

比较②、③、④点上的期望值，由于 max $\{29.5, 33.5, 35\} = 35$，留下期望值最大的点④一枝即为优选的决策方案。因此合理的决策应该是改建生产线。

（2）多级决策

多级决策的决策树实际上是单级决策树的复合，即将第一级决策树的每一个"末梢"作为下一级决策树的"根"，再从此"根"上"分梢"，就形成一层层的"大树"。多级决策树的效益期望值计算，要分级进行，从右至左逐级计算。

【例 5.7】 某企业由于设备陈旧，性能指标达不到要求，造成产品质量下降，拟进行技术改造。进行改造的方案有两个，一是自行研制，根据现有条件成功的可能性是 60%；另一是买专利，方案成功的可能性是 80%。不管哪种方案，成功后工厂都要考虑产量不变和产量增加两种情况，若两者都失败，仍按原工艺生产，则产量不变。另外，过去的产品在价格低落时工厂会亏损，价格中等时无盈利，只有在价格高涨时才会有微薄的利润。从今后 5 年的情况看，预计价格下落的可能性是 10%，中等与上涨的可能性分别是 50% 和 40%。通过预测计算，各种情况下的损益值见表 5-14，工厂应如何制订方案？

某厂技术改造方案数据表（万元） 表 5-14

价格状态（概率）	自行研制			买 专 利		
	研制失败（40%）按原工艺生产	自行研制成功（60%）		引进成功（80%）		引进失败（20%）按原工艺生产
		产量不变	产量增加	产量不变	产量增加	
价格高（0.4）	110	200	600	150	250	110
价格中（0.5）	0	10	−250	50	50	0
价格低（0.1）	−110	−220	−300	−220	−300	−110

【解】 绘制决策树，如图 5-2 所示。并计算各节点的期望值：

计算各点的期望值：

点④的期望值：（−110）×0.1＋0×0.5＋110×0.4＝33

点⑦的期望值同点④。

点⑧的期望值：（−220）×0.1＋50×0.5＋150×0.4＝63

点⑨的期望值：（−300）×0.1＋50×0.5＋250×0.4＝95

点⑩的期望值：（−220）×0.1＋10×0.5＋200×0.4＝63

点⑪的期望值：（−300）×0.1＋（−250）×0.5＋600×0.4＝85

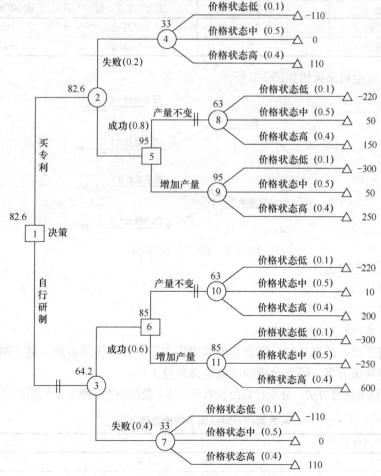

图 5-2 某厂技术改造方案决策树

在点⑤与⑥各自的两个枝上，取期望值大者，故将点⑧与⑩的枝剪掉，并分别将点⑨与■处的期望值移到⑤与⑥处，然后再计算点②与点③处的期望值。

点②的期望值：$33×0.2+95×0.8=82.6$

点③的期望值：$85×0.6+33×0.4=64.2$

比较点②与点③处的期望值，由于 $82.6>64.2$，故将决策点后的点③枝剪掉，选取②，即采用引进专利增加产量的方案为决策方案。

（3）转折概率的确定

在工程实践中，要准确预测不同情况发生的概率有一定的困难，而投资者也更注重项目在不确定因素变化多大范围时，项目仍有盈利。因此，确定出不确定因素变化的幅度（或某因素概率出现的范围），对投资者做出决策更有实际意义。

【例5.8】 某企业欲建混凝土构件厂，大厂需投资 600 万元，小厂需投资 280 万元，设两方案的产品质量相同，寿命均为 10 年。产品需求量高和需求量低时的概率与效益值如表 5-15 所示，试用决策树法进行决策（静态方法评价）。若出现产品需求量高的概率在 $0.55～0.7$ 范围内，问应如何决策？

方案的概率与损益值　　　　　　　　　　　表 5-15

自然状态	概率	建大厂年损益值	建小厂年损益值
产品需求量高	0.7	200 万元	80 万元
产品需求量低	0.3	−40 万元	60 万元

【解】 （1）绘出决策树如图 5-3 所示。

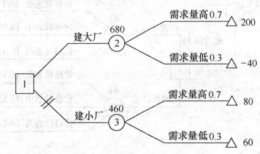

图 5-3　例 5.8 决策树

计算各点的期望值：

②=$[0.7×200+0.3×(−40)]×10−600=680$

③=$[0.7×80+0.3×60]×10−280=460$

将各期望值填在对应的节点上。

比较②与③点上的期望值，②节点的期望值大于③点上的期望值，留下期望值大的点②作为优选的决策方案。因此合理的决策应该是建大厂。

（2）根据以上计算方法，分别计算出在 $0.55～0.7$ 范围内不同概率下的损益值，见表 5-16。

两方案在不同概率下的损益值（万元）　　　　　表 5-16

产品需求量高的概率	0.7	0.65	0.55
建大厂	680	560	320
建小厂	460	450	430

从表可以看出，产品需求量大的概率从 0.65 变到 0.55 时，最优方案由建大厂变为建小厂，其中必有一概率 P，两方案损益值相同，P 即转折概率。

求出两方案等效时的概率值：

$$[P \times 200 + (1-P)(-40)] \times 10 - 600 = [P \times 80 + (1-P) \times 60] \times 10 - 280$$

$$P = 0.6$$

即：$P > 0.6$，建大厂优，$P < 0.6$，建小厂优，$P = 0.6$，两者效果相同。

（4）决策树应用实例

【例 5.9】 某施工企业决定参加某工程的投标。经估算，该工程的成本为 1500 万元，其中材料费占 60%，预测以高、中、低三个报价方案的利润率分别为成本的 10%、7%、4%。根据以往经验，相应的中标概率分别为 0.3、0.6 和 0.9。编制标书的费用为 5 万元，据估计，施工中材料涨价的概率为 0.4，涨价幅度为原材料费的 3%。问投标单位应按哪个方案投标？

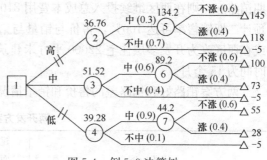

图 5-4 例 5.9 决策树

【解】 投高标不涨价的净利润 = 1500 × 10% − 5 = 145 万元

投高标涨价的净利润 = 145 − 1500 × 60% × 3% = 145 − 27 = 118 万元

投中标不涨价的净利润 = 1500 × 7% − 5 = 100 万元

投中标涨价的净利润 = 100 − 1500 × 60% × 3% = 100 − 27 = 73 万元

投低标不涨价的净利润 = 1500 × 4% − 5 = 55（万元）

投低标涨价的净利润 = 55 − 1500 × 60% × 3% = 55 − 27 = 28 万元

不同市场状态下扣除编制标书费用的预测损益值见表 5-17。

不同市场状态下的损益值 表 5-17

方　　案	市场状态	概　　率	损益值（万元）
投高标	不涨价	0.6	145
	涨　价	0.4	118
投中标	不涨价	0.6	100
	涨　价	0.4	73
投低标	不涨价	0.6	55
	涨　价	0.4	28

计算各节点的期望值：

⑤ = 145 × 0.6 + 118 × 0.4 = 134.2 万元

② = 134.2 × 0.3 − 5 × 0.7 = 36.76 万元

⑥ = 100 × 0.6 + 73 × 0.4 = 89.2 万元

③ = 89.2 × 0.6 − 5 × 0.4 = 51.52 万元

⑦ = 55 × 0.6 + 28 × 0.4 = 44.2 万元

④ = 44.2 × 0.9 − 5 × 0.1 = 39.28 万元

由于③点期望值最大，故应以报中等价格的投标方案进行投标。

【**例 5.10**】　某房地产开发公司对某一地块有两种开发方案。

A 方案：一次性开发多层住宅 45000 平方米建筑面积，需投入总成本（包括开发成本、建造成本和销售成本，下同）9000 万元，开发时间（包括准备建造、销售时间，下同）为 18 个月。

B 方案：将该地块分为东、西两区分两期开发，一期在东区先开发高层住宅 36000 平方米建筑面积，需投入总成本费用 8100 万元，开发时间为 15 个月。二期开发时，如果一期销路好，则在西区继续投入总成本费用 8100 万元开发高层住宅 36000 平方米建筑面积，预计二期销售率可达 100%，售价与销量与第一期相同。如果一期销路差，或暂停开发，或在西区改为开发多层住宅 22000 平方米建筑面积，需投入总成本费用 4600 万元，开发时间为 15 个月。

两方案销路好和销路差的售价和销量情况汇于表 5-18。

两开发方案数据表　　　　　　　　　　　　　　　　　　表 5-18

开发方案			建筑面积（万 m²）	销路好		销路差	
				售价（元/m²）	销售率（%）	售价（元/m²）	销售率（%）
A 方案	多层住宅		4.5	4800	100	4300	80
B 方案	一期	高层住宅	3.6	5500	100	5000	70
	二期	一期销路好 高层住宅	3.6	5500	100	—	—
		一期销路差 多层住宅	2.2	4800	100	4300	80
		停建	—	—	—	—	—

根据经验，多层住宅销路好的概率为 0.7，高层住宅销路好的概率为 0.6。暂停开发每季度损失 10 万元。季利率为 2%。

【**问题**】

(1) 分期计算两方案在销路好和销路差情况下的季平均销售收入为多少万元？（销售收入取期内平均值）。

(2) 绘制二级决策的决策树，并决定采用哪个方案。

【**解**】　问题（1）：

A 方案开发多层住宅，一次投资 9000 万元：

销路差：4.5×4300×80%÷6（季）＝2580 万元/季度

销路好：4.5×4800×100%÷6＝3600 万元/季度

B 方案一期，一次投资 8100 万元：

开发高层住宅：销路差：3.6×5000×70%÷5＝2520 万元/季度

　　　　　　　　销路好：3.6×5500×100%÷5＝3960 万元/季度

B 方案二期：

一期销路好，再投资 8100 万元开发高层住宅：

　　　　　　　销路好：3.6×5500×100%÷5＝3960 万元/季度

一期销路差，开发多层住宅：再投资 4600 万元

销路好：2.2×4800×100%÷5=2112 万元/季度

销路差：2.2×4300×80%÷5=1513.6 万元/季度

问题（2）：

绘制决策树，见图 5-5。

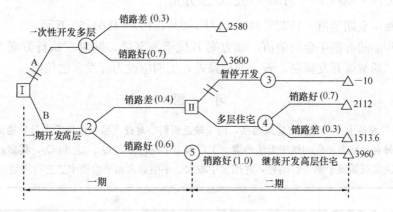

图 5-5 例 5.10 决策树

方案择优：

由于两方案寿命期不同，应采用等额年金法进行比较。

①净现值的期望值＝(3600×0.7＋2580×0.3)×(P/A，2%，6)－9000

＝(3600×0.7＋2580×0.3)×5.6014－9000＝9449.69 万元

等额年金期望值＝9449.69×(A/P，2%，6)＝1686.77 万元

③根据题意，每季损失 10 万元。

④净现值的期望值＝(2112×0.7＋1513.6×0.3)×(P/A，2%，5)－4600

＝4508.74

等额年金期望值＝4508.74×(A/P，2%，5)＝956.75

⑤净现值的期望值＝3960×1.0×(P/A，2%，5)－8100＝10565.46

等额年金期望值＝10565.46×(A/P，2%，5)＝2241.99

根据计算可知：

③期望值＜④期望值，B 方案在一期销路差的情况下，二期应选择开发多层住宅，剪去"暂停开发"枝，④期望值即为二级决策点Ⅱ的期望值。

②点的期望值分为两期，每期 15 个月（5 个季度），分别为：

一期（前 5 季）销售高层住宅差，二期（后 5 季）销售多层住宅（概率 0.4）；

一期（前 5 季）销售高层住宅好，二期（后 5 季）继续销售高层住宅也好（概率 0.6）。

②点净现值的期望值

＝前 5 季销售高层好的期望值现值＋⑤的期望值现值（后 5 季继续销售高层好的现值）折现＋前 5 季销售高层差的期望值现值＋Ⅱ的期望值现值（后 5 季销售多层的现值）折现－1 期投资现值（2 期投资现值已在计算⑤和Ⅱ点时考虑了）

＝[3960×(P/A，2%，5)＋10565.46×(P/F，2%，5)]×0.6

$+[2520×(P/A, 2\%, 5)+4508.74×(P/F, 2\%, 5)]×0.4-8100$

$=[3960×4.713+10563.48×0.906]×0.6+[2520×4.7135+4507.78×0.9057]$

　$×0.4-8100$

$=16940.76+6384.63-8100=15225.39$ 万元

②点等额年金期望值$=15225.39×(A/P, 2\%, 10)=1694.59$ 万元

比较①和②的等额年金期望值，知方案 B 优于方案 A。同时在执行方案 B 时，若一期销路好，二期继续开发高层，若一期销路差，二期应改为开发多层住宅。

习　题

1. 某建材厂准备生产一种新型建筑制品，由于缺乏资料，对此产品的市场需求量只能估计成高、一般、差，而每种自然状态出现的概率无法预测。工厂考虑了三种方案 Q_1、Q_2 和 Q_3，其损益值如下表所示。试判断该决策问题属于哪一类问题，并用大中取大、小中取大和平均概率法进行决策。

	销路好	一般	差
Q_1（大批量生产）	24	16	10
Q_2（中批量生产）	20	20	15
Q_3（小批量生产）	16	16	16

2. A 企业 2000—2006 年某产品产量（万吨）如下表所示：

年　份	2000	2001	2002	2003	2004	2005	2006
产量	40	47	56	65	73	80	88

试用最小二乘法建立直线趋势预测模型，并预测 2010 年和 2012 年的产量。

3. 某建筑公司要决定某项工程下月是否开工，如果开工后天气好，能按时完工，可得利润 5 万元；如果开工后天气恶劣，将拖延工期，造成损失 2 万元。假如不开工，则无论天气好坏都要付出窝工损失 0.5 万元。根据以往资料，预计下月天气好的概率为 0.3，而天气恶劣的概率为 0.7，试用决策树法进行决策。

4. 某企业引入一种新产品，预测了销路有三种可能的自然状态及相应的概率。每种状态又可能处于有竞争（概率为 0.9）或无竞争（概率为 0.1）的市场状态。各资料如下表。现面临设备选择，可选用Ⅰ设备或Ⅱ设备，投资额分别为 200 万元和 10 万元。寿命期均为 5 年，试用决策树法对设备选用进行决策。当寿命期为多少年时，选Ⅰ设备有利？

方　案	Ⅰ设备（200 万元）			Ⅱ设备（10 万元）		
状态	畅销	一般	差	畅销	一般	差
概率	0.6	0.2	0.2	0.6	0.2	0.2
有竞争	70	12	-20	11	2	-10
无竞争	100	20	-20	30	5	-10

5. 某企业生产的产品在市场上供不应求，因此企业决定投资扩建新厂。据研究分析，该产品 10 年后将升级换代，故有以下三个扩建方案：

①大规模扩建新厂，需投资 3 亿元。据估计，该产品销路好时，每年的净现金流量为 9000 万元；销路差时，每年的净现金流量为 3000 万元。

②小规模扩建新厂，需投资 1.4 亿元。据估计，该产品销路好时，每年的净现金流量为 4000 万元；销路差时，每年的净现金流量为 3000 万元。

③先小规模扩建新厂，3 年后，若该产品销路好再决定是否再次扩建。若再次扩建，需投资 2 亿元，其生产能力与方案①相同。

据预测，在今后 10 年内，该产品销路好的概率为 0.7，销路差的概率为 0.3。基准折现率 $i_c = 10\%$。根据决策树法进行扩建方案的决策。

第 6 章 建设项目的可行性研究

建设项目可行性研究是项目投资前的一项基础性工作，是投资决策的重要依据。通过可行性研究，对项目进行全面系统地分析，以降低项目风险，提高项目的投资效益。

6.1 可行性研究概述

重要概念与知识点

（1）可行性研究分为机会研究、初步可行性研究、详细可行性研究、评估与决策四个阶段。

（2）可行性研究的基本内容：

①市场研究：市场调查和市场预测——可行性研究的前提和基础；

②技术研究：技术方案和建设条件的研究——可行性研究的技术基础；

③效益研究：经济效益分析和评价——可行性研究的核心。

（3）可行性研究报告的主要格式：封面、目录、正文、附件。

6.1.1 可行性研究的概念

可行性研究是一种运用多学科知识，对拟建项目的必要性、可能性以及经济、社会、环境的有利性进行全面、系统、综合的分析与论证，以便进行正确决策的研究活动。可行性研究以市场研究为前提和基础、以技术研究为手段，以经济效益研究为目标，在投资前期对项目做出可行或不可行的评价。

6.1.2 可行性研究的作用

可行性研究是投资项目建设前期研究工作的关键环节，从宏观上可以控制投资的规模和方向，从微观上可以减少投资决策失误，其作用为：

（1）作为建设项目决策的依据。投资主体决定是否兴建该项目，主要依据可行性研究提出的研究结论。

（2）作为建设项目设计的依据。项目设计要严格按照批准的可行性研究报告的内容进行，不得任意修改。

（3）作为向银行贷款的依据。银行通过审查可行性研究报告，判断项目的盈利能力和偿还能力，决定是否贷款。

（4）作为向当地土地、环保、消防等主管部门申请开工建设手续的依据。

（5）作为项目实施的依据。项目被列入年度投资计划之后，项目实施计划、施工材料、设备采购计划都要参照可行性研究报告提出的方案进行。

（6）作为项目评估的依据。

（7）作为科学实验和设备制造的依据。

（8）作为项目建成后，企业组织管理、机构设置、职工培训等工作的依据。

6.1.3 可行性研究的工作程序

可行性研究是一项专业性和技术性非常强的工作，必须按科学的程序进行。我国现行的可行性研究的工作步骤包括以下 8 个步骤。

1. 签订委托协议

可行性研究编制单位与委托单位，就项目可行性研究工作的范围、内容、重点、深度要求、完成时间、经费预算和质量要求等交换意见，并签订委托协议，从而开展可行性研究各阶段的工作。

2. 组建工作小组

根据委托项目可行性研究的范围、内容、技术难度、工作量、时间要求等组建项目可行性研究工作小组。

3. 制订工作计划

工作计划内容包括各项研究工作开展的步骤、方式、进度安排、人员配备、工作保证条件、工作质量评定标准和费用预算，并与委托单位交换意见。

4. 市场调查与预测

市场调查的范围包括地区及国内外市场，主要搜集项目建设、生产运营等各方面所必需的信息资料和数据。市场预测主要是利用市场调查所获得的信息资料，对项目产品未来市场供应和需求信息进行定性与定量分析。

5. 方案编制与优化

在调查研究搜集资料的基础上，针对项目的建设规模、产品规格、场址、工艺、设备、总图、运输、原材料供应、环境保护、公用工程和辅助工程、组织机构设置、实施进度等，提出备选方案。进行方案论证比选优化后，提出推荐方案。

6. 项目评价

对推荐方案进行环境评价、财务评价、国民经济评价、社会评价及风险分析，以判别项目的环境可行性、经济可行性、社会可行性和抗风险能力。当有关评价指标结论不足以支持项目方案成立时，应重新构想方案或对原设计方案进行调整。

7. 编写可行性研究报告

项目可行性研究各专业方案，经过技术经济论证和优化之后，由各专业组分工编写。经项目负责人衔接协调综合汇总，提出可行性研究报告初稿。

8. 与委托单位交换意见

可行性研究报告的初稿形成后，与委托单位交换意见，修改完善，形成正式的可行性研究报告。

6.1.4 可行性研究阶段划分及工作内容

根据可行性研究深度的不同，可以把可行性研究分为机会研究、初步可行性研究、详细可行性研究（最终研究，或称可行性研究）、项目评估与决策四个阶段。不同阶段及工作内容见表 6-1。

在实际工作中，可行性研究不同阶段的界限并不是十分清晰，根据项目的大小与难易程度，不同阶段的工作内容往往会交织在一起。

项目可行性研究的阶段及工作内容比较　　　　表 6-1

工作阶段\n\n项　目	机会研究	初步可行性研究	详细可行性研究	项目评估与决策
工作性质	项目设想	项目初选	项目拟定	项目定论
工作内容	鉴别投资方向，寻找投资机会（地区、行业、资源和项目的机会研究），提出项目投资建议	对项目作专题辅助研究，广泛分析、筛选方案，确定项目的初步可行性研究	对项目进行深入细致的技术经济论证，重点对项目进行财务效益和经济效益分析评价，做多方案比较，提出项目投资的可行性和选择依据标准	综合分析各种效益，对可行性研究报告进行评估和审核，分析判断项目可行性研究的可靠性和真实性，对项目作出最终决策
工作成果及作用	提出项目建议，作为制定经济计划和编制项目建议书的基础，为初步选择投资项目提供依据	编制初步可行性研究报告，确定是否有必要进行下一步详细可行性研究	编制可行性研究报告，作为项目投资决策的基础和重要依据	提出项目评估报告，为投资决策提供最后决策依据，决定项目取舍和选择最佳投资方案
估算误差（%）	30	20	10	10
费用占总投资的百分比（%）	0.2~1.0	0.25~1.25	大项目 0.8~1.0\n中小项目 1.0~3.0	
需要时间（月）	1	1~3	3~6 或更长	

6.1.5　可行性研究报告内容与结构

1. 可行性研究报告内容

根据原国家计委审定发行的《投资项目可行性研究指南》（试用版，2002 年）中"可行性研究报告编制步骤与要求"中的建议，工业项目可行性研究报告的内容如下：

（1）总论。主要内容包括：项目提出的背景、概况，以及问题及建议。

（2）市场调查与预测。主要内容包括：市场现状调查；产品供需预测；价格预测；竞争力分析；市场风险分析。

（3）资源条件评价。主要内容包括：资源可利用量；资源品质情况；资源赋存条件；资源开发价值。

（4）建设规模与产品方案。主要内容包括：建设规模与产品方案构成；建设规模与产品方案比选；推荐的建设规模与产品方案；技术改造项目与原有设施利用情况等。

（5）场址选择。主要内容包括：场址现状；场址方案比选；推荐的场址方案；技术改造项目当前场址的利用情况。

（6）技术方案、设备方案和工程方案。主要内容包括：技术方案选择；主要设备方案选择；工程方案选择；技术改造项目改造前后的比较。

（7）原材料燃料供应。主要内容包括：主要原材料供应方案；燃料供应方案。

（8）总图运输与公用辅助工程。主要内容包括：总图布置方案；场内外运输方案；公用工程与辅助工程方案；技术改造项目现有公用辅助设施利用情况。

（9）节能措施。主要内容包括：节能措施；能耗指标分析。

（10）节水措施。主要内容包括：节水措施；水耗指标分析。

（11）环境影响评价。主要内容包括：环境条件调查；影响环境因素分析；环境保护措施。

（12）劳动安全卫生与消防。主要内容包括：危险因素和危害程度分析；安全防范措施；卫生保健措施；消防设施。

（13）组织机构与人力资源配置。主要内容包括：组织机构设置及其适应性分析；人力资源配置；员工培训。

（14）项目实施进度。主要内容包括：建设工期；实施进度安排；技术改造项目建设与生产的衔接。

（15）投资估算。主要内容包括：建设投资估算；流动资金估算；投资估算表。

（16）融资方案。主要内容包括：融资组织形式；资本金筹措；债务资金筹措；融资方案分析。

（17）财务评价。主要内容包括：财务评价基础数据与参数选取；销售收入与成本费用估算；财务评价报表；盈利能力分析；偿债能力分析；不确定性分析；财务评价结论。

（18）国民经济评价。主要内容包括：影子价格及评价参数选取；效益费用范围与数值调整；国民经济评价报表；国民经济评价指标；国民经济评价结论。

（19）社会评价。主要内容包括：项目对社会影响分析；项目与所在地互适性分析；社会风险分析；社会评价结论。

（20）风险分析。主要内容包括：项目主要风险识别；风险程度分析；防范风险对策。

（21）研究结论与建议。主要内容包括：推荐方案总体描述；推荐方案优缺点描述；主要对比方案；结论与建议。

《投资项目可行性研究指南》（试用版，2002 年）涉及的可行性研究内容有一定的通用性，但不可能兼顾各类投资项目的差异性，实际工作中，可根据项目的具体情况，酌情选择研究评价的范围与重点。

2. 可行性研究报告的深度要求

（1）可行性研究报告应能充分反映项目可行性研究工作的成果，内容齐全，结论明确，数据准确，论据充分，满足决策者确定方案和项目决策的要求。

（2）可行性研究报告选用主要设备的规格、参数应能满足预订货的要求。引进技术设备的资料应能满足合同谈判的要求。

（3）可行性研究报告中的重大技术、经济方案，应有两个或两个以上方案的比选。

（4）可行性研究报告中确定的主要工程技术数据，应能满足项目初步设计的要求。

（5）可行性研究报告中构造的融资方案，应能满足银行等金融部门信贷决策的需要。

（6）可行性研究报告中应反映可行性研究过程中出现的某些方案的重大分歧及未被采纳的理由，以供委托单位与投资者权衡利弊进行决策。

（7）可行性研究报告应附有评估、决策（审批）所必需的合同、协议、意向书、政府批件等。

3. 可行性研究报告格式

可行性研究报告的基本格式包括：

（1）封面。包括项目名称、研究阶段、编制单位、出版年月、加盖编制单位印章。

（2）封一。编制单位资格证书。

（3）封二。编制单位的项目负责人、技术管理负责人、法人代表名单。

（4）封三。编制人、校核人、审核人、审定人名单。

（5）目录。

（6）正文。正文部分是结论和建议赖以产生的基础。要求分析全面、系统，在满足国家相关政策的前提下，以经济评价为核心，围绕影响项目的各种因素，运用大量数据资料论证拟建项目是否可行。当进行了项目的系统分析后，应对整个可行性研究提出综合分析评价，指出优缺点和建议。

（7）附件。为了结论的需要，常需要加一些附件，例如试验数据、论证材料、计算图表等，以增强可行性研究报告的说服力。

6.2 建设工程投资估算

重要概念与知识点

（1）建设投资的构成：

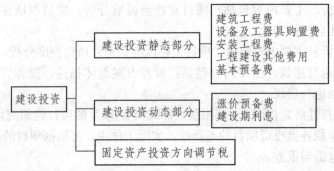

（2）常用的估算计算公式：

①比例估算法 $C = E(1 + f_1P_1 + f_2P_2 + f_3P_3 + \cdots + f_iP_i) + I$

②生产能力指数法 $C_2 = C_1 \left(\dfrac{A_2}{A_1}\right)^n \times f$

③基本预备费＝（设备及工器具购置费＋建筑安装工程费＋工程建设其他费）×基本预备费费率

④涨价预备费 $PC = \sum\limits_{t=1}^{n} I_t [(1+f)^t - 1]$

6.2.1 投资估算概述

1. 建设项目投资的构成

我国现行建设项目总投资由建设投资和流动资产投资构成，其中建设投资由工程费用（建筑安装工程费、设备及工器具购置费）、工程建设其他费用和预备费（基本预备费和涨价预备费)、建设期利息和固定资产投资方向调节税组成。可行性研究阶段流动资产投资主要是指项目的铺底流动资金。

2. 建设项目投资估算的概念

投资估算是在对项目的建设规模、产品方案、工艺技术及设备方案、工程方案及项目实施进度等进行研究并在其基本确定的基础上，估算项目所需资金总额并测算建设期分年资金使用计划。投资估算是可行性研究报告的重要组成部分，是项目决策的重要依据之一。

3. 估算的精度要求

(1) 工程内容和费用构成齐全、计算合理，不重复计算、不漏算少算，不提高或降低估算标准。

(2) 选择指标与具体工程之间存在标准或条件差异时，应进行必要的换算或调整。

(3) 投资估算精度应满足控制初步设计概算的要求。

6.2.2 投资估算方法

建设投资的估算采用何种方法应取决于要求达到的精确度，而精确度又由项目前期研究阶段的不同以及资料数据的可靠性决定。因此在前期研究阶段，允许采用详简不同、深度不同的估算方法。

1. 比例估算法

此方法也称设备费用百分比估算法，它以拟建项目或装置的设备费为基数，根据已建成的同类项目或装置的建筑安装工程费和其他费用等占设备价值的百分比，求出相应的建筑安装及其他有关费用，其总和即为项目或装置的投资。公式如下：

$$C = E(1 + f_1P_1 + f_2P_2 + f_3P_3 + \cdots + f_iP_i) + I \tag{6-1}$$

式中　　　　C——拟建项目或装置的投资额；

　　　　　　E——根据拟建项目或装置的设备清单按当时当地价格计算的设备费（包括运杂费）的总和；

P_1、P_2、$\cdots$、P_i——分别为建筑安装工程费和其他费用等占设备价值的百分比；

f_1、f_2、$\cdots$、f_i——分别为由于时间因素引起上述各费用在定额、单价、费用变更等因素变化下的综合调整系数；

　　　　　　I——拟建项目的其他费用。

与此法相似，也可以按拟建项目中的最主要、投资比重较大并与生产能力直接相关的工艺设备的投资（包括运杂费及安装费）为基数，根据同类型的已建项目的有关统计资料，计算出拟建项目的各专业工程占工艺设备投资的百分比，据以求出各专业的投资，然后把各部分投资费用相加求和，即为项目的投资。

2. 生产能力指数估算法

此方法根据已建成的、性质类似的建设项目（或生产装置）的投资额、生产能力及拟建项目（或生产装置）的生产能力估算项目的投资额。计算公式为：

$$C_2 = C_1 \left(\frac{A_2}{A_1}\right)^n \times f \tag{6-2}$$

式中　C_1，C_2——分别为已建类似项目（或装置）和拟建项目（或装置）的投资额；

　　　A_1，A_2——分别为已建类似项目（或装置）和拟建项目（或装置）的生产能力；

f——为不同时期、不同地点的定额、单价、费用变更等的综合调整系数;

n——为生产能力指数,$0 \leqslant n \leqslant 1$。

若已建类似项目(或装置)的规模与拟建项目(或装置)的规模相差不大,生产规模比值在 0.5~2 之间,则指数 n 的取值近似为 1。

若已建类似项目(或装置)与拟建项目(或装置)的规模相差不大于 50 倍,且拟建项目的扩大仅靠增大设备规格来达到时,则 n 取值约在 0.6~0.7 之间;若是靠增加相同规格设备的数量达到时,n 的取值在 0.8~0.9 之间。

此法计算简便,但要求类似工程的资料可靠,条件基本相同,否则误差会较大。

【例 6.1】 已知年产 120 万吨某产品的生产系统的投资额为 85 万元,用生产能力指数法估算年产 360 万吨该产品的生产系统的投资额($n=0.5$,$f=1$)。

【解】 $C_2 = 85 \left(\dfrac{360}{120} \right)^{0.5} \times 1 = 147.22$ 万元

【例 6.2】 若要将【例 6.1】中产量在原有基础上增加 2 倍,综合调整系数为 1.12,投资额大约增加多少?

【解】
$$\frac{C_2}{C_1} = \left(\frac{A_2}{A_1} \right)^n \times f = \left(\frac{3}{1} \right)^{0.5} \times 1.12 = 1.94$$

计算结果表明,产量在原有基础上增加 2 倍,考虑综合调整系数后,投资额大约增加 94%。

【例 6.3】 已知年产 1250 吨的某工业产品,设备投资额为 2050 万元,其他附属项目费用占设备投资比例以及拟建项目的综合调价系数见表 6-2。与工程建设有关的其他费用占项目总投资的 25%。若拟建 2000 吨同类产品的项目,求拟建项目总投资(设备费的综合调价系数为 1.20,$n=0.6$)。

其他附属项目费用占设备投资比例以及拟建项目的综合调价系数表   表 6-2

序 号	工 程 名 称	占设备比例(%)	综合调价系数
一	生产项目		
1	安装工程	10	1.20
2	土建工程	30	1.10
3	工艺管道工程	4	1.05
4	给水排水工程	8	1.10
5	暖通工程	9	1.10
6	电气照明工程	10	1.10
7	自动化仪表	9	1.00
二	附属工程	20	1.10
三	总体工程	10	1.30

【解】 根据式(6-2)设备投资额

$$E = 2050 \times \left[\frac{2000}{1250} \right]^{0.6} \times 1.2 = 3261.42 \text{ 万元}$$

根据式(6-1),拟建项目投资为:

$$C = E(1 + f_1 P_1 + f_2 P_2 + f_3 P_3 + \ldots + f_i P_i) + I$$

设式中 $I=C\times25\%$，故 $C=E\dfrac{(1+\Sigma f_iP_i)}{1-25\%}$

$\Sigma f_iP_i=0.1\times1.20+0.3\times1.10+0.04\times1.05+0.08\times1.10+0.09\times1.10$
$\qquad\quad+0.1\times1.10+0.09\times1.00+0.2\times1.10+0.10\times1.30=1.23$

$$C=\dfrac{3261.42\times(1+1.23)}{1-25\%}=9697.29\ \text{万元}$$

3. 综合指标估算法

综合指标投资估算法是依据国家有关规定，国家或行业、地方的定额、指标和取费标准以及设备和主材价格等，从工程费用中的单项工程入手，来估算初始投资。采用这种方法，还需要相关专业提供较为详细的资料，有一定的估算深度，精确度相对较高。其估算要点是：

(1) 设备和工器具购置费估算

该方法用来分别估算各单项工程的设备和工器具购置费。估算时需要主要设备的数量、出厂价格和相关运杂费资料，一般运杂费可按设备价格的百分比估算。进口设备要注意按照有关规定和项目实际情况估算进口环节的有关税费，并注明需要的外汇额。主要设备以外的零星设备费可按占主要设备费的比例估算，工器具购置费一般也按占主要设备费的比例估算。

(2) 安装工程费估算

安装工程费一般可以按照设备费的比例估算，该比例需要通过经验判定，并结合该装置的具体情况确定。安装工程费中含有进口材料的，也要注意按照有关规定和项目实际情况估算进口环节的有关税费，并注明需要的外汇额。安装工程费中的材料费应包括运杂费。安装工程费也可按设备吨位乘以吨安装费指标，或安装实物量乘以相应的安装费指标估算。条件成熟的，可按概算法。

(3) 建筑工程费估算

这种方法是根据各种具体的造价指标，进行单位工程投资的估算。投资估算指标的形式很多，例如：元/m²，元/m³，元/kVA，元/间等，分别与单位面积法、单位体积法、单位容量法、单元估算法等相对应。根据这些造价指标，乘上拟建项目的面积、体积、容量或房间间数等，就可求出相应工程项目的投资。

采取这种方法时，当套用的指标与具体工程之间的标准或条件有差异时，应加以必要的局部换算或调整，同时使用的指标单位应密切结合每个单位工程的特点，切忌盲目套用某种单位指标。条件成熟的，可按概算法。

4. 工程建设其他费用的估算

工程建设其他费用是指从工程筹建到工程竣工验收交付使用止的整个建设期间，除建筑安装工程费用和设备、工器具购置费以外的，为保证工程建设顺利完成和交付使用后能够正常发挥效用而发生的一些费用。

工程建设其他费用，按其内容大体可分为三类。

第一类为土地使用费。由于工程项目固定于一定地点与地面相连接，必须占用一定量的土地，也就必然要发生为获得建设用地而支付的费用。主要包括：

(1) 农用土地征用费：如征用耕地的土地补偿费、征用耕地的安置补助费、征用土地上的附着物和青苗的补偿费、新菜地开发建设基金等。

（2）取得国有土地使用费：如土地使用权出让金、城市建设配套费、拆迁补偿与临时安置补助费等。

第二类是与项目建设有关的其他费用。这部分费用在工程中由业主支配，也称为业主费用。主要包括建设单位管理费、勘察设计费、研究试验费、临时设施费、工程监理费、工程保险费和引进技术和进口设备其他费。

第三类是与未来企业生产和经营活动有关的费用。主要包括联合试运转费、生产准备费，以及办公和生活家具购置费。

其他费用种类较多，无论采用何种投资估算分类，一般其他费用都需要按照国家、地方或部门的有关规定逐项估算。要注意随地区和项目性质的不同，费用科目可能会有所不同。在项目的初期阶段，也可以按照工程费用的百分数综合估算。

5. 预备费估算

（1）基本预备费

基本预备费是指在项目实施中可能发生难以预料的支出，需要预先预留的费用，又称不可预见费。主要指设计变更及施工过程中可能增加工程量的费用。计算公式为：

$$基本预备费 ＝（设备及工器具购置费＋建筑安装工程费＋工程建设其他费）\\ ×基本预备费费率 \tag{6-3}$$

（2）涨价预备费

涨价预备费（PC）是指建设工程在建设期内由于价格等变化引起投资增加，需要事先预留的费用。涨价预备费以建筑安装工程费、设备工器具购置费之和为计算基数。计算公式为：

$$PC = \sum_{t=1}^{n} I_t \left[(1+f)^t - 1 \right] \tag{6-4}$$

式中　I_t——第 t 年初的建安工程费与设备工器具费之和；

f——建设期价格上涨指数；

n——建设总年限。

6. 建设期利息

建设期利息是指项目借款在建设期内发生并计入固定资产的利息。计算公式见 3.4 节式（3-25）。

7. 固定资产投资方向调节税

固定资产投资方向调节税是根据国家产业政策而征收的税种。

8. 流动资金估算

流动资金是指生产经营性项目投产后，为进行正常生产运营，用于购买原材料、燃料，支付工资及其他经营费用等所需的周转资金。在建设项目可行性研究阶段，流动资金估算一般是参照现有同类企业的状况采用分项详细估算法，个别情况或者小型项目可采用扩大指标法。铺底流动资金一般占流动资金的 30%。

（1）分项详细估算法

对计算流动资金需要掌握的流动资产和流动负债这两类因素应分别进行估算。在可行性研究中，为简化计算，仅对存货、现金、应收账款这三项流动资产和应付账款这项流动负债进行估算。

（2）扩大指标估算法

在对技术方案进行初步评价时，往往缺乏足够的资料和数据，通常是参考类似企业的资料，采用比例估算法确定流动资金。常用的比例估算法有以下几种：

1）按照单位生产能力平均占用流动资金估算；

2）按照流动资金占固定资产金额的 5%～20%估算；

3）按照流动资金占企业全年销售收入（或年经营费用）的 25%估算；

4）按照每百元产值占用流动资金的金额乘以年产值来估算。

【例 6.4】 某建设项目建设期为 3 年。建设期的建安工程费和设备工器具费为 60000 万元，建设工程其他费用为 4200 万元，其中 60%为贷款资金。各年投资比例为：第 1 年 25%，第 2 年 50%，第 3 年 25%，设自有资金与贷款均按此比例投入。贷款利率为 6%。建设期内预计年平均价格上涨指数为 5%。基本预备费费率为 10%，不计固定资产投资方向调节税。试估算该项目的建设投资。

【解】 （1）计算建设期利息

建设期贷款总金额为：（60000＋4200）×60%＝38520 万元

第 1 年：$1/2×38520×25\%×6\%=0.5×9630×0.06=288.90$ 万元

第 2 年：$(9630+288.90+1/2×38520×50\%)×6\%$
$$=(9918.90+0.5×19260)×6\%=1172.93 万元$$

第 3 年：$[9918.90+(19260+1172.93)+(1/2×38520×25\%)]×0.06$
$$=2110.01 万元$$

建设期利息合计为：$288.90+1172.93+2110.01=3571.84$ 万元

（2）计算基本预备费

$$（60000＋4200）×10\%＝6420 万元$$

（3）计算涨价预备费

第 1 年：$60000×25\%×[(1+0.05)^1-1]=750$ 万元

第 2 年：$60000×50\%×[(1+0.05)^2-1]=3075$ 万元

第 3 年：$60000×25\%×[(1+0.05)^3-1]=2364.38$ 万元

涨价预备费合计为：$750+3075+2364.38=6189.38$ 万元

（4）计算建设投资

$$60000＋4200＋3571.84＋6420＋6189.38＝80381.22 万元$$

6.2.3 投资估算审查

加强项目投资估算的审查工作，可保证估算的准确性，以确保其应有的作用。

1. 审查投资估算编制依据的可信性

（1）审查选用的投资估算方法的科学性、适用性。每种投资估算方法都有各自的适用条件和范围，并具有不同的精确度，使用的投资估算方法应与项目的客观条件和情况相适应，且不得超出该方法的适用范围，才能保证投资估算的质量。

（2）审查投资估算采用数据资料的时效性、准确性。估算项目投资所需的数据资料与时间有密切关系，必须注意其时效性和准确程度。

2. 审查投资估算内容与规定、规划要求的一致性

（1）审查项目投资估算包括的工程内容与规定要求是否一致，是否有漏项与重算。

（2）审查项目投资估算的项目产品生产装置的先进水平和自动化程度等是否符合规划要求的先进程度。

（3）审查是否对拟建项目与已运行项目在工程成本、工艺水平、规模大小、自然条件、环境因素等方面的差异作了适当的调整。

3. 审查投资估算的费用项目、费用数额的符实性

（1）审查费用项目与规定要求、实际情况是否相符，估算的费用项目是否符合国家规定，是否针对具体情况作了适当的增减。

（2）审查是否考虑了采用新技术、新材料，同时考察所需增加的投资额，该额度是否合理。

（3）审查是否考虑了物价上涨和汇率变动对投资额的影响，考虑的波动变化幅度是否合适。

（4）审查"三废"处理所需投资是否进行了估算，其估算数额是否符合实际。

6.3　建设项目评价

重要概念与知识点

（1）项目评价的内容：环境影响评价、财务评价、国民经济评价、社会评价和风险分析。

（2）财务评价内容：盈利能力分析、偿债能力分析、生存能力分析。

（3）常用的财务报表：财务现金流量表、利润和利润分配表、财务计划现金流量表、资产负债表、借款还本付息计划表。

（4）了解需要进行国民经济评价的项目类型。

（5）国民经济评价指标与分析

①经济内部收益率：$EIRR \geqslant i_s$，方案可行；

②经济净现值：$ENPV \geqslant 0$，方案可行；

③经济效益费用比：$R_{BC} \geqslant 1$，方案可行。

6.3.1　项目评价内容

项目评价即对推荐方案进行环境影响评价、财务评价、国民经济评价、社会评价及风险分析，以判别项目的环境可行性、经济可行性、社会可行性和抗风险能力。

1. 环境影响评价

建设工程一般会引起项目所在地自然环境、社会环境和生态环境的变化，对环境状况、环境质量产生不同程度的影响。环境影响评价是在研究确定场址方案和技术方案中，调查研究环境条件、识别和分析拟建项目影响环境的因素、研究提出治理和保护环境的措施、比选和优化环境保护方案。

2. 财务评价

财务评价是在国家现行财税制度和市场价格体系下，分析预测项目的财务效益与费用，计算财务评价指标，考察拟建项目的盈利能力、偿债能力和财务生存能力。

3. 国民经济评价

国民经济评价是按照经济资源合理配置的原则，用影子价格和社会折现率等国民经济评价参数，从国民经济整体角度考察项目所耗费的社会资源和对社会的贡献，评价投资项目的经济合理性。

4. 社会评价

社会评价是分析拟建项目对当地社会的影响和当地社会条件对项目的适应性和可接受程度，评价项目的社会可行性。

5. 风险分析

风险分析是在市场预测、技术方案、工程方案、融资方案和社会评价论证中已进行的初步风险分析的基础上，进一步综合分析识别拟建项目在建设和运营中潜在的主要风险因素，揭示风险来源，判别风险程度，提出规避风险的对策，降低风险损失。

6.3.2 财务评价

6.3.2.1 财务评价内容

对于经营性项目，财务评价内容包括盈利能力分析、偿债能力分析和财务生存能力分析，据以判断项目的财务可接受性，明确项目对财务主体及投资者的价值贡献，为项目决策提供依据。对于非经营性项目，财务评价的内容主要是分析项目的财务生存能力。

财务分析可分为融资前分析和融资后分析，其内容与评价指标见表6-3。

财务分析内容与评价指标 表6-3

财务分析内容		基本报表	静态指标	动态指标
融资前分析	盈利能力分析	项目投资现金流量表	静态投资回收期	财务内部收益率 财务净现值 动态投资回收期
融资后分析	盈利能力分析	项目资本金现金流量表	资本金静态投资回收期	资本金财务内部收益率 资本金财务净现值 资本金动态投资回收期
		投资各方现金流量表		投资各方财务内部收益率
		利润与利润分配表	总投资收益率 资本金净利润率	
	偿债能力分析	借款还本付息估算表	利息备付率 偿债备付率	
		资产负债表	资产负债率 流动比率 速动比率	
	生存能力分析	利润与利润分配表 财务计划现金流量表	各年净现金流量 各年累计盈余资金	

6.3.2.2　财务评价的基本报表

1. 财务现金流量表

财务现金流量表反映项目计算期内各年的现金收支，用以计算项目财务盈利能力指标。财务现金流量表分为：

1）项目财务现金流量表。该表不分投资资金来源，以全部投资作为计算基础，用以计算项目全部投资财务内部收益率、财务净现值及投资回收期等评价指标，考察项目全部投资的盈利能力，为各个投资方案（不论其资金来源及利息多少）进行比较建立共同基础，见表6-4。

项目投资现金流量表（万元）　　　　　表 6-4

序号	项目	合计	计算期					
			1	2	3	4	…	n
1	现金流入							
1.1	营业收入							
1.2	补贴收入							
1.3	回收固定资产余值							
1.4	回收流动资金							
2	现金流出							
2.1	建设投资							
2.2	流动资金							
2.3	经营成本							
2.4	营业税金及附加							
2.5	维持运营投资							
3	所得税前净现金流量（1－2）							
4	累计所得税前净现金流量							
5	调整所得税							
6	所得税后净现金流量（3－5）							
7	累计所得税后净现金流量							

计算指标：

项目投资财务内部收益率（%）（所得税前）

项目投资财务内部收益率（%）（所得税后）

项目投资财务净现值（所得税前）（$i_c=$%）

项目投资财务净现值（所得税后）（$i_c=$%）

项目投资回收期（年）（所得税前）

项目投资回收期（年）（所得税后）

注：1. 本表适用于新设法人项目与既有法人项目的增量和"有项目"的现金流量分析。

2. 调整所得税为以息税前利润为基数计算的所得税，区别于"利润与利润分配表"、"项目资本金现金流量表"和"财务计划现金流量表"中的所得税。

2）项目资本金现金流量表。该表用于计算项目资本金财务内部收益率，见表 6-5。

项目资本金现金流量表（万元）　　　　　　　表 6-5

序号	项 目	合计	计 算 期					
			1	2	3	4	…	n
1	现金流入							
1.1	营业收入							
1.2	补贴收入							
1.3	回收固定资产余值							
1.4	回收流动资金							
2	现金流出							
2.1	项目资本金							
2.2	借款本金偿还							
2.3	借款利息支付							
2.4	经营成本							
2.5	营业税金及附加							
2.6	所得税							
2.7	维持运营投资							
3	净现金流量（1—2）							

计算指标：

资本金财务内部收益率（%）

注：1. 项目资本金包括用于建设投资、建设期利息和流动资金的资金。
　　2. 对外商投资项目，现金流出中应增加职工奖励及福利基金科目。
　　3. 本表适用于新设法人项目与既有法人项目"有项目"的现金流量分析。

3）投资各方财务现金流量表。该表从投资者角度出发，以项目投资者的出资额作为计算基础，把借款本金偿还和利息支付作为现金流出，用以计算投资各方财务内部收益率，见表 6-6。

投资各方财务现金流量表（万元）　　　　　　　表 6-6

序号	项 目	合计	计 算 期					
			1	2	3	4	…	n
1	现金流入							
1.1	实分利润							
1.2	资产处置收益分配							
1.3	租赁费收入							
1.4	技术转让或使用收入							
1.5	其他现金流入							
2	现金流出							
2.1	实缴资本							
2.2	租赁资产支出							

序号	项 目	合计	计 算 期					
			1	2	3	4	…	n
2.3	其他现金流出							
3	净现金流量（1－2）							

计算指标：

投资各方财务内部收益率（%）

注：本表可按不同投资方分别编制。

    1. 投资各方现金流量表既适用于内资企业也适用于外商投资企业；既适用于合资企业也适用于合作企业。

    2. 投资各方现金流量表中现金流入是指出资方因该项目的实施将实际获得的各种收入；现金流出是指出资方因该项目的实施将实际投入的各种支出。表中科目应根据项目具体情况调整。

2. 利润与利润分配表

该表反映项目计算期内各年的营业收入、总成本费用、利润总额、所得税及税后利润的分配情况，用以计算总投资收益率、项目资本金净利润率等指标，见表6-7。

利润与利润分配表（万元）   表 6-7

序号	项 目	合计	计 算 期					
			1	2	3	4	…	n
1	营业收入							
2	营业税金及附加							
3	总成本费用							
4	补贴收入							
5	利润总额（1－2－3＋4）							
6	弥补以前年度亏损							
7	应纳税所得额（5－6）							
8	所得税							
9	净利润（5－8）							
10	期初未分配利润							
11	可供分配的利润（9＋10）							
12	提取法定盈余公积金							
13	可供投资者分配的利润（11－12）							
14	应付优先股股利							
15	提取任意盈余公积金							
16	应付普通股股利（13－14－15）							
17	各投资方利润分配：							
	其中：××方							
	××方							
18	未分配利润（13－14－15－17）							
19	息税前利润（利润总额＋利息支出）							
20	息税折旧摊销前利润（息税前利润＋折旧＋摊销）							

注：1. 对于外商出资项目由第11项减去储备基金、职工奖励与福利基金和企业发展基金后，得出可供投资者分配的利润。

    2. 第14～16项根据企业性质和具体情况选择填列。

    3. 法定盈余公积金按净利润计提。

3. 财务计划现金流量表

该表反映项目计算期内各年的投资、融资及经营活动的现金流入和流出，用于计算累计盈余资金，分析项目的财务生存能力，见表6-8。

财务计划现金流量表（万元）　　　　　　表 6-8

序号	项　　目	合计	计　算　期					
			1	2	3	4	…	n
1	经营活动净现金流量（1.1－1.2）							
1.1	现金流入							
1.1.1	营业收入							
1.1.2	增值税销项税额							
1.1.3	补贴收入							
1.1.4	其他流入							
1.2	现金流出							
1.2.1	经营成本							
1.2.2	增值税进项税额							
1.2.3	营业税金及附加							
1.2.4	增值税							
1.2.5	所得税							
1.2.6	其他流出							
2	投资活动净现金流量（2.1－2.2）							
2.1	现金流入							
2.2	现金流出							
2.2.1	建设投资							
2.2.2	维持运营投资							
2.2.3	流动资金							
2.2.4	其他流出							
3	筹资活动净现金流量（3.1－3.2）							
3.1	现金流入							
3.1.1	项目资本金流入							
3.1.2	建设投资借款							
3.1.3	流动资金借款							
3.1.4	债券							
3.1.5	短期借款							
3.1.6	其他流入							
3.2	现金流出							
3.2.1	各种利息支出							
3.2.2	偿还债务本金							
3.2.3	应付利润（股利分配）							
3.2.4	其他流出							
4	净现金流量（1＋2＋3）							
5	累计盈余资金							

注：1. 对于新设法人项目，本表投资活动的现金流入为零。

2. 对于既有法人项目，可适当增加科目。

3. 必要时，现金流出中可增加应付优先股股利科目。

4. 对外商投资项目应将职工奖励与福利基金作为经营活动现金流出。

4. 资产负债表

用于综合反映项目计算期内各年年末资产、负债和所有者权益的增减变化及对应关系，计算资产负债率，见表6-9。

资产负债表（万元） 表6-9

序号	项 目	合计	计 算 期					
			1	2	3	4	…	n
1	资产							
1.1	流动资产总额							
1.1.1	货币资金							
1.1.2	应收账款							
1.1.3	预付账款							
1.1.4	存货							
1.1.5	其他							
1.2	在建工程							
1.3	固定资产净值							
1.4	无形及其他资产净值							
2	负债及所有者权益（2.4+2.5）							
2.1	流动负债总额							
2.1.1	短期借款							
2.1.2	应付账款							
2.1.3	预收账款							
2.1.4	其他							
2.2	建设投资借款							
2.3	流动资金借款							
2.4	负债小计（2.1+2.2+2.3）							
2.5	所有者权益							
2.5.1	资本金							
2.5.2	资本公积							
2.5.3	累计盈余公积金							
2.5.4	累计未分配利润							

计算指标：
资产负债率（%）

注：1. 对外商投资项目，第2.5.3项改为累计储备基金和企业发展基金。

2. 对既有法人项目，一般只针对法人编制，可按需要增加科目，此时表中资本金指企业全部实收资本，包括原有和新增实收资本。必要时，也可针对"有项目"范围编制。此时表中资本金仅指"有项目"范围的对应数值。

3. 货币资金包括现金和累计盈余资金。

5. 借款还本付息计划表

用于反映项目计算期内各年借款的使用、还本付息，以及偿债资金来源，计算偿债备付率、利息备付率指标，见表 6-10。

借款还本付息计划表（万元）

表 6-10

序号	项　　目	合计	计　　算　　期					
			1	2	3	4	…	n
1	借款 1							
1.1	期初借款余额							
1.2	当期还本付息							
	其中：还本							
	付息							
1.3	期末借款余额							
2	借款 2							
2.1	期初借款余额							
2.2	当期还本付息							
	其中：还本							
	付息							
2.3	期末借款余额							
3	债券							
3.1	期初债务余额							
3.2	当期还本付息							
	其中：还本							
	付息							
3.3	期末债务余额							
4	借款和债券合计							
4.1	期初余额							
4.2	当期还本付息							
	其中：还本							
	付息							
4.3	期末余额							
计算指标	利息备付率（%）							
	偿债备付率（%）							

注：1. 本表与"建设期利息估算表"可合二为一。

　　2. 本表直接适用于新设法人项目，如有多种借款和债券，必要时应分别列出。

　　3. 对于既有法人项目，在按有项目范围进行计算时，可根据需要增加项目范围内原有借款的还本付息计算；在计算企业层次的还本付息时，可根据需要增加项目范围外借款的还本付息计算；当简化直接进行项目层次新增借款还本付息计算时，可直接按新增数据进行计算。

　　4. 本表可另加流动资金借款的还本付息计算。

【例 6.5】　某厂拟建一生产线，设计生产能力为年产某产品 10000 件，经市场调查及技术分析后，得出如下基础数据：

(1) 总投资额为 38000 万元，其中固定资产投资 35000 万元，流动资金 3000 万元。

(2) 生产能力第一年达 90%，年经营成本 9000 万元，销售税金及附加为 720 万元，达到设计生产能力后，年经营成本为 10000 万元，销售税金及附加为 800 万元。

(3) 固定资产折旧按直线法折旧$\left(\text{年折旧额}=\dfrac{\text{固定资产原值}-\text{余值}}{\text{折旧年限}}\right)$，折旧年限为 5 年，5 年后回收固定资产余值 5000 万元并回收流动资金。

(4) 预测销售价格为 2.2 万元/件，假设产品全部销售。

(5) 所得税按下式计算（所得税率为 25%）：

所得税 = (销售收入 - 经营成本 - 销售税金及附加 - 折旧) × 所得税率

(6) 该产品行业基准收益率为 12%，行业基准投资回收期为 4 年。

根据上述资料与数据，要求：

①依表 6-11 格式，作出项目财务现金流量表。

②根据税后财务情况，计算财务净现值 $(i_c=12\%)$、财务内部收益率、静态投资回收期，并判断该项目是否可行。

【解】

(1) 计算固定资产折旧额：

$$\text{年折旧额}=\frac{\text{固定资产原值}-\text{余值}}{\text{折旧年限}}=\frac{35000-5000}{5}=6000\text{ 万元}$$

(2) 计算所得税后，将各值填入表 6-11 中。

项目财务现金流量表（万元）　　　　　　　　　　表 6-11

序　号	年份 项目	1	2	3	4	5
1	现金流入	19800	22000	22000	22000	30000
1.1	销售收入	19800	22000	22000	22000	22000
1.2	回收固定资产余值					5000
1.3	回收流动资金					3000
2	现金流出	48740	12100	12100	12100	12100
2.1	固定资产投资	35000				
2.2	流动资金	3000				
2.3	经营成本	9000	10000	10000	10000	10000
2.4	销售税金及附加	720	800	800	800	800
2.5	所得税	1020	1300	1300	1300	1300
3	净现金流量	-28940	9900	9900	9900	17900
4	累计净现金流量	-28940	-19040	-9140	760	18660

（3）计算财务净现值：

$$FNPV = -28940 \times (P/F,12\%,1) + 9900 \times (P/F,12\%,2) + 9900 \times (P/F,12\%,3)$$
$$+ 9900 \times (P/F,12\%,4) + 17900 \times (P/F,12\%,5)$$
$$= 5546.48 \text{（万元）} > 0$$

（4）计算财务内部收益率

1）计算财务净现值

用试算法计算。根据经验，设 $i=20\%$，有：

$$FNPV = -28940 \times (P/F,20\%,1) + 9900 \times (P/F,20\%,2) + 9900$$
$$\times (P/F,20\%,3) + 9900 \times (P/F,20\%,4) + 17900 \times (P/F,20\%,5)$$
$$= 456.77 \text{（万元）} > 0$$

设 $i=22\%$，有：

$$FNPV = -28940 \times (P/F,22\%,1) + 9900 \times (P/F,22\%,2) + 9900$$
$$\times (P/F,22\%,3) + 9900 \times (P/F,22\%,4) + 17900 \times (P/F,22\%,5)$$
$$= -526.52 \text{（万元）} < 0$$

2）计算内部收益率

$$FIRR = 20\% + \frac{456.77}{456.77 + |-526.52|} \times (22\% - 20\%)$$
$$= 20.93\% > i_c$$

（5）计算静态投资回收期：

由表 6-11 序列 4，有

$$P_t = 4 - 1 + \frac{|-9140|}{9900} = 3.92 \text{ 年} < 4 \text{ 年}$$

由于财务净现值为正，财务内部收益率大于行业基准收益率，且静态投资回收期小于行业基准投资回收期，故认为该项目是可行的。

6.3.3 国民经济评价

国民经济评价是按照经济资源合理配置的原则，用影子价格和社会折现率等国民经济评价参数，从国民经济整体角度考察项目所耗费的社会资源和对社会的贡献，评价投资项目的经济合理性。

1. 国民经济评价的对象

需要进行国民经济评价的项目主要有以下几类：

（1）具有垄断特征的项目；

（2）产出具有公共产品属性的项目；

（3）具有明显外部效果的项目；

（4）国家战略资源的开发项目；

（5）涉及国家经济安全的项目；

（6）受过度行政干预的项目。

2. 国民经济评价参数

国民经济评价参数是国民经济评价的基础。正确理解和使用评价参数，对正确计算费用、效益和评价指标，以及比选优化方案具有重要作用。

（1）社会折现率

社会折现率是用以衡量资金时间价值的重要参数，它根据对我国国民经济运行的实际情况、投资收益水平、资金供求情况、资金机会成本以及国家宏观调控等因素综合确定，可作为经济内部收益率的判别标准。

（2）影子工资

劳动力的影子工资是指建设项目使用劳动力，国家和社会为此付出的代价。影子工资由劳动力的机会成本和劳动力就业或转移而引起的社会资源消耗两部分组成。劳动力的机会成本是建设项目占用的劳动力由于在本项目使用而不能再用于其他地方或享受闲暇而被迫放弃的价值；而社会资源消耗指劳动力转移和就业增加的社会资源消耗，如交通运输费、搬迁费、城市管理费等，这些资源消耗并没有提高职工生活水平。

影子工资可通过财务工资乘以影子工资系数求得。影子工资系数可按相关行业的规定执行。

（3）影子汇率

影子汇率是指单位外汇的经济价值，在项目国民经济评价中，使用影子汇率，是为了正确计算外汇的真实经济价值。影子汇率在国民经济分析中应用的是区别官方汇率的外汇率。官方汇率是本国政府规定的单位外币的国内价格，影子汇率则是外币与本国货币的真实比价。影子汇率取值的高低，直接影响项目（或方案）比选中的进出口抉择，影响对产品进口替代型项目和出口型项目的决策。

影子汇率通过国家外汇牌价乘以影子汇率换算系数求得，影子汇率换算系数是影子汇率与国家外汇牌价的比值。

3. 国民经济评价指标与计算分析

（1）经济内部收益率（EIRR）

经济内部收益率是反映项目对国民经济净贡献的相对指标。它是项目在计算期内各年经济净效益流量的现值累计等于零时的折现率。其表达式为：

$$\sum_{t=1}^{n} (B-C)_t (1+EIRR)^{-t} = 0 \qquad (6\text{-}5)$$

式中　　B——效益流量；

　　　　C——费用流量；

　$(B-C)_t$——第 t 年的国民经济净效益流量；

　　　　n——计算期。

判别准则：经济内部收益率等于或大于社会折现率 i_s，表明项目对国民经济的净贡献达到或超过了要求的水平，这时应认为项目是可以接受的。

（2）经济净现值（ENPV）

经济净现值是反映项目对国民经济净贡献的绝对指标。它是指用社会折现率将项目计算期内各年的净收益流量折算到建设期初的现值之和。其计算式为：

$$ENPV = \sum_{t=1}^{n} (B-C)_t (1+i_s)^{-t} \qquad (6\text{-}6)$$

式中　i_s——社会折现率。

判别准则：经济净现值等于或大于零表示国家拟建项目付出代价后，可以得到符合社会折现率的社会盈余，或除了得到符合社会折现率的社会盈余外，还可以得到以现值计算的超额社会盈余，这时就认为项目是可以接受的。

（3）经济效益费用比（R_{BC}）

经济效益费用比系指项目在计算期内效益流量的现值与费用流量的现值之比，应按下式计算：

$$R_{BC} = \frac{\sum_{t=1}^{n} B_t (1+i_s)^{-t}}{\sum_{t=1}^{n} C_t (1+i_s)^{-t}} \tag{6-7}$$

判别准则：如果经济效益费用比大于1，表明项目资源配置的经济效益达到了可以被接受的水平。

4. 财务评价与国民经济评价的对比分析

财务评价与国民经济评价的相同之处，在于它们都要寻求以最小的投入获得最大的产出，都是在完成市场需求预测、工程技术方案及资金筹措的基础上，通过计算项目建设期、生产期全过程的费用和效益来评价分析工程项目的可行性。

两者的不同之处为：

（1）评价的角度不同。财务评价属于微观经济评价，是站在企业的立场上考察项目的货币收支情况、财务盈利能力及借款偿还能力，它以企业净收入最大化为目标。

国民经济评价属于宏观经济评价，是站在国民经济综合平衡的立场上，考察项目方案的国民经济效益，它以社会资源最优配置、国民收入最大化为目标。

（2）费用和收益的范围不同。在财务评价中，凡是增加企业收入的就是财务收益，凡是减少企业收入的就是财务费用。

在国民经济评价中，凡是增加国民收入的就是国民经济收益，凡是减少国民收入的就是国民经济费用。

财务评价只考虑企业的直接货币效益，而国民经济评价除了考虑项目的直接经济效果外，还要考虑间接效果，考虑项目对全社会的费用与收益状况。

（3）费用和收益的划分不同。财务评价是根据项目的实际收支确定项目的费用和收益，项目的收益仅包括净利润和折旧，而利息、税金则作为项目的费用支出。

国民经济评价时，税金、国内借款利息视为国民经济内部转移支付，不列入项目的费用或收益。

（4）采用的经济评价参数不同。

在我国，财务评价是国民经济评价的基础，国民经济评价是决定建设项目是否可行的主要依据。项目评价的结论可能出现以下四种情况，项目的取舍也因之而异。

1）财务评价与国民经济评价均可行的项目应予通过。

2）财务评价与国民经济评价均不可行的项目应予否定。

3）财务评价可行，国民经济评价不可行的项目，应该否定。必要时可重新考虑方案，进行再设计。

4）财务评价不可行，国民经济评价可行的项目，应考虑给予经济优惠政策。

6.4　建设项目风险分析

重要概念与知识点

(1) 建设项目风险分析的内容：风险识别、风险评估、风险防范对策。

(2) 不确定性分析：

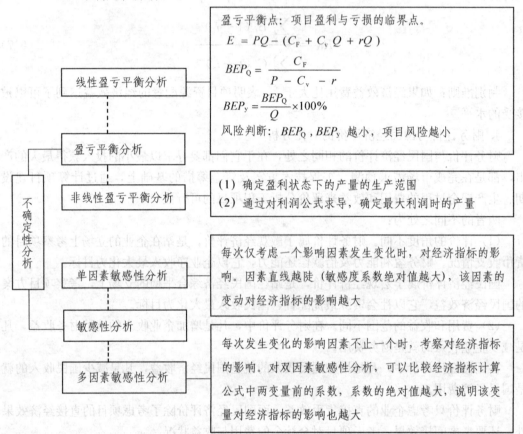

6.4.1　风险分析概述

1. 风险分析与不确定性分析

风险一般是未来发生不利事件的可能性。在建设项目中，风险有政治风险、经济风险、社会风险和工程风险四大类。

由于建设项目经济评价中面临的风险主要是经济风险，本章所论述的风险特指建设项目的经济风险。经济风险是指由于不确定性的存在导致项目实施后不能达到预期财务和经济效益目标的可能性。

建设项目的不确定性一是指影响项目经济效果的各种经济要素（如价格、销售量等）的未来值具有不确定性；二是指测算项目各种经济要素的取值（如投资额、产量等）由于缺乏足够的信息或测算方法上的误差，使得建设项目经济效果评价指标带有不确定性。

不确定性的存在会导致建设项目经济效果评价的预期值与未来的实际值出现偏差。但这种偏差可以好于预期结果，也可以劣于预期结果。而对于特定的预期结果，为了避免投资失误，投资者所关注的是如何对劣于预期结果的可能性进行分析，即对建设项目的风险分析。确切地说，风险具有不确定性，而不确定性不一定就构成风险。

从方法上讲，进行项目的风险分析，一般从盈亏平衡分析入手，进一步进行敏感性分析和概率分析。

2. 风险分析的作用

建设项目风险分析的作用主要体现为：

（1）在可行性研究中，通过进行建设项目风险分析，及时进行信息反馈，改进或优化项目设计，减少投资失误。

（2）在建设项目实施过程中，通过对风险因素的识别，采用定性或定量的方法评估各风险因素发生的可能性及对项目的影响程度，揭示影响项目成败的关键风险因素，提出项目风险的预警、预报和相应的对策，为建设项目服务。

3. 风险分析的内容

建设项目风险分析的内容包括风险识别、风险评估和制定风险防范对策。

（1）风险识别

建设项目风险识别就是要识别影响建设项目结果的各种不确定因素，并从这些因素中找出那些有潜在不利后果的风险因素。

建设项目风险主要来源于宏观经济、市场、项目自身、项目环境这四大方面。常见的风险识别方法有系统分解法、流程图法、头脑风暴法和情景分析法，由于篇幅所限，具体做法可查阅有关书籍。

（2）风险评估

在风险识别的基础上，根据风险对建设项目影响程度和风险发生的可能性，一般可以将风险划分为一般风险、较大风险、严重风险和灾难性风险四个等级。风险评估就是通过特定的风险评估方法，识别出项目面临的主要风险因素及风险等级，以便制定相应的风险对策，减少投资决策的失误。

（3）风险防范对策

1）风险回避。风险回避是彻底规避风险的一种做法，是从根本上放弃使用有风险的方案。需要指出，风险回避对策，在某种程度上意味着丧失项目可能获利的机会，因此只有当风险因素可能造成的损失相当严重或者采取措施防范风险的代价过于昂贵、得不偿失的情况下，才应采用风险回避对策。例如，不在项目实施中采用不成熟的技术，就是一种项目风险回避的措施。

2）风险控制。风险控制也称为风险的减轻与化解，它是对可控制的风险，提出降低风险发生可能性和减少风险损失程度的措施，并从技术和经济结合的角度论证拟采取控制风险措施的可行性与合理性。风险控制是一种主动、积极的风险对策。例如，当施工过程中，可能出现不同工种施工冲突风险，可以采用及时沟通、消除矛盾的方法来解决。

3）风险转移。风险转移是通过某种方式将某种风险的后果连同对风险应对的权力和责任转移给其他人，转移的本身并不能消除风险，只是将风险管理的责任和可能从该风险管理中所能获得的利益转移给了他人，项目管理者不再直接地面对被转移的风险。例如，通过合同或购买保险将项目风险转移给分包商或保险商的办法就属于这类措施。

4）风险自留。风险自留是指将项目风险保留在风险管理主体内部，通过采取内部控制措施等来化解风险或者对这些保留下来的项目风险不采取任何措施。例如，已知有风险存在，但为了获得高额利润回报，甘愿冒险的项目；或者风险损失较小，可以自行承担风险损失的项目，可采取此方法。

6.4.2 盈亏平衡分析

盈亏平衡分析是研究项目投产后正常生产年份的产量、成本、利润三者之间的平衡关系。对于一个工程项目而言，随着产销量的变化，盈利与亏损之间一般至少有一个转折点，这种转折点称为盈亏平衡点。通过考察项目的盈亏平衡点，可以确定项目适应产品变化的能力，判断建设项目在各种不确定性因素作用下的抗风险能力。

6.4.2.1 线性盈亏平衡分析

项目或企业的利润一般由销售收入（R）和总成本（C）决定，而收入和成本都与项目正常生产年份的产品产销量有关。总的销售收入在单位产品价格（P）一定的情况下与产品的产销量（Q）成正比，成本的总额与产销量之间也有着相互依存关系。

产品的成本总额由固定成本（C_F）和变动成本（$C_v \times Q$，其中 C_v 为单位产品变动成本）构成。固定成本总额在一定时间和生产规模内不随产销量变化、保持相对稳定；随产销量的增加，单位产品所负担的固定成本逐渐下降。变动成本的总额随产销量的变化而成比例增减，但单位产品的变动成本保持不变。在计算项目的利润时，还要考虑其产品应缴纳的税金总额（$r \times Q$，r 为单位产品的销售税金及附加、增值税等）。

项目的利润（E）可由下式表示：

$$E = R - C = PQ - (C_F + C_v Q + rQ) \tag{6-8}$$

1. 用产量表示的盈亏平衡点

当盈亏平衡时，企业利润为零，则可得出以下计算公式及盈亏平衡图，如图 6-1 所示。

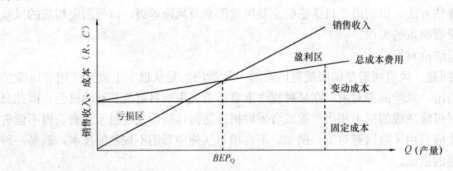

图 6-1 线性盈亏平衡图

$$BEP_Q = \frac{C_F}{P - C_v - r} \tag{6-9}$$

式中 BEP_Q——盈亏平衡点产量，又称保本点产量。

盈亏平衡点 BEP_Q 越小，项目适应市场变化的能力及抗风险能力越强。

2. 用生产能力利用率表示的盈亏平衡点（BEP_y）

当已知保本时的产销量，可计算保本时的生产能力利用率 BEP_y。这个指标表示达到盈亏平衡时实际利用的生产能力占项目设计生产能力的比率。这个比率越小，说明项目适应市场变化和抵御风险的能力越强，反之，企业要利用较多的生产能力才能保本，项目承受风险能力较弱。

用生产能力利用率表示的盈亏平衡点的计算公式为

$$BEP_y = \frac{BEP_Q}{Q_S} \times 100\%$$

$$= \frac{C_F}{PQ_S - C_vQ_S - rQ_S} \times 100\% \qquad (6\text{-}10)$$

式中 Q_S——设计生产能力。

运用盈亏平衡分析，在建设项目选择时，应优先选择盈亏平衡点较低者，盈亏平衡点低意味着项目的抗风险能力较强。

3. 保本最高单位产品成本的确定

在已知项目产品的销量（Q）、单位产品销售价格和固定成本的情况下，可预测保本时的单位变动成本。将其与项目产品实际可能发生的单位产品变动成本相比较，从而判断拟建项目有无成本过高的风险。

$$BEP_C = P - r - \frac{C_F}{Q} \qquad (6\text{-}11)$$

式中 BEP_C——与产销量 Q 对应的单位产品变动成本，也称为保本最高单位产品成本。

4. 保本最低销售价格的确定

当已知项目产品的产销量、单位产品变动成本及固定总成本时，可测算保本时的单位产品销售价格。将其与市场预测价格相比较，可判断拟建项目在产品价格方面能承受的风险。

$$BEP_P = C_v + r + \frac{C_F}{Q} \qquad (6\text{-}12)$$

式中 BEP_P——与产销量 Q 对应的保本单位产品售价，也称保本最低销售价格。

【例 6.6】 某项目年设计生产能力 15 万件，每件产品价格为 600 元，单位变动成本为 200 元，单位产品税金为 100 元，年固定成本为 1800 万元。求：（1）达到设计生产能力时的盈利（即最大利润）是多少？（2）以产量表示的盈亏平衡点和用生产能力利用率表示的盈亏平衡点为多少？（3）年利润为 1500 万元时要求的年产量是多少？（4）当市场需求为 8 万件时，企业可接受的最低销售单价为多少？如保持销售单价不变，则此时可接受的最高单位变动成本为多少？

【解】 （1）最大利润：

$$E = PQ - C_vQ - rQ - C_F$$
$$= 600 \times 15 - 200 \times 15 - 100 \times 15 - 1800 = 2700 \text{ 万元}$$

（2）产量表示的盈亏平衡点：

$$BEP_Q = \frac{C_F}{P - C_v - r} = \frac{1800}{600 - 200 - 100} = 6.0 \text{ 万件}$$

生产能力利用率表示的盈亏平衡点：

$$BEP_y = \frac{BEP_Q}{Q_S} \times 100\% = \frac{6.0}{15} \times 100\% = 40\%$$

（3）年利润为 1500 万元时的年产量：

$$Q = \frac{E + C_F}{P - C_v - r} = \frac{1500 + 1800}{600 - 200 - 100} = 11.0 \text{ 万件}$$

（4）企业可接受的最低销售单价：

$$BEP_P = 200 + 100 + \frac{18000000}{80000} = 525 \text{ 元}$$

企业可接受的最高单位变动成本：

$$BEP_C = 600 - 100 - \frac{18000000}{80000} = 275 \text{ 元}$$

6.4.2.2　非线性盈亏平衡分析

在竞争状态下，随着项目产销量的增加，市场上产品的销售价就要下降，使得销售收入与产销量之间呈非线性关系；同时材料价格、人工费等各种因素的影响，也可以使得产品的总成本与产销量之间为非线性关系，使得产品的盈亏平衡点有一个以上。

【例 6.7】 某项目的年固定成本为 80000 元，单位变动成本为 40 元（已含税金）。每多生产一件产品，单位变动成本可降低 0.01 元；单位销售价格为 100 元，销量每增加一件产品，销售价格下降 0.02 元。试求盈亏平衡点。

【解】 根据题意，有：

单位产品的售价 $P = (100 - 0.02Q)$；

单位产品的变动成本 $C_v = (40 - 0.01Q)$；

盈亏平衡点时，$PQ = C_F + C_vQ$

即 $100Q - 0.02Q^2 = 80000 + (40 - 0.01Q)Q$

$0.01Q^2 - 60Q + 80000 = 0$ 解得：

$$Q_1 = \frac{60 - \sqrt{60^2 - 4 \times 0.01 \times 80000}}{2 \times 0.01} = 2000 \text{ 件}$$

$$Q_2 = \frac{60 + \sqrt{60^2 - 4 \times 0.01 \times 80000}}{2 \times 0.01} = 4000 \text{ 件}$$

绘出非线性盈亏平衡示意图，如图 6-2 所示。可以看出，当产量小于盈亏平衡点 Q_1（2000 件）和大于盈亏平衡点 Q_2（4000 件），销售收入均小于成本，即项目亏损。所以，项目的产量应安排在 Q_1 和 Q_2 之间。

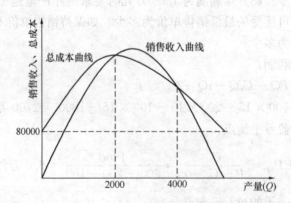

图 6-2　非线性盈亏平衡图

【例 6.8】 某项目所生产的产品的固定成本为 12 万元，单位变动成本为 800 元，产品销售收入（已扣除税金）与销售量的关系为 $R=24000Q^{1/2}$，试确定该产品产量的经济规模区间和最大利润时的销售量（最优规模）。

【解】 （1）求该产品产量的经济规模区间：

$$E=24000Q^{1/2}-120000-800Q$$

当 $E=0$，有 $24000Q^{1/2}-120000-800Q=0$

令：$Q^{1/2}=x$ $800x^2-24000x+120000=0$

即：

$$x^2-30x+150=0$$

$$x_{1,2}=\frac{30\pm\sqrt{30^2-4\times1\times150}}{2\times1}=\frac{30\pm\sqrt{300}}{2}$$

$x_1=23.66$，$Q_1=560$ 件；$x_2=6.34$，$Q_2=40$ 件，绘出经济规模区间与最优规模示意图，如图 6-3 所示。

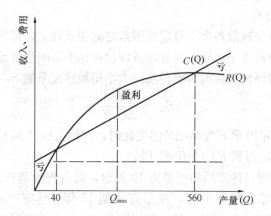

图 6-3 经济规模区间与最优规模示意图

（2）求最大利润时的销售量（Q_{max}）：

令：$E'=0$，$(24000Q^{1/2}-12000-800Q)'=12000Q^{-\frac{1}{2}}-800=0$

有：$Q_{max}=\left(\dfrac{12000}{800}\right)^2=225$ 件

6.4.3 敏感性分析

敏感性是不确定性因素的变动对项目经济评价指标（如内部收益率、净现值、投资回收期等）的影响程度。

敏感性分析是通过分析、预测各种不确定性因素发生变化时对建设项目经济指标的影响，从中找出对经济指标影响程度较大的因素（敏感因素）。

进行敏感性分析可提高对建设项目经济效果评价的准确性和可靠性。通过敏感性分析，可研究相关因素的变动引起经济效果评价指标的变动幅度、区别不同项目方案的敏感性大小，以便选取敏感性小的方案，减小项目的风险性。

敏感性分析的一般程序：

（1）确定敏感性分析指标。敏感性分析指标，就是指敏感性分析的具体对象。常用的敏感性分析的指标有投资回收期、内部收益率、投资利润率、净现值等。

（2）选取不确定因素，设定其变化幅度和范围。所谓不确定因素，是指在预计的可能变化范围内将较强影响经济效益指标值，或在确定性经济评价中所用数据的准确性把握不大的因素。如产品销量、售价、经营成本、项目建设年限、折现率、投资额等。例如，对于产品主要供应国际市场的项目，产品销售受国际市场供求的影响大，且难以控制，因此产品销售量将构成项目的不确定因素，需重点加以分析。

（3）计算不确定因素的变动对分析指标的影响程度。计算方法是在固定其他变量因素的条件下，按预定的变化幅度来变动某些不确定因素，计算其变动对经济评价指标的影响程度（变化率），并按对应关系，绘成图或列成表。

（4）找出敏感因素。根据不确定因素的变动幅度与经济评价指标变动率的一一对应关系，可比较出对经济评价指标影响最强的因素，即为项目建设项目的敏感因素。在实际工作中，可运用敏感性分析图来显示敏感因素，直观明了。

（5）综合分析，选择敏感程度小的方案。

敏感性分析可以分为单因素敏感性分析和多因素敏感性分析。

1. 单因素敏感性分析

单因素敏感性分析是假设各个不确定性因素之间相互独立，每次只考察一个因素，其他因素保持不变，以分析这个可变因素对经济评价指标的影响程度或敏感程度。

不确定因素对经济评价指标的影响程度的大小用敏感度系数 S_K 表示，计算公式为：

$$S_K = \frac{\Delta A/A}{\Delta F/F} \tag{6-13}$$

式中　$\Delta A/A$——不确定因素 F 发生 ΔF 的变化时，评价指标 A 的相应变化率（%）；

$\Delta F/F$——不确定因素 F 的变化率（%）。

【例 6.9】　某建设项目达产后年产量为 10 万台，每台售价 800 元，单台成本 500 元，项目投资 8800 万元，综合税率 10%，项目寿命期 15 年。选定产品售价、投资、成本、产量四个变量因素，各按 ±10% 和 ±15% 的幅度变动，试对该项目的投资利润率作敏感性分析。

【解】　投资利润率计算公式为：

$$投资利润率 = \frac{年产品销售收入 - 年总成本 - 年税金}{全部投资} \times 100\%$$

根据题目给定数据分别计算四个不确定性变量因素的不同变动幅度对投资利润率的影响程度。计算结果见表 6-12。敏感性分析示意图如图 6-4 所示。

敏感性分析表　　　　　　　　　　表 6-12

项目		年产量	单价	产品销售收入	年总成本	年税金	全部投资	年利润	投资利润率	敏感度系数
单位		万台	元	万元	万元	万元	万元	万元	%	/
		①	②	③=①×②	④	⑤=③×10%	⑥	⑦=③-④-⑤	⑧=⑦/⑥	⑨
基本方案		10	800	8000	5000	800	8800	2200	25.00	
价格因素变动	−15%	10	680	6800	5000	680	8800	1120	12.73	+3.27
	−10%	10	720	7200	5000	720	8800	1480	16.82	+3.27
	+10%	10	880	8800	5000	880	8800	2920	33.18	+3.27
	+15%	10	920	9200	5000	920	8800	3280	37.27	+3.27

项目		年产量	单价	产品销售收入	年总成本	年税金	全部投资	年利润	投资利润率	敏感度系数
单位		万台	元	万元	万元	万元	万元	万元	%	γ
		①	②	③=①×②	④	⑤=③×10%	⑥	⑦=③-④-⑤	⑧=⑦/⑥	⑨
投资因素变动	−15%	10	800	8000	5000	800	7480	2200	29.41	−1.18
	−10%	10	800	8000	5000	800	7920	2200	27.78	−1.11
	+10%	10	800	8000	5000	800	9680	2200	22.73	−0.91
	+15%	10	800	8000	5000	800	10120	2200	21.74	−0.87
成本因素变动	−15%	10	800	8000	4250	800	8800	2950	33.52	−2.27
	−10%	10	800	8000	4500	800	8800	2700	30.68	−2.27
	+10%	10	800	8000	5500	800	8800	1700	19.32	−2.27
	+15%	10	800	8000	5750	800	8800	1450	16.48	−2.27
产量因素变动	−15%	8.5	800	6800	4250	680	8800	1870	21.25	+1.00
	−10%	9	800	7200	4500	720	8800	1980	22.50	+1.00
	+10%	11	800	8800	5500	880	8800	2420	27.50	+1.00
	+15%	11.5	800	9200	5750	920	8800	2530	28.75	+1.00

从表6-12和图6-4可以看出：价格因素为最敏感因素，只要销售价格增长（或降低）1%，投资利润率可增长（或降低）3.27%。

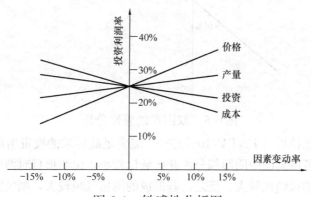

图6-4 敏感性分析图

进行单因素敏感性分析时，因素直线越陡，即因素直线的斜率的绝对值越大，该因素的变动对经济指标的影响越大。

2. 多因素敏感性分析

如果考虑每次变动的风险因素超过一个，这就成为了多因素敏感性分析。多因素敏感性分析就是要考虑各种风险因素可能发生的不同变化幅度的多种组合。多因素的组合关系有多种，分析起来非常困难，通常情况下，多因素敏感性分析都假定同时变动的因素是相互独立的。

【例 6.10】　某项目固定资产投资为 1500 万元、年销售收入为 300 万元、年经营费用 45 万元、项目寿命期为 10 年、固定资产残值为 50 万元、基准收益率（i_c）为 10%。试对该项目的净现值进行敏感性分析（关键的不确定因素为投资和年销售收入）。

【解】　设 X 表示投资变化率，Y 表示年销售收入变化率，则：

$$FNPV(10\%) = -1500(1+X) + 300(1+Y) \times (P/A,10\%,10)$$
$$-45(P/A,10\%,10) + 50(P/F,10\%,10)$$
$$= 86.15 - 1500X + 1843.38Y$$

如果 $FNPV(10\%) \geqslant 0$，则：

$$86.15 - 1500X + 1843.38Y \geqslant 0$$

化简得：
$$Y \geqslant -0.0467 + 0.8138X$$

把上述不等式绘于投资变化率 X 和年销售收入变化率 Y 的二维平面图上，如图 6-5 所示，直线 $Y = -0.0467 + 0.8138X$ 为临界线，即 $FNPV(10\%) = 0$，临界线以上的区域 $FNPV(10\%) > 0$；临界线以下的区域 $FNPV(10\%) < 0$。

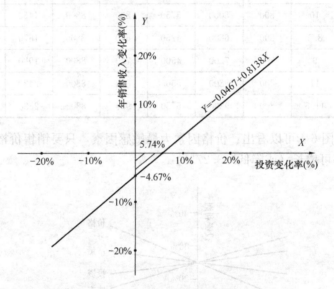

图 6-5　双因素敏感性分析

本例题中，要保持项目 $FNPV(10\%) \geqslant 0$，能满足此要求的投资增加变化率、年销售收入减少变化率的范围为图中阴影部分，此区域比较小，说明项目对两个影响因素的变动都较为敏感，项目的风险比较大。反之，若形成的阴影区域较大，则风险较小。

由公式 $FNPV(10\%) = 86.15 - 1500X + 1843.38Y$ 还可以看出，Y 的系数为 1843.38，X 的系数为 -1500，即销售收入增加 1%，$FNPV$ 增加 18.43 万元，投资增加 1%，$FNPV$ 减少 15 万元；项目对年销售收入的变化更为敏感。因此，进行双因素敏感性分析时，可以比较经济指标计算公式中两变量前的系数，系数的绝对值越大，说明该变量对经济指标的影响也越大。

如果把同时发生变化的因素扩大到 3 个，则需要列出三维的敏感性分析数学表达式，也可以用降维的方法来简单地表示。

通过敏感性分析，可以在众多的不确定因素中找出影响项目总体目标的关键风险因素，使项目的风险管理人员将注意力集中于这些关键因素，以减少项目的风险，但敏感性分析不能提供项目盈利变化的可能性大小，无法对项目的风险进行定量描述。如果要进行定量的分析，则需采用概率分析方法。

6.4.4 概率分析

概率分析利用概率理论定量研究不确定性因素的随机变动对项目经济效益的影响，以判定项目方案可能发生的风险程度。

概率分析的具体方法是确定影响项目方案经济效果的每一关键变量的可能变化范围，以及在此变化范围内变量的每一个可能值出现的概率，再通过期望值计算，得出定量分析的结果，优选出最佳项目方案，或者通过模拟试验，测算项目方案经济效益指标的概率分布，说明项目方案各种获利水平发生的可能性大小，为决策提供科学依据。具体分析方法，可见有关参考书籍。

6.5 可行性研究经济评价案例

本案例以某住宅小区开发的可行性研究为例，介绍可行性研究经济评价方法的应用。需要注意的是，本案例表格的列项仅为常用的列项，在实际工作中，应按当地有关部门的规定列项。

1. 项目概况

某房地产开发商拟在某城市某新区建设一高档住宅小区，包括多层住宅和电梯公寓。

地块东至祥和路、南至春河路、西至川溪路、北至泰升路。地块由祥和路分为东西两块，地块总用地面积为 133854.00 平方米。目前项目地块已完成拆迁。

该项目所在周边主要为居住区，如叠翠苑、翡翠苑、学府苑等商品房，此外还有高档住宅小区——城市花园别墅。附近区域范围内各种商业配套以及公共交通线路尚未完全形成。规划中还会开通 1 条到达该区域的汽车线路，届时，交通环境还会得到改善。

2. 方案的主要技术参数与工期

（1）建设方案

地块总用地面积为 200.78 亩（133854.00 平方米），其中，规划建设用地面积 166.59 亩（111060.56 平方米），代征地面积 34.19 亩（22793.44 平方米）为城市道路及绿化用地。详见表 6-13。主要建筑物为 6 层的多层住宅和高层电梯公寓，其中多层建筑占 40%，高层建筑占 60%。

建设总用地规划表　　　　　　　　　　　　　　　　　　　　表 6-13

1	规划总用地	200.78 亩	133854.00 平方米
1.1	规划建设用地	166.59 亩	111060.56 平方米
1.2	代征地	34.19 亩	22793.44 平方米

（2）主要技术参数

依据规划要求，设计方案的主要技术参数见表 6-14。

技 术 参 数 表   表 6-14

1	总建筑面积	310970m²
1.1	六层多层住宅建筑面积	124388m²
1.2	高层电梯公寓建筑面积	186582m²
2	停车位数量	2200 个
3	绿化率	≥35%
4	建筑密度	≤33%
5	容积率	2.8

（3）建设与销售期

预计建设期 2 年，销售期 3 年，共计 5 年。

3. 建设投资估算

项目总投资估计为 71753 万元，包括土地费用、建安工程费、与项目建设有关的其他费用、预备费、建设期利息等，见表 6-15。

建设投资估算表   表 6-15

序号	工程或费用名称	单价（元/m²）	工程量（m²）	总价（万元）	备 注
1	土地费用				
1.1	土地出让金			15226.33	
1.2	手续费及税金	200	111060.56	2221.21	
1.3	土地开发费	19.85	111060.56	220.46	
	第一部分小计			17668.00	
2	建安工程费用				
2.1	总体工程（配套公共建筑，附属工程费）	200	111060.56	2221.21	
2.2	高层电梯公寓	1350	186582	25188.57	
2.3	6 层多层住宅	1000	124388	12438.80	
	第二部分小计			39848.58	
3	与建设有关的其他费用	250	310970	7774.25	
4	预备费用			3333.60	
5	建设投资合计（1+2+3+4）	2206.79	310970	68624.43	
6	建设期利息			3128.57	
7	项目总投资（5+6）			71753.00	

4. 资金筹措

（1）资本金

按照国家有关规定，本项目资本金（或自有资金）需达到项目总投资的 35%。项目资本金为：

$$71753 \times 35\% = 25113.55 \text{ 万元}$$

（2）建设项目的其他资金

本项目的总投资中除资本金外尚需资金为：

$$71753 - 25113.6 = 46639.45 \text{ 万元}$$

不考虑预售资金，这部分资金将全部通过银行贷款的形式解决。

（3）银行的贷款分两次投入，建设期的第 1 年投入贷款总额的 60%，第 2 年投入贷款总额的 40%，贷款利息按照年利率 6% 计算。从项目第 3 年开始还款，第 3～4 年，每年末偿还第 2 年末贷款余额（简称还款周期本金）的 45%，并支付当年应付利息。第 5 年偿还第 2 年末贷款余额的 10%，并还清当年应付利息。项目的借款还本付息计划表见表 6-16。

借款还本付息计划表（万元） 表 6-16

序号	项 目	合计	计 算 期				
			1	2	3	4	5
1	期初贷款余额		0.00	28823.18	49768.02	27372.41	4976.80
1.1	当期贷款	46639.45	27983.67	18655.78	0.00	0.00	0.00
1.2	当期应计利息		839.51	2289.06	2986.08	1642.34	298.61
2	还本付息						
	其中：还本	49768.02	0.00	0.00	22395.61	22395.61	4976.80
	付息	4927.03			2986.08	1642.34	298.61
3	期末贷款余额		28823.18	49768.02	27372.41	4976.80	0.00
计算指标	利息备付率（%）				20.33	31.98	41.27
	偿债备付率（%）				2.39	1.80	1.77

注：1. 偿还本金是指偿还建设期末的贷款余额的规定比例数。
2. 利息备付率和偿债备负率计算由本表及表 6-19 数据计算而得。

5. 项目成本测算

（1）建设投资。建设投资为 68624.43 万元，建设期分年度投入，第 1 年投入 55%，第 2 年投入 45%。

（2）销售费用。销售费用为销售收入的 2.5%，总费用为 3526.38 万元，于第 3～5 年投入，分别占：50%、30%、20%。

（3）管理费用。管理费用为销售收入的 3.0%，总费用为 4231.65 万元，于第 3～5 年投入，分别占：40%、30%、30%

成本费用表见表 6-17。

成本费用表（万元） 表 6-17

序号	项 目	合计	第1年	第2年	第3年	第4年	第5年
1	总投资	71753.00	38582.95	33170.05	0.00	0.00	0.00
1.1	建设投资	68624.43	37743.44	30880.99	0.00	0.00	0.00
1.2	建设期利息	3128.57	839.51	2289.06	0.00	0.00	0.00
2	经营费用	7758.03	0.00	0.00	3455.85	2327.41	1974.77
2.1	销售费用	3526.38	0.00	0.00	1763.19	1057.91	705.28
2.2	管理费用	4231.65	0.00	0.00	1692.66	1269.50	1269.50
3	利息	4927.03	0.00	0.00	2986.08	1642.34	298.61
4	成本费用小计	84438.06	38582.95	33170.05	6441.93	3969.75	2273.38

6. 项目销售收入测算

(1) 销售价格。本项目销售价格如下：

1) 高层电梯公寓。高层电梯公寓的销售面积为 186582 平方米，具体销售价格预定为：项目建成后，第 1 年销售价为 4000 元/平方米，第 2 年销售价为 4300 元/平方米，第 3 年销售价为 4500 元/平方米。

2) 六层的多层建筑。六层多层住宅的销售面积为 124388 平方米，具体销售价格预定为：项目建成后，第 1 年销售价为 3500 元/平方米，第 2 年销售价为 3800 元/平方米，第 3 年销售价为 4000 元/平方米。

3) 车位。车位价格按照 8 万元/个计算。

(2) 销售进度。本项目销售进度按照如下安排：

第 1 年：销售比例 50%，车位 1100 个；

第 2 年：销售比例 40%，车位 880 个；

第 3 年：销售比例 10%，车位 220 个。

(3) 销售收入的测算。根据开发经营方案的设定，项目的销售收入见表 6-18。

销售收入表（万元）

表 6-18

序号	项 目	合计	第 1 年	第 2 年	第 3 年	第 4 年	第 5 年
1	高层电梯公寓销售收入						
1.1	销售比例	100%	0%	0%	50%	40%	10%
1.2	销售面积	186582.00	0.00	0.00	93291.00	74632.80	18658.20
1.3	销售单价				0.40	0.43	0.45
1.4	销售收入 (1.2×1.3)	77804.69	0.00	0.00	37316.40	32092.10	8396.19
2	6 层多层住宅销售收入						
2.1	销售比例	100%	0%	0%	50%	40%	10%
2.2	销售面积	124388.00	0.00	0.00	62194.00	49755.20	12438.80
2.3	销售单价				0.35	0.38	0.40
2.4	销售收入 (2.2×2.3)	45650.40	0.00	0.00	21767.90	18906.98	4975.52
3	车位销售收入						
3.1	销售数量（个）	2200	0.00	0.00	1100	880	220
3.2	销售单价				8.00	8.00	8.00
3.3	销售收入 (3.1×3.2)	17600.00	0.00	0.00	8800.00	7040.00	1760.00
4	销售收入小计 (1.4+2.4+3.3)	141055.09	0.00	0.00	67884.30	58039.08	15131.71

7. 项目利润测算

(1) 营业税金及附加。营业税金及附加按照销售收入的 5.5% 计算，总金额为 7758.03 万元。

（2）所得税。所得税率按 25％计算。具体利润计算见表 6-19。

利润与利润分配表（万元）　　　　　　　　　表 6-19

序号	项　　目	合计	计　　算　　期				
			1	2	3	4	5
1	销售收入	141055.09	0.00	0.00	67884.30	58039.08	15131.71
2	总成本费用	84438.06	38582.95	33170.05	6441.93	3969.75	2273.38
3	销售税金及附加	7758.03	0.00	0.00	3733.64	3192.15	832.24
4	利润总额（1－2－3）	48859.00	−38582.95	−33170.05	57708.73	50877.18	12026.09
5	弥补以前年度亏损		0.00	38582.95	71753.00	14044.27	
6	应纳税所得额（4－5）	48859.00	−38582.95	−71753.00	−14044.27	36832.91	12026.09
7	所得税	12214.75	0.00	0.00	0.00	9208.23	3006.52
8	净利润（4－7）		−38582.95	−33170.05	57708.73	41668.95	9019.56
9	盈余公积金（10%）				5770.87	4166.89	901.96
10	可供分配利润（8－9）				51937.86	37502.05	8117.61
11	息税前利润（利润总额＋利息支出）	56914.60	−37743.44	−30880.99	60694.81	52519.52	12324.69

注：所得税计算从累计利润总额出现正值的年份开始。

由表 6-19 可以计算出：

项目总投资收益率＝（60694.81＋52519.52＋12324.69）÷3÷71753＝58.32％

项目资本金净利润率＝（57708.73＋41668.95＋9019.56）÷3÷25113.55＝143.88％

8. 项目盈利能力分析

项目投资现金流量见表 6-20，项目资本金现金流量表见表 6-21。

项目投资现金流量表（万元）　　　　　　　　　表 6-20

序号	项　　目	合计	计　　算　　期				
			1	2	3	4	5
1	现金流入	141055.09	0.00	0.00	67884.30	58039.08	15131.71
1.1	销售收入	141055.09	0.00	0.00	67884.30	58039.08	15131.71
2	现金流出	84140.49	37743.44	30880.99	7189.49	5519.56	2807.02
2.1	建设投资	68624.43	37743.44	30880.99	0.00	0.00	0.00
2.2	经营费用	7758.03	0.00	0.00	3455.85	2327.41	1974.77
2.2.1	销售费用	3526.38	0.00	0.00	1763.19	1057.91	705.28
2.2.2	管理费用	4231.65	0.00	0.00	1692.66	1269.50	1269.50
2.3	销售税金及附加	7758.03	0.00	0.00	3733.64	3192.15	832.24
3	所得税前净现金流量（1－2）		−37743.44	−30880.99	60694.81	52519.52	12324.69
4	累计所得税前净现金流量		−37743.44	−68624.43	−7929.62	44589.91	56914.60
	现值系数		0.8929	0.7972	0.7118	0.6355	0.5674
5	所得税前净现值		−33701.11	−24618.33	43202.57	33376.16	6993.03
6	所得税前累计净现值		−33701.11	−58319.44	−15116.87	18259.28	25252.31
7	调整所得税	14228.65	0.00	0.00	0.00	11147.48	3081.17

序号	项 目	合计	计 算 期				
			1	2	3	4	5
8	所得税后净现金流量(3−7)		−37743.44	−30880.99	60694.81	41372.05	9243.52
9	累计所得税后净现金流量		−37743.44	−68624.43	−7929.62	33442.43	42685.95
	现值系数		0.8929	0.7972	0.7118	0.6355	0.5674
10	所得税后净现值		−33701.11	−24618.33	43202.57	26291.93	5244.77
11	所得税后累计净现值		−33701.11	−58319.44	−15116.87	11175.06	16419.83

计算指标:

项目投资财务内部收益率(所得税前)=32.61%

项目投资财务内部收益率(所得税后)=26.33%

项目投资财务净现值(所得税前)=25252.31万元(i_c=12%)

项目投资财务净现值(所得税后)=16419.83万元(i_c=12%)

项目投资回收期(所得税前)=3.15年(静态)

项目投资回收期(所得税后)=3.19年(静态)

项目资本金现金流量表（万元）　　　　　　　　　**表 6-21**

序号	项 目	合计	计 算 期				
			1	2	3	4	5
1	现金流入	141055.09	0.00	0.00	67884.30	58039.08	15131.71
1.1	营业收入	141055.09	0.00	0.00	67884.30	58039.08	15131.71
2	现金流出	107539.41	25113.55	0.00	32571.18	38765.74	11088.94
2.1	项目资本金	25113.55	25113.55	0.00	0.00	0.00	0.00
2.2	借款本金偿还	49768.02	0.00	0.00	22395.61	22395.61	4976.80
2.3	借款利息支付	4927.03	0.00	0.00	2986.08	1642.34	298.61
2.4	经营成本	7758.03	0.00	0.00	3455.85	2327.41	1974.77
2.5	营业税金及附加	7758.03	0.00	0.00	3733.64	3192.15	832.24
2.6	所得税	12214.75	0.00	0.00	0.00	9208.23	3006.52
3	净现金流量(1−2)		−25113.55	0.00	35313.12	19273.34	4042.77

计算指标:

资本金财务内部收益率(%)=42.31%

已知行业规定的基准回收期为 5 年。行业平均资本金收益率为 35%。由表计算的静态与动态盈利能力指标均满足项目要求。

9. 偿债能力

销售期各年利息备付率与偿债备付率计算结果见表 6-16,均满足要求。

10. 项目生存能力分析

项目财务计划现金流量表见表 6-22。由表可知,每年累计盈余资金大于零,项目生存能力较强。

项目财务计划现金流量表（万元）　　　　　表 6-22

序号	项　　目	合计	计　　算　　期				
			1	2	3	4	5
1	经营活动净现金流量（1.1－1.2）	113324.28	0.00	0.00	60694.81	43311.29	9318.18
1.1	现金流入	141055.09	0.00	0.00	67884.30	58039.08	15131.71
1.1.1	营业收入	141055.09	0.00	0.00	67884.30	58039.08	15131.71
1.2	现金流出	27730.81	0.00	0.00	7189.49	14727.79	5813.53
1.2.1	经营成本	7758.03	0.00	0.00	3455.85	2327.41	1974.77
1.2.2	营业税金及附加	7758.03	0.00	0.00	3733.64	3192.15	832.24
1.2.3	所得税	12214.75	0.00	0.00	0.00	9208.23	3006.52
2	投资活动净现金流量（2.1－2.2）	−68624.43	−37743.44	−30880.99	0.00	0.00	0.00
2.1	现金流入	0.00	0.00	0.00	0.00	0.00	0.00
2.2	现金流出	68624.43	37743.44	30880.99	0.00	0.00	0.00
2.2.1	建设投资	68624.43	37743.44	30880.99	0.00	0.00	0.00
3	筹资活动净现金流量（3.1－3.2）	17057.95	53097.22	18655.78	−25381.69	−24037.95	−5275.41
3.1	现金流入	71753.00	53097.22	18655.78	0.00	0.00	0.00
3.1.1	项目资本金流入	25113.55	25113.55	0.00	0.00	0.00	0.00
3.1.2	建设投资借款	46639.45	27983.67	18655.78	0.00	0.00	0.00
3.2	现金流出	54695.05	0.00	0.00	25381.69	24037.95	5275.41
3.2.1	各种利息支出	4927.03	0.00	0.00	2986.08	1642.34	298.61
3.2.2	偿还债务本金	49768.02	0.00	0.00	22395.61	22395.61	4976.80
4	净现金流量（1+2+3）		15353.78	−12225.21	35313.12	19273.34	4042.77
5	累计盈余资金		15353.78	3128.57	38441.69	57715.03	61757.80

11. 敏感性分析

影响本项目的财务效益的主要风险因素为总投资额、销售收入，以所得税后的内部收益率、净现值和静态投资回收期为经济指标计算，进行敏感性分析。计算结果见表 6-23。

敏 感 性 分 析 表　　　　　表 6-23

参数	变化率	净现值（万元）	敏感度	内部收益率	敏感度	静态投资回收期	敏感度
基本方案		16419.83		26.33%		3.19	
建设投资变化	20%	6936.49	−2.89	17.21%	−1.73	3.48	0.45
	10%	11678.16	−2.89	21.42%	−1.86	3.34	0.47
	−10%	21161.51	−2.89	32.12%	−2.20	3.03	0.50
	−20%	25903.18	−2.89	39.07%	−2.42	2.90	0.45
销售收入变化	20%	29187.15	3.89	36.61%	1.95	2.94	−0.39
	10%	22803.49	3.89	31.55%	1.98	3.04	−0.47
	−10%	10036.18	3.89	20.92%	2.05	3.36	−0.53
	−20%	3652.52	3.89	15.32%	2.09	3.55	−0.56

从表可以看出：

（1）各经济指标对建设投资和销售收入这两个风险影响因素的敏感程度为：

$$S_{净现值} > S_{内部收益率} > S_{静态投资回收期}$$

（2）销售收入的变化对项目税后净现值的影响明显高于建设投资的变化，应控制好销售价格和产量的制定。

12. 经济评价的结论与建议

（1）结论

1）项目具有较好的盈利能力，税后财务净现值为 16419.83 万元＞0，税后财务内部收益率为 26.33%＞12%，税后静态投资回收期 3.19 年＜5 年。

2）项目具有较好的偿债能力，偿债备付率＞1.7，利息备付率＞20，有足够的资金保证按时偿还债务。

3）项目具有较好的生存能力。本项目在没有考虑预售款的情况下，每年都有充足的盈余资金。

4）综上所述，该项目可行。

（2）建议

1）从计算分析可以看出，销售收入对项目净现值的敏感度大于总投资额的敏感度，应关注项目各年的销售收入能否实现，若能提前项目的销售进度，将降低项目风险。

2）本项目的贷款利息按年利率 6% 计算，如使用商业性贷款，其年利率会高一些，从而增加项目的融资费用，使项目经济效益下降。因此建议开发商力争获得政策性贷款。

3）本项目的销售在一定程度取决于新的公交线的建设，开发商应密切关注，适时调整工程进度与售价。

习　题

一、单选题

1. 详细可行性研究的估算精度是（　　）。

A. 10%　　　　B. 20%　　　　C. 30%　　　　D. 40%

2. 建设工程项目决策阶段可行性研究中，其核心内容是（　　）。

A. 建设项目投资估算　　　　B. 建设项目筹资决策

C. 建设项目经济评价　　　　D. 市场分析与销售策略

3. 项目可行的经济内部收益率标准是（　　）。

A. $\geq i_c$　　　　B. $\leq i_c$　　　　C. $\geq i_s$　　　　D. ≥ 0

4. 某化工项目，设计的年产量为 10 万吨，预计单位产品售价为 500 元/吨（已扣除销售税金及附加、增值税），正常生产年份单位产品变动成本为 300 元/吨，年产量盈亏平衡点为 5 万吨。若单位产品变动成本上升为 340 元/吨，其他数值保持不变，则产量盈亏平衡点的生产能力利用率为（　　）。

A. 29.41%　　　B. 33.33%　　　C. 50.00%　　　D. 62.50%

5. 用于项目财务生存能力分析的指标是（　　）。

A. 项目投资财务净现值　　　　B. 投资各方财务内部收益率

C. 项目偿债备付率　　　　D. 项目净现金流量

6. 以下代表了项目投资应获得的最低财务盈利水平，也是衡量投资项目是否可行的标准是（　　）。

A. 基准收益率　　　　B. 内部收益率

C. 静态收益率　　　　　　　　　　D. 动态收益率

7. 生产能力指数法是根据（　　）来估算拟建项目投资额。

A. 投资估算指标　　　　　　　　　B. 设备费用百分比

C. 已建类似项目的投资额和生产能力　　D. 资金周转速度

8. 下述各项中，不属于不确定分析方法的是（　　）。

A. 敏感性分析　　　　　　　　　　B. 概率分析

C. 功能分析　　　　　　　　　　　D. 盈亏平衡分析

9. 关于线性盈亏平衡分析的论述，下列说法中正确的是（　　）。

A. 盈亏平衡产量越大，抗风险能力就越强

B. 盈亏平衡产量越小，抗风险能力就越强

C. 当实际产量大于盈亏平衡产量时，企业亏损

D. 当实际产量小于盈亏平衡产量时，企业盈利

10. 敏感性分析中临界点的高低与设定的基准收益率有关，对于同一个投资项目，随着设定基准收益率的提高，临界点就会（　　）。

A. 降低　　　　　B. 提高　　　　　C. 不变　　　　　D. 不确定

11. 进行单因素敏感性分析，要假设各个不确定因素之间相互独立，当考察一个因素时，令其余因素（　　）。

A. 由小到大变化　　　　　　　　　B. 由大到小变化

C. 依次变化　　　　　　　　　　　D. 保持不变

12. 下列关于项目盈亏平衡分析的表述正确的是（　　）。

A. 盈亏平衡点要按计算期内各年的平均数据计算

B. 盈亏平衡点只能用生产能力利用率和产量表示

C. 项目决策分析与评价中只能进行线性盈亏平衡分析

D. 用生产能力利用率和产量表示的盈亏平衡点低，表明项目对市场变化的适应能力大

二、多选题

1. 建设投资估算方法包括（　　）。

A. 生产能力指数法　　　　　　　　B. 分项详细估算法

C. 扩大指标估算法　　　　　　　　D. 综合指标投资估算法

E. 比例估算法

2. 下列关于应用生产能力指数法估算化工建设项目投资的说法中，正确的有（　　）。

A. 生产能力指数取值应考虑拟建项目与已建同类项目的投资来源差异

B. 拟建项目与已建同类项目生产能力之比限制在 50 倍以内

C. 应考虑拟建项目与已建同类项目因建设时间不同而导致的价格水平差异

D. 拟建项目与已建同类项目的实施主体必须相同

E. 生产能力指数取值应限制在 1～2 之间

3. 关于敏感性分析，下列说法正确的有（　　）。

A. 敏感度系数是指评价指标变化率与不确定因素变化率之比

B. 敏感度系数越大，项目抗风险的能力越强

C. 敏感度系数越大，项目抗风险的能力越弱

D. 单因素敏感性分析图中，斜率绝对值越大的因素越敏感

E. 敏感性分析仅适用于财务评价

4. 涨价预备费的计算基数包括（　　）。

A. 设备及工器具购置费　　　　　　B. 建筑工程费

C. 安装工程费　　　　　　　　　　D. 工程建设其他费

E. 基本预备费

5. 流动资金的估算方法有（　　　）。

A. 生产能力指数法　　　　　　　　B. 分项详细估算法

C. 扩大指标估算法　　　　　　　　D. 综合指标投资估算法

E. 比例估算法

三、计算题

1. 某企业拟建一个生产性项目，以生产国内某种急需的产品。该项目的建设期为 2 年，运营期为 7 年。预计建设期投资 800 万元（含建设期贷款利息 20 万），并全部形成固定资产。固定资产使用年限 10 年，运营期末残值 50 万元，按照直线法折旧。

该企业于建设期第 1 年投入项目资本金为 380 万元，建设期第 2 年向当地建设银行贷款 400 万元（不含贷款利息），贷款利率 10%，项目第 3 年投产。投产当年又投入资本金 200 万元，作为流动资金。

运营期，正常年份每年的销售收入为 700 万元，经营成本 300 万元，产品销售税金及附加税率为 6%，所得税税率为 33%，年总成本 400 万元，行业基准收益率 10%。

投产的第 1 年生产能力仅为设计生产能力的 70%，为简化计算，这一年的销售收入经营成本和总成本费用均按正常年份的 70%估算。投产的第 2 年及其以后的各年生产均达到设计生产能力。

问题：

（1）计算销售税金及附加和所得税；

（2）按照下表中的格式，编制全部投资现金流量表；

（3）计算项目的动态投资回收期和财务净现值；

（4）计算项目的财务内部收益率（设其在 20%～25%之间）；

（5）从财务评价的角度，分析说明拟建项目的可行性。

某拟建项目财务现金流量表（万元）

序号	项　目	建设期		投　产　期						
		1	2	3	4	5	6	7	8	9
	生产负荷			70%	100%	100%	100%	100%	100%	100%
1	现金流入									
1.1	销售收入									
1.2	回收固定资产余值									
1.3	回收流动资金									
2	现金流出									
2.1	固定资产投资									
2.2	流动资金投资									
2.3	经营成本									
2.4	销售税金及附加									
2.5	所得税									
3	净现金流量									
4	折现系数 $i=10\%$									
5	折现净现金流量									
6	累计折现净现金流量									

注：运营期等于固定资产使用年限时，回收固定资产余值＝回收固定资产残值；运营期小于固定资产使用年限时，回收固定资产余值＝（使用年限－运营期）×年折旧费＋残值。

2. 拟建某工业建设项目，各项数据如下：

(1) 主要生产项目 7400 万元（其中：建筑工程费 2800 万元，设备购置费 3900 万元，安装工程费 700 万元）；

(2) 辅助生产项目 4900 万元（其中：建筑工程费 1900 万元，设备购置费 2600 万元，安装工程费 400 万元）；

(3) 公用工程 2200 万元（其中：建筑工程费 1320 万元，设备购置费 660 万元，安装工程费 220 万元）；

(4) 环境保护工程 660 万元（其中：建筑工程费 330 万元，设备购置费 220 万元，安装工程费 110 万元）；

(5) 总图运输工程 330 万元（其中：建筑工程费 220 万元，设备购置费 110 万元）；

(6) 服务性工程建筑工程费 160 万元；

(7) 生活福利工程建筑工程费 220 万元；

(8) 厂外工程建筑工程费 110 万元；

(9) 工程建设其他费用 400 万元；

(10) 基本预备费费率为 10%；

(11) 建设期各年涨价预备费费率为 6%；

(12) 建设期为 2 年。每年建设投资相等。建设资金来源为：第 1 年贷款 5000 万元，第 2 年贷款 4800 万元，其余为自有资金。贷款年利率为 6%（每半年计息一次）；

试对该建设项目进行固定资产投资估算。

3. 某项目的销售收入与产销量之间的关系为 $B = -2Q^2 + 7020Q$，总成本与产销量之间的关系为 $C = 3Q^2 + 4080Q + 250000$，求以产销量表示的盈亏平衡点，做出生产安排。

4. 某建设项目设计生产能力为 4 万件，预计单位产品的变动成本为 90 元，售价为 200 元，单位产品税金为 42 元，年固定成本为 120 万元，求：

(1) 该企业盈亏平衡时的年产量和年销售收入、生产能力利用率。若达到设计生产能力，每年可获利多少？

(2) 假设市场售价下降 8% 时，在设计生产能力的产量下，可以接受的最高单位变动成本是多少？

5. 某项投资项目的主要参数估计值为：初始投资 1500 万元，寿命为 6 年，残值为 50 万元，年收入为 650 元，年支出为 250 元，投资收益为 10%。

(1) 试计算敏感度系数，分析该项目财务净现值对投资、年销售收入和年经营成本变动 ±20%、±10% 时的敏感性；

(2) 分析财务净现值对在投资和年经营成本同时变动时的敏感性。

6. 某企业根据批准的项目建设书，拟建一个钢筋混凝土构件厂，项目总投资为 3400000 元，其中第一年 800000 元，第二年 2600000 元，第三年初正式投产。投产后即能达到 10000m³ 的设计能力，每 m³ 销售价格为 366 元，变动费用 200 元，包括投资借款利息在内的年固定费用总额为 736000 元。该项目的经济寿命期为 10 年，最后一年可回收自有固定资产投资 1200000 元，回收流动资产投资 200000 元，回收固定资产余值 16.4 万元，该部门基准投资收益率（按照税前利润计算）为 20%。有关其他资料见下表。

(1) 将表中需要计算的项目填入表中；

(2) 计算该投资项目的净现值和内部收益率；

(3) 作出方案是否可取的评价；

(4) 计算盈亏平衡点，并对计算结果进行评述。

年　份	资金流入量	资金流出量	净资金流量	折现率 20%		折现率 25%	
				折现系数	折现值	折现系数	折现值
1	0	800000		0.8333		0.8000	
2	0	2600000		0.6944		0.6400	
3	3660000	2736000		0.5787		0.5120	
4	3660000	2736000		0.4823		0.4096	
5	3660000	2736000		0.4019		0.3277	
6	3660000	2736000		0.3349		0.2621	
7	3660000	2736000		0.2791		0.2097	
8	3660000	2736000		0.2326		0.1678	
9	3660000	2736000		0.1938		0.1342	
10	3660000	2736000		0.1615		0.1074	
11	3660000	2736000		0.1346		0.0859	
12				0.1122		0.0687	
合计							

第7章 建设项目设计阶段经济评价与方法

设计方案的优劣，对建设项目经济效果会产生极大的影响。一般建设工程的设计费用仅占项目全寿命费用的1%左右，但对工程造价的影响程度可高达75%，而且还会直接影响项目运营阶段的费用高低，因此，设计阶段的经济评价是一项十分重要的工作。

7.1 设计阶段经济评价概述

重要概念与知识点

(1) 设计标准：是国家经济建设的重要技术规范，是进行工程建设勘察、设计、施工及验收的重要依据。

(2) 标准设计：指在项目设计中，在一定范围内，采用通用的标准图进行设计。

(3) 常用的民用建筑设计方案的技术经济评价指标：建设用地面积、总建筑面积、容积率、建筑密度、绿化率等。

7.1.1 设计标准与标准设计

1. 设计标准

设计标准是国家经济建设的重要技术规范，是进行工程建设勘察、设计、施工及验收的重要依据。各类建设的设计部门制定与执行相应的不同层次的设计标准规范，对于提高项目设计阶段的投资控制水平是十分必要的。

设计标准可以对建设工程规模、内容、建造标准进行控制，保证工程的安全性和预期的使用功能，提供设计所必要的指标、定额、计算方法和构造措施，从而降低工程造价、减少设计工作量、提高设计效率、加快项目建设速度。

2. 标准设计

标准设计指在项目设计中，在一定范围内，采用通用的标准图进行设计。据统计，采用标准设计一般可加快设计进度1~2倍，节约建设投资10%~15%。

在设计阶段，对于重复建造的建筑类型及生产能力相同的工业企业、单独的房屋构筑物均提倡采用标准设计或通用设计。如对不同的建筑物，尽量采用统一的建筑模数、建筑标准、设计规范、技术规定等进行设计。若房屋或构筑物整体不便定型化时，应将其中重复出现的建筑单元、房间和主要的结构节点构造，在构配件标准化的基础上定型化。建筑物和构筑物的柱网、层高及其他构件参数尺寸应力求统一化，在基本满足使用要求和修建条件的情况下，尽可能具有通用互换性。

标准设计可加快提供设计图纸的速度、缩短设计周期、节约设计费用；有利于工艺定型、提高劳动生产率和节约材料，降低建设投资；可加快施工准备和订制预制构件等项工作，并能使施工速度大大加快，既有利于保证工程质量，又能降低建筑安装工程费用。标准设计按通用性条件编制、按规定程序审批，可供重复使用，做到既经济又优质，便于工业化生产，并可密切结合技术发展水平，合理利用资源和材料设备。

7.1.2　设计阶段经济评价指标

在建设项目的设计阶段，不同的项目其经济评价指标不尽相同。

1. 工业建筑设计方案的技术经济评价指标

工业建筑涉及的行业较多，设计方案的技术经济指标也有其独特性。但一般可分为以下三类。

（1）总体设计方案技术经济分析指标。包括项目总投资、单位生产能力投资、建设工期、劳动生产率及生产成本等。

（2）总平面设计技术经济分析指标。包括建筑系数、场地利用系数、工程量以及其他经营指标等。

（3）工业建筑方案技术经济分析指标。包括工期、单方造价以及与工艺设计方案有关的指标，如单位设备所占面积、单位面积年产量、单位设备年产量、设备平均负荷率、单位产品劳动消耗量和年人均产量等。

2. 民用建筑设计方案的技术经济评价指标

最常用的民用建筑设计方案的技术经济评价指标包括规划建设用地面积、总建筑面积、容积率、建筑密度、绿化率等。

规划建设用地面积：指城市规划行政主管部门确定的建设用地红线所围合的用地水平投影面积，不包括代征地的面积。

总建筑面积：在建设用地范围内单栋或多栋建筑物地面以上及地面以下各层建筑面积之总和。

建筑容积率：指项目用地范围内总建筑面积与项目总用地面积的比值。

建筑密度：指项目用地范围内所有建筑的基底总面积与规划建设用地面积之比；

绿化率：项目规划建设用地范围内的绿化面积与规划建设用地面积之比。

此外，建筑高度、建筑层数、停车位等，也是进行设计时常考虑的经济评价指标。

7.1.3　设计方案经济评价的目的

进行技术经济评价时，应以建筑方针为依据，遵守经济评价的基本原则。方案评价要做到局部经济效果服从全局经济效果；既要看到建设时期的经济效果，也要看到投产使用期内的经济效果；既要重视经济效果，也要重视社会效果；既要进行定性分析，又要进行定量分析，同时还要进行综合评价。

设计方案的技术经济评价的目的在于论证方案在技术上是否可行，在功能上是否满足需要，在经济上是否合理，了解经济效益的高低情况，从而选择最优设计方案，提高工程建设投资效果。

7.2　限　额　设　计

1. 限额设计及其目标设置

采用限额设计是建设项目投资控制及有效使用建设资金的重要措施。所谓限额设计，就是按照批准的可行性研究报告的投资估算控制初步设计，按批准的初步设计总概算控制施工图设计；同时各专业在保证达到使用功能的前提下，按分配的限额控制设计，严格控制技术设计和施工图设计的不合理变更，保证投资总额不被突破。限额设计的控制对象是影响工程设计静态投资的项目。

限额设计要能顺利实行，重要的是限额设计的目标设置应具有科学性和严肃性。即限额目标要按科学方法制定，实事求是。可适当加深可行性研究报告的深度，在充分调查研究的基础上，全面分析和论证，确定实施方案的各项经济指标。

2. 限额设计的纵向控制

限额设计的纵向控制是指从可行性研究、初步勘察、初步设计、详细勘察、技术设计直到施工图设计的全过程的限额设计。

在可行性研究阶段建设项目的总负责人要把可行性研究报告中的设计原则及各项经济控制指标分专业告知设计人员，以便设计人员分析可行性研究报告中投资限额实现的可能性，并在初步设计中提出多方案进行比较。在施工图设计中由于工作的进一步深入细致，会对初步设计做少量变更，根据设计变更原则，要将施工图的设计造价严格控制在批准的概算以内。这就要求加强设计变更的管理工作，对肯定要发生的变更，应尽量提前实现。

3. 限额设计的横向控制

限额设计的横向控制主要靠健全和加强设计单位对建设单位以及设计单位内部的经济责任制，正确处理责、权、利三者之间的关系。设计开始前要按照设计过程的估算、概算、预算将工程投资按专业进行分配，并分段考核，建立明确的奖惩制度，提高设计人员的积极性。横向控制是纵向控制得以实施的保证措施。

4. 限额设计的不足

限额设计的不足主要表现在以下方面：

（1）由于限额设计强调将工程造价严格控制在最初的估算之内，因而可能会导致忽视为提高功能而稍微增加工程造价带来的后期效益。

（2）限额设计中的限额仅仅是就工程建设过程中发生的资金活动而言，即控制工程估算、设计概算及施工图预算，但是工程投入生产或使用后的维修类费用没有限制，因此可能会出现建设初期投资合理，但工程全寿命周期费用不合理的现象。

（3）限额设计的理论及操作技术有待进一步改善和完善。

7.3 价值工程

重要概念与知识点

（1）价值工程基本公式 $V=\dfrac{F}{C}$

方案择优时，应选择价值系数较大的方案作为最佳方案。

（2）强制确定法选择价值工程分析对象的步骤：

①给方案各主要部件（或功能）评分；

②计算功能评价系数 $F=\dfrac{某部件（或功能）得分值}{方案各部件（或功能）总得分值}$

③计算成本系数　$C=\dfrac{\text{某部件（或功能）成本}}{\text{方案各部件（或功能）总成本}}$

④计算价值系数，一般应选择价值系数小的部件作为改善对象。

（3）成本控制步骤：

①按限额设计确定方案的目标成本；

②确定方案各功能的目前成本；

③确定某功能的目标成本：

某功能的目标成本＝方案目标成本×该功能的功能系数；

④确定成本降低值：某功能成本降低期望值＝某功能目前成本－某功能目标成本。

7.3.1　价值工程基本原理

1. 价值工程的基本概念

价值工程是一门致力于提高产品或系统功能，降低产品或系统成本，从而以最低寿命周期成本来可靠地实现用户所要求功能的技术与经济相结合的一种科学分析手段。通过运用价值工程的原理和方法，对工程建设方案进行技术经济评价和比较，可以达到减少资源消耗，提高经济效益的目的。

价值工程的定义式为：

$$V = \frac{F}{C} \tag{7-1}$$

式中　V——价值；

　　　F——功能；

　　　C——寿命周期成本。

（1）价值。

价值工程中的"价值"是指"对象所具有的功能与获得该功能的全部费用之比"，它是一种相对价值，对象的功能越大，成本越低，价值就越大。

（2）功能。

功能是指"对象能够满足某种需求的一种属性"。就建筑产品而言，功能是某一建筑产品区别于另一建筑产品的主要划分标准，是建筑产品内在的本质表现。就用户而言，表面上用户需求某种产品，实质是需求它所提供的某种功能。比如，人们需求住宅，实质是需求住宅能"提供居住空间"的功能。从这个意义上说，施工企业所生产的实际上是功能，用户所购买的实际上也是功能。

（3）寿命周期成本。

建设项目寿命周期成本是指从项目构思到项目建成投入使用直至报废全过程所发生的一切可直接体现为资金耗费的投入的总和。

在价值工程的运用中，V、F、C都用系数的形式表示。

2. 价值工程的特点

（1）价值工程的目标是以最低的寿命周期成本，使对象具备必须具备的功能水平。寿命周期成本、建设成本、使用成本与功能水平的关系如图7-1所示。从图可知，当功能水平适当（F_0），对应的寿命周期成本最低。

（2）价值工程的核心是对对象进行功能分析。通过功能分析，可以区分对象的必要功能和不必要功能、主要功能和辅助功能，保证必要功能，取消不必要功能，降低产品成本，严格按用户的需求来设计产品。

（3）价值工程将产品价值、功能和成本作为一个整体同时来考虑。兼顾生产者和用户的利益，创造出总体价值最高的产品。

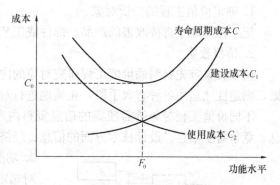

图 7-1 寿命周期成本与功能的关系

（4）价值工程强调不断改革和创新。

（5）价值工程要求将功能转化为能够与成本直接相比的量化值。

（6）价值工程分析是以集体的智慧开展的有计划、有组织的管理活动。

3. 提高价值的途径

从价值工程的定义可知，价值的高低，取决于功能与成本的比值大小。因此，要提高某一产品的价值，必须从功能与成本两方面来考虑。提高价值有以下五种途径。

（1）功能保持相同的前提下，尽量降低成本；

（2）成本保持相同的前提下，尽量提高功能；

（3）功能和成本同时提高，功能提高大于成本提高；

（4）功能和成本同时降低，功能降低小于成本降低；

（5）既提高功能又降低成本。

其中（3）、（4）两种途径的使用是有一定限制条件的，即保证企业利润不降低，两种途径才有意义。

7.3.2 价值工程工作内容

价值工程的工作程序就是针对对象的功能和成本提出问题、分析问题、解决问题的过程，其工程程序见表 7-1。

价值工程活动程序　　　　　　　　　　　　　　　　　　　　　　表 7-1

一般决策过程阶段	价值工程工作程序	价值工程提问
分析问题	（1）对象选择	（1）价值工程对象为何？
	（2）情报收集	（2）它是干什么用的？
	（3）功能分析	
	（4）功能评价	（3）其成本是多少？
综合研究	（5）方案创造	（4）其价值是多少？
	（6）概略评价	
	（7）方案制订	
	（8）试验研究	（5）有无其他方法实现同样的功能？
方案评价	（9）详细评价	（6）新方案成本是多少？
	（10）提案审批	（7）新方案能满足要求吗？
	（11）方案实施与检查	
	（12）成果鉴定	

1. 确定价值工程的分析对象

把工程活动中有待改善的产品、部件或工艺选择出来作为价值工程的分析对象。

2. 情报收集

情报收集首先要明确价值工程研究对象的内容与范围，并以充分的信息作为基础与依据，创造性地运用各种有效手段，正确地进行对象选择、功能分析和创新方案。

不同价值工程对象所需搜集的信息资料内容不尽相同，一般包括市场信息、用户信息、竞争对手信息、设计技术方面的信息、经济方面的信息、国家和社会方面的信息等。

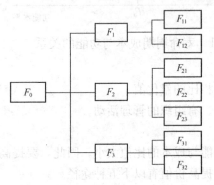

图 7-2　功能系统图的一般形式

3. 功能分析

对选定的对象进行功能分析是价值工程分析的重要内容。功能分析是通过对选定的对象进行定义，确定对象及各组成部分具有的功能、各组成部分彼此之间的相互关系。在此基础上对功能进行分类和整理。

4. 功能评价

功能评价是根据功能系统图（如图 7-2 所示），在设计方案的同一级的各功能之间，计算并比较各功能价值的大小，从而寻找功能和成本在量上不匹配的具体改进措施。

方案功能评价的步骤为：

（1）确定 i 功能的功能系数　$F_i = \dfrac{\text{方案中 } i \text{ 功能评分值}}{\text{方案中各功能评分总值}}$

（2）确定 i 功能的成本系数　$C_i = \dfrac{\text{方案中 } i \text{ 功能的成本额}}{\text{方案各功能的成本总额}}$

（3）确定 i 功能的价值系数　$V_i = \dfrac{F_i}{C_i}$

（4）确定 i 功能的目标成本（C'）。

目标成本的估算方法有理论计算法、经验估算法和功能评价系数法。

功能评价系数法是根据功能与成本的匹配原则，按功能评价系数把产品的目标成本分配到每一个功能上，作为各功能的评价值。

$$i \text{ 功能的目标成本}(C'_i) = \text{方案目标成本}(C) \times \text{该功能的功能系数}(F_i) \qquad (7\text{-}2)$$

$$i \text{ 功能的成本降低值}(\Delta C_i) = i \text{ 功能的目前成本}(C_i) - i \text{ 功能的目标成本}(C'_i)$$

$$(7\text{-}3)$$

（5）确定价值工程改进对象。当 $\Delta C_i > 0$，说明实际成本的偏高，可能存在功能过剩，甚至是多余功能；当 $\Delta C_i < 0$，说明实际成本的偏低，有可能造成功能存在不足，应适当增加成本。需要注意的是，在实际评定时，往往还应结合具体情况进行深入分析。

5. 方案创造

针对分析对象存在的问题，制定各种具体的改进方案。

6. 方案评价

从众多的备选方案中选出价值系数最高的方案进行评价。方案评价可分为概略评价和详细评价，均包括技术评价、经济评价和社会评价等方面的内容。将这三个方面联系起来进行权衡，则称为综合评价。根据评价结论进行筛选，从中选择最优方案。

7. 试验研究

对最优方案进行技术上的试验，进一步论证技术上的可行性和经济上的合理性。

8. 提案审批

有侧重地撰写出具有充分说服力的提案书，报决策部门审查批准。

9. 实施与检查

对所选的方案进行实施，进一步从技术、经济和社会效果等方面进行跟踪检查。

10. 成果鉴定

对实施方案的效果进行总结，从而对价值工程的成果进行全面评价。

7.3.3 价值工程分析对象选择

1. 分析对象选择原则

价值工程研究的对象可以是实物，也可以是工作。价值工程的分析对象选择的原则应优先选择对企业生产经营有重要影响或对国计民生有重大影响的产品或项目，或在改善价值上有较大潜力、可取得较大经济效益的产品或项目，具体包括以下几方面：

（1）选择结构复杂的产品或构配件。通过对复杂结构进行分解，确定各组成部分的功能和作用，合理进行设计，可以大幅度降低成本，提高价值。

（2）选择成本高、对经济效益影响大的产品或构配件。

（3）选择量大面广的产品或构配件。对这类产品或构配件只要在每项产品或构配件的成本稍微降低一点，成本降低的总额就很可观，产品价值的提高也就很大。

（4）选择质量差、用户意见大的产品或构配件。

（5）选择体积与重量大的产品或构配件。对这类产品或构配件是节约原材料和改进施工方法的重点，对它们开展价值工程，可使产品功能得到明显提高。

（6）选择关键构配件。关键构配件改进后，可使产品的功能得到明显提高。

（7）选择寿命周期较长的产品或构配件。

（8）选择技术经济指标较差的建筑产品构配件。

2. 分析对象选择方法

（1）经验分析法

经验分析法也称因素分析法。这种方法是根据经验，运用智慧对各种影响因素进行综合分析，区分主次与轻重，充分考虑所选对象的必要性和可能性，尽可能准确地选择出价值工程改善对象的方法。

该方法简便易行，考虑问题比较全面，不需要对有关人员作特殊培训，特别是在时间紧迫或企业资料不完善的情况下，效果明显。但此方法缺乏定量分析，准确程度较差，对象选择是否适当，主要取决于分析人员的经验、知识和责任心。所以，经验分析法要求发挥集体的智慧，共同确定改善对象，以弥补准确性较差的缺陷。

（2）百分比分析法

百分比分析法是一种通过分析某种费用或资源对企业的某个技术经济指标的影响来选择价值工程对象的方法。

【例7.1】 某房地产开发商拟开发5种户型住房，在各项功能基本相同的前提下，其成本比重与利润比重见表7-2。

产品成本消耗比重及利润比重　　　　　　　　　　　　　　　表 7-2

产品	成本比重%	利润比重%	价值工程对象选择
A	35	20	√
B	20	30	
C	25	10	√
D	12	25	
E	8	15	
合计	100	100	

【解】从表 7-2 可知，A、C 两种户型的成本比重大于利润的比重，可以确定 A、C 两产品为价值工程的分析对象，研究降低其成本的途径。

（3）ABC 分析法

ABC 分析法根据研究对象对某项技术经济指标的影响程度，通过研究对象的成本和数量比例，把拟研究对象划分成主次有别的 A、B、C 三类。将举足轻重的划为 A 类，作为价值工程的研究对象。通过这种划分，明确关键的少数，准确地选择价值工程改善对象。ABC 分类的参考标准见表 7-3。

ABC 分类的参考标准　　　　　　　　　　　　　　　　　　表 7-3

	分类累计成本比重	数量比重
A 类	70%	10%
B 类	20%	20%
C 类	10%	70%

需要注意的是，在运用上述标准时，成本标准是最基本的，数量标准仅作为参考。

ABC 分析法的步骤如下：

1）确定每一对象的成本。

2）计算每一对象的成本与总成本的百分比，即成本比重，并依大小顺序排列编表。

3）按顺序累计研究对象的成本比重，当成本比重累计到 70% 左右时，视为 A 类；成本比重累计介于 70%～90% 之间时，除掉 A 类以后的为 B 类，其余则为 C 类。

【例 7.2】某土建工程共需购买 10 种混凝土构配件，总成本为 189.8 万元，各构配件成本与数量见表 7-4。用 ABC 分析法选择价值工程对象。

构配件成本与数量表　　　　　　　　　　　　　　　　　　表 7-4

编号	1	2	3	4	5	6	7	8	9	10	Σ
成本（万元）	80	60	15	12	8	5	3	2.5	2.2	2.1	189.8
构建数量	1	1	2	1	2	4	3	2	3	2	21

【解】

① 将 10 种混凝土构配件按成本大小依次排列填入表 7-5 序号 1。

② 计算出各混凝土构配件的累计成本比重，填入表 7-5 的序号 2。

③ 计算出各混凝土构配件的数量比重，填入表 7-5 的序号 3。

④ 计算出各混凝土构配件的累计数量比重，填入表 7-5 的序号 4。

⑤ 分类累计成本比重归并和分类累计数量比重归并，填入表 7-5 的序号 5、6。

⑥ 根据表 7-3 的分类标准，混凝土构配件划的分类见表 7-5 的序号 7。

ABC 分类表　　　　　　　　　　　　表 7-5

序号	编　号	1	2	3	4	5	6	7	8	9	10
1	成本比重（%）	42.15	31.61	7.90	6.32	4.21	2.63	1.58	1.32	1.16	1.11
2	累计成本比重（%）	42.15	73.76	81.66	87.98	92.19	94.82	96.40	97.72	98.88	99.99
3	数量比重（%）	4.76	4.76	9.52	4.76	9.52	19.05	14.29	9.52	14.29	9.52
4	累计数量比重（%）	4.76	9.52	19.04	23.8	33.32	52.37	66.66	76.18	90.47	99.99
5	分类累计成本比重归并	73.76%			18.43%			7.80%			
6	分类数量比重归并	9.52%			23.80%			66.67%			
7	类别	A			B			C			

由表 7-5 可知，A 类混凝土构配件为价值工程的控制对象，在采购及使用中应严格注意其产品质量及安装质量，保证工程的顺利实施。

（4）价值指数法

价值指数法是根据价值工程的原理，在产品成本已知的条件下，将同类产品的功能参数由小到大排序，计算出价值指数。价值指数的计算公式为：

$$价值指数 = \frac{产品功能参数}{产品成本} \tag{7-4}$$

观察价值指数的数值是否随产品功能参数值递增而递增，把价值指数与功能参数值不相适应的产品选为价值工程改善对象。

【例 7.3】　某建筑机械厂生产三种型号的混凝土搅拌机，各种型号混凝土搅拌机的主要功能参数、生产成本如表 7-6 所示。

混凝土搅拌机的主要功能参数和生产成本　　　　　表 7-6

产品型号	A 搅拌机	B 搅拌机	C 搅拌机
功能参数（m³/h）	5	7	12
生产成本（万元）	0.65	0.85	2.25

【解】　根据式（7-4）计算各型号搅拌机的价值指数见表 7-7。

混凝土搅拌机的价值指数　　　　　　　表 7-7

产品型号	A 搅拌机	B 搅拌机	C 搅拌机
价值指数	7.692	8.235	5.333

可以看出，A 和 B 型搅拌机的价值指数是随着功能参数值递增而递增，属正常，而 C 型搅拌机的价值指数却随着功能参数值递增而减少，表明 C 型的价值指数与功能参数值不相适应，应把 C 型搅拌机作为价值工程对象，找出其存在的问题、提高其价值。

（5）强制确定法

该方法在对象选择中，通过对不同部件（或功能项目）与其他各部件（或功能项目）

的功能重要程度进行逐一对比打分，相对重要的得 1 分，不重要得 0 分，即 01 评分法。用 01 评分法得出的各部件（或功能项目）分值应构成一个自然数序列（即：0、1、2…n），如果不是自然数序列，则是在评分时出现了逻辑错误。某部件（或功能项目）的评分值为 0，并不意味该部件（或功能项目）无功能，为避免这种情况发生，可以对得分累积进行修正。

以某部件（或功能项目）得分占全部部件（或功能项目）总分的比例确定功能评价系数，根据功能评价系数和成本系数确定价值系数，计算公式为：

$$i \text{ 部件功能评价系数 } F_i = i \text{ 部件的功能得分值 / 全部部件的功能得分值} \tag{7-5}$$

$$i \text{ 部件成本系数 } C_i = i \text{ 部件目前成本 / 全部部件成本} \tag{7-6}$$

$$i \text{ 部件价值系数 } V_i = i \text{ 部件功能评价系数 / } i \text{ 部件成本系数} \tag{7-7}$$

当 $V_i < 1$，说明部件（或产品）重要程度小，但成本系数却较高，应优先考虑作为价值工程对象；

当 $V_i > 1$，应视情况而定。如果部件（或产品）重要程度大，但成本系数却较低，宜作为价值工程对象；

当 $V_i = 1$，一般不作为价值工程分析对象。

【例 7.4】 某分部工程由八个分项工程组成，各分项工程的成本见表 7-8，专家用 01 评分法对各分项工程的功能重要性评价见表 7-9。试选择价值工程的分析对象。

各分项工程成本表（万元）　　　　　　　　　　　　表 7-8

分项工程	A	B	C	D	E	F	G	H	Σ
成本	1818	3000	285	284	612	407	82	720	7208

01 评分及功能评价系数计算表　　　　　　　　　　表 7-9

分项工程	A	B	C	D	E	F	G	H	分项得分累计	修正得分累积
A	×	1	1	0	1	1	1	1	6	7
B	0	×	1	0	1	1	1	1	5	6
C	0	0	×	0	1	1	1	0	3	4
D	1	1	1	×	1	1	1	1	7	8
E	0	0	0	0	×	0	1	0	1	2
F	0	0	0	0	1	×	1	0	2	3
G	0	0	0	0	0	0	×	0	0	1
H	0	0	1	0	1	1	1	×	4	5
Σ									28	36

【解】 根据式（7-5）～式（7-7）及表 7-8、表 7-9 数据计算各分项工程的成本系数、功能评价系数及价值系数，见表 7-10。

成本系数、功能评价系数与价值系数表　　　　　　表 7-10

分项工程	成本系数	功能评价系数	价值系数
A	0.252	0.194	0.771
B	0.416	0.167	0.400

分项工程	成本系数	功能评价系数	价值系数
C	0.040	0.111	2.810
D	0.039	0.222	5.640
E	0.085	0.056	0.654
F	0.056	0.083	1.476
G	0.011	0.028	2.442
H	0.100	0.139	1.390
总　计	1.000	1.000	—

由表中计算可以看出：

① B、E 分项工程的价值系数都较低。但 B 成本系数为 0.416，而功能评价系数仅为 0.179，说明成本偏高，应作为价值分析的主要对象。E 的价值系数虽很低，但成本系数和评价系数都很小，可不考虑。

② D 分项工程的评价系数较高，但成本系数仅为 0.039，意味着成本分配额过低，可以适当提高成本，以便和分项工程的重要性相符。建设项目方案的价值系数远大于 1，一般认为是非正常现象。

(6) 积值法

强制确定法的缺点在于不能反映成本系数和功能评价系数各自高低对价值系数的影响，因而有可能选了成本低、重要程度又不大的部件（或产品）作为分析对象，如上例中的 E。因此，价值系数作为一种选择分析对象的方法，使用仍不太方便。积值法能克服这种不足，利用它能较快地选出分析对象。具体步骤如下：

1) 评分法求出评分值；

2) 计算每个部件（或产品）的功能评价系数；

3) 计算每个部件（或产品）的成本系数；

4) 用下式算出 i 部件（或产品）的积值 M_i。

$$M_i = \frac{\left| F_i^2 - C_i^2 \right|}{2} \tag{7-8}$$

式中　F_i——i 部件（或产品）的功能评价系数；

　　　C_i——i 部件（或产品）的成本系数。

5) 确定选择顺序。积值越大，越宜作为价值工程分析对象。

现用积值法计算 [例 7.4] 数据，结果见表 7-11。通常用上式计算出的积值非常小，为了避免在比较过程中由于四舍五入的原因造成的误差，此处将计算结果乘以 10^4。B 和 D 仍为价值工程的分析对象。而价值系数与 B 相近的分项 E 排列第六，可不作为分析对象。

各分项工程积值　　　　　　　　　表 7-11

分项工程	A	B	C	D	E	F	G	H
积　　值	129.34	725.84	53.61	238.82	20.45	18.77	3.32	45.60
选择顺序	3	1	4	2	6	7	8	5

7.3.4　价值工程应用案例

本案例以某住宅设计方案为例，介绍价值工程在设计阶段进行方案评价的应用方法。

1. 资料收集

（1）通过问卷调查，收集用户对住宅的功能要求。

（2）收集住宅设计方案方面的资料。

（3）了解住宅施工方面的资料。

（4）收集住宅施工的新工艺、新材料；建筑材料价格和住宅建筑的各类技术经济指标。

2. 功能分析

由设计、施工及建设单位的有关人员组成价值工程研究小组共同讨论，小组成员对住宅的平面布局、采光通风、保温、隔热、隔声、层高与层数、牢固耐久、三防设施（防火、防震和防空）、建筑造型、室内装饰、环境设计及技术参数等 10 方面进行了功能定义、整理。

（1）在功能分析中，分别对上述 10 个功能的重要性进行了评分，假设以上 10 项功能的重要性总分为 100 分，根据工程经验，各项功能的得分值见表 7-12；

（2）将用户、设计人员、施工人员的评分意见进行综合，三者的权重分别定为 60%、30% 和 10%。经整理后，各功能重要性系数见表 7-12。

各功能评分及重要性系数　　　　　　　　　　　　　　　　　　　　表 7-12

功 能		用户评分		设计人员评分		施工人员评分		重要系数
		得分	$f_{i1}=$得分$\times 0.6$	得分	$f_{i2}=$得分$\times 0.3$	得分	$f_{i3}=$得分$\times 0.1$	$\Phi_i=(f_{i1}+f_{i2}+f_{i3})/100$
适用	平面布置 f_1	40.280	24.168	31.630	9.489	35.250	3.525	0.372
	采光通风 f_2	17.280	10.368	14.380	4.314	15.500	1.550	0.162
	层高层数 f_3	2.875	1.725	4.250	1.275	3.875	0.388	0.034
安全	牢固耐用 f_4	21.290	12.774	14.250	4.275	20.630	2.063	0.191
	三防设施 f_5	4.375	2.625	5.250	1.575	2.870	0.287	0.045
美观	建筑造型 f_6	2.250	1.350	5.870	1.761	1.550	0.155	0.033
	内外装饰 f_7	8.025	4.815	11.120	3.336	6.850	0.685	0.088
其他	环境设计 f_8	1.150	0.690	8.000	2.400	5.500	0.550	0.036
	技术参数 f_9	1.050	0.630	2.000	0.600	1.875	0.188	0.014
	设计与施工 f_{10}	1.425	0.855	3.250	0.975	6.100	0.610	0.024
合计		100	60	100	30	100	10	1

3. 方案设计与评价

设计人员根据收集的资料，共设计了 3 个建筑面积相同的方案，各方案特征、单方造价及成本系数见表 7-13。

各方案特征、单方造价及成本系数　　　　　　　　　　　　　表 7-13

方案	主 要 特 征	单方造价（元/m²）	各方案成本系数
A	结构方案为大柱网框架轻墙体系，采用预应力大跨度叠合楼板，墙体材料采用多孔砖及移动式可拆装式分室隔墙，窗户采用单框双玻璃空腹钢窗	1800	0.375

续表

方案	主 要 特 征	单方造价 (元/m²)	各方案 成本系数
B	结构方案基本同 A，窗户采用单框双玻璃塑钢窗	1600	0.333
C	结构方案采用砖混结构体系，采用现浇混凝土楼板，窗户采用单玻璃空腹塑钢窗	1400	0.292
	合　　计	4800	1.000

不同方案的各功能的重要性系数及各方案的功能得分见表 7-14。方案功能评价系数的计算公式为：

$$F_i = \frac{\sum_j \phi_i S_{ij}}{\sum_i \sum_j \phi_i S_{ij}} \tag{7-9}$$

各方案的评价系数　　　　　　　　　　表 7-14

功能	f_1	f_2	f_3	f_4	f_5	f_6	f_7	f_8	f_9	f_{10}	方案 功能 总分 $\sum_j \phi_i S_{ij}$	方案 功能 评价 系数
重要系数 Φ_i	0.372	0.162	0.034	0.191	0.045	0.033	0.088	0.036	0.014	0.024		
方案					满足程度得分（S_{ij}）							
A	10	10	9	9	8	10	6	10	9	6	9.404	0.344
B	10	9	8	9	7	8	6	6	10	10	9.035	0.330
C	9	10	9	10	8	9	6	8	9	6	8.927	0.326
合计											27.366	1.000

利用表 7-13、表 7-14 计算价值系数，见表 7-15。

各方案的价值系数计算表　　　　　　　　表 7-15

方案名称	功能评价系数	成本系数	价值系数
A	0.344	0.375	0.917
B	0.330	0.333	0.991
C	0.326	0.292	1.116

由表 7-15 可知，方案 C 为最优法方案。

4. 成本控制

对选出的最优方案 C，设计人员按限额设计方法，确定出建安工程目标成本额为 14000 万元。然后以主要分部工程为对象进一步开展价值工程分析，采用 01 评分法对各功能项目评分，同时分析了现行各功能项目的目前成本，见表 7-16。

根据强制确定法计算各功能项目的功能系数，见表 7-17。

各功能评分值及其目前成本		表 7-16
功能项目	功能得分	目前成本（万元）
A. ±0.00 以下工程	21	3854
B. 主体结构工程	35	4633
C. 装饰工程	28	4364
D. 水电安装工程	32	3219

各功能系数计算表		表 7-17
功能项目	功能得分	功能系数
A. ±0.00 以下工程	21	0.181
B. 主体结构工程	35	0.302
C. 装饰工程	28	0.241
D. 水电安装工程	32	0.276
Σ	116	1.000

按式（7-2）计算目标成本，按式（7-3）计算成本降低值，见表 7-18。

各功能项目成本控制额及改进顺序　　　　表 7-18

功能项目	目前成本	目标成本	应降低额	功能改进顺序
A. ±0.00 以下工程	3854	2534	1320	①
B. 主体结构工程	4633	4228	405	
C. 装饰工程	4364	3374	990	②
D. 水电安装工程	3219	3864	−645	

B 工程和 D 工程相比，哪个排序在前，应根据具体情况来定，如 D 工程能在保证功能的前提下，降低成本，则可以不列为价值工程改进对象，但如果不能保证其功能，则优先选择 D 工程进行分析。

7.4　设计阶段其他经济评价方法

重要概念与知识点

（1）单指标评价法：

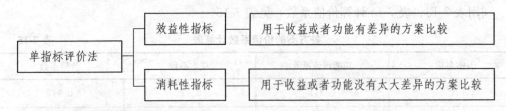

（2）多指标评价法：

选择方案的 1～2 个主要指标，并考虑选择适当的其他辅助指标进行方案比较。

（3）指标体系综合评价法：

1）指标分类。分为效益性指标和消耗性指标；

2）指标定量化。指数数列转置法公式：大数＋小数－所求数＝新数列数

3）无量纲化。

①当指标采用大者为优时，用转置后的矩阵中最小的数作数列中各数的分母，得到一组 ≥1 的分析指标数列 C_i；

②当指标采用小者为优时，用转置后的矩阵中最大的数作数列中各数的分母，得到一组≤1的分析指标数列 C_i。

4）求各指标的加权综合指数 C_{Ri}，$C_{Ri}=C_i×W_i$。

5）求方案的加权综合指数 C_R。

$$C_R = \sum_{i=1}^{n} C_i × W_i$$

6）综合评价分析。

①以大者为优转置的，C_R 大的方案为优；

②以小者为优转置的，C_R 小的方案为优。

7.4.1 单指标评价法

单指标评价可以采用消耗性指标或效益性指标。效益性指标主要用于其收益或者功能有差异的方案比较，可参照第4章互斥性方案的比选方法进行择优。对方案的收益或者功能没有太大差异的方案比较，一般可以采用单一的消耗指标进行方案的选择，如最小费用法就是常用的单指标评价方法。

【例7.5】 修建某轻型车间，面积为 $500\sim1000m^2$，可以采用三种设计方案，其费用见表7-19，资金利率为10%，求对应于一定面积的最优方案。

三种方案费用表 表7-19

方案	每 m^2 造价（元）	年使用费（元）	年维修费（元）	使用年限（年）	残值（为造价的%）
A	1100	60000	30000	20	—
B	1500	42000	28000	20	3.0
C	1900	20000	10000	20	1.0

【解】 设车间修建面积为 S，各方案的年成本如下：

$$C_A = 1100S(A/P, 10\%, 20) + 60000 + 30000 = 129.3S + 90000$$

同理可得：

$$C_B = 175.5S + 70000; \qquad C_C = 222.9S + 30000$$

将这组公式绘成图，如图7-3所示，由图可见，当 $S>641.03m^2$ 时，方案A最优，$S<641.03m^2$ 时，C方案最优。

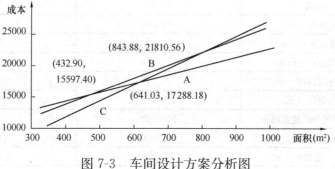

图7-3 车间设计方案分析图

7.4.2　多指标评价法

多指标对比评价法是组织专家评审组按照技术先进、功能合理、安全适用、满足节能与环保要求、经济实用等原则对备选方案的若干个指标进行评价。评价时一般是以 1～2 个主要指标为主，再综合考虑其他指标，通过对比，从中选出最优的设计方案。

【例 7.6】　某商品住宅项目设计为 6 层单元式住宅，1 梯 3 户，由 3 个单元组成，共 54 户。现有如下两个备选设计方案供选择。见表 7-20。

(1) 试从平面技术经济指标和工程造价指标对方案进行综合评价。

(2) 当单方建筑面积售价为 4000 元和按方案一的单方使用面积价格销售时，两方案的经济性如何？

【解】　(1) 因方案一与方案二的外墙做法相同，建筑面积不变。但方案二的内墙厚度减薄，所以增加了使用面积。见表 7-20 序列 6，增加使用面积为：

$$\Delta S = 3436.17 - 3317.68 = 118.49 \text{m}^2 \quad \text{增加率为：} \frac{118.49}{3317.68} = 3.57\%$$

每户增加使用面积 $\frac{118.49}{54} = 2.19 \text{m}^2$

从表 7-20 序列 9 可以看出，按单方建筑面积的工程造价来看，方案二比方案一的单方造价增加：

$$\Delta C_j = 1081.80 - 1040.23 = 41.57 \text{元}/\text{m}^2 \quad \frac{41.57}{1040.23} = 4.00\%$$

从表 7-20 序列 10 可以看出，按单方使用面积的工程造价来看，方案二比方案一的单方造价增加率明显降低：

$$\Delta C_S = 1243.45 - 1238.36 = 5.09 \text{元}/\text{m}^2 \quad \frac{5.09}{1238.36} = 0.41\%$$

方案经济数据表

表 7-20

序号	设计方案		方案一	方案二
1	结构		砖混结构	内浇外砌结构
2	基本特征		浅埋砖砌条形基础。外墙为 240mm 厚砖墙，内做保温层。内墙为 240mm 厚砖墙。结构按 8 度抗震设防设计，现浇钢筋混凝土楼板	内横墙厚度为 140mm，内纵墙为 160mm，选 C20 混凝土。其他部位的做法、选材及建筑标准均按原方案不变
3	户数		54 户	54 户
4	建筑面积（m²）		3949.62	3949.62
5	每户建筑面积（m²）		73.14	73.14
6	使用面积（m²）		3317.68	3436.17
7	每户使用面积（m²）		61.44	63.63
8	概算造价（元）		4108494	4272695
9	造价	（元/m² 建筑面积）	1040.23	1081.80
10		（元/m² 使用面积）	1238.36	1243.45
11	售价	总售价（元）	15798480	15798480
12		（元/m² 使用面积）	4761.91	4597.70

从平面技术经济指标和造价两个因素的分析比较看，方案二增加使用面积较多，增加造价较少。

（2）当单方建筑面积售价为 4000 元/m² 时，两方案销售总额相同，但按方案一单方使用面积价格销售方案二的总售价比方案一多收入：

$$4761.91 \times (3436.17 - 3317.68) = 564238.72 \text{ 元}$$

平均每销售一户多收入　$564238.72 \div 54 = 10448.87$ 元

综合上述分析，在同等级、同标准的情况下，将砖混结构方案改为内浇外砌，平均每户可增加使用面积 2.19m²，平均每销售一户多收入 10448.87 元，可收到较好的经济效益。

7.4.3　指标体系综合评价法

多指标对比评价法在进行方案择优时，往往会遇到由于不同方案的优缺点各异，且指标的量纲不同，难以对比评价的状况。指标体系综合法是采用指数数列转置法，并对指标进行无量纲化处理，将不同指标转变为可比的系数，从而进行方案选择的方法。

指标系统综合法进行方案择优的步骤如下：

（1）将备选方案的指标分为效益性指标和消耗性指标两大类。

（2）将指标定量化。对于定量指标，可将其值直接化为评价指数；对非定量指标，则依据定量标准，评出方案的得分值（或百分比值），然后再转化为评价指数。

对效益性指标体系，指标以大者为优（如居住面积、采光量等）；对消耗指标体系，指标以小者为优（如单方造价，单位产品成本等）。

为了便于对比评价，可采用指标数列转置法（大小值求补法），将效益性指标和消耗性指标统一起来，即统一转化成"以大者为优"或"以小者为优"来评价，转换方法为：

$$K_m + K_L - K_i = K_N \tag{7-10}$$

式中　K_m——大数；

　　　K_L——小数；

　　　K_i——所求数；

　　　K_N——新数列数。

【例 7.7】　有 A、B、C、D 四个方案，在满足功能的前提下，钢材耗用量指标分别为 15kg/m²、16kg/m²、18kg/m²、19.5kg/m²，钢材指标消耗量应是以小者为优，即 A 方案最优，D 方案最次，试用指标数列转置法，采用以大者为优对方案进行评价。

【解】　分别按式（7-10）对评价指标进行转换。

A 方案的新数列数为：$19.5 + 15 - 15 = 19.5$kg/m²

同理可得 B 方案 18.5kg/m²；C 方案 16.5kg/m²；D 方案 15kg/m²。

以大者为优来评价，得出的结论仍然是 A 方案最优，D 方案最次，但此时的指标数据的绝对值不再有任何实际意义，仅用来反映相对大小而已。

（3）无量纲化。不同的指标量纲不同，不便于统一评价。因此需将不同量纲的评价指标转化为无量纲的指数。具体作法是用转置后的同一指标中的最大数作为该指标各数的分母，除指标值，得到一组不大于 1 的数值 C_i。

（4）确定各项分析指标的权重数值 W_i。

（5）求各指标的加权综合指数 C_{Ri}，$C_{Ri} = C_i \times W_i$。

（6）综合评价分析。计算方案的加权综合指数 C_R，计算公式为：

$$C_R = \sum_{i=1}^{n} C_i \times W_i \tag{7-11}$$

1）以大者为优转置的，C_R 大的方案为优；

2）以小者为优转置的，C_R 小的方案为优。

【例 7.8】 某工业建筑有 5 个设计方案，有关技术经济指标见表 7-21，试用指标系统综合法，进行设计方案的评价。

设计方案的技术经济指标　　　　　　　　　　　　　　表 7-21

序号	名称	单位	方案 A	方案 B	方案 C	方案 D	方案 E	权数
1	投资额	万元	145.80	146.00	119.30	130.00	113.50	0.20
2	工期	年	5.00	5.50	4.00	5.00	3.00	0.20
3	年产值	万元	260.00	260.00	196.00	190.00	220.00	0.35
4	产值利用率	%	12.0	11.6	15.0	14.3	12.5	0.15
5	环境污染程度	%	15.0	15.0	5.0	10.0	10.0	0.10

【解】

①序号 1、2、5 的指标数值是越小越好，序号 3、4 的指标数值是越大越好。

②指标数列转置。各指标以小者为优，可知序号 3、4 的指标需转置，结果见表 7-22。

指标数列转置表　　　　　　　　　　　　　　　表 7-22

序号	名称	单位	方案 A	方案 B	方案 C	方案 D	方案 E	权数
1	投资额	万元	145.80	146.00	119.30	130.00	113.50	0.20
2	工期	年	5.00	5.50	4.00	5.00	3.00	0.20
3	年产值	万元	190.00	190.00	254.00	260.00	230.00	0.35
4	产值利用率	%	14.60	15.00	11.60	12.30	14.10	0.15
5	环境污染程度	%	15.0	15.0	5.0	10.0	10.0	0.10

③无量纲化。用表 7-22 各行中最大的数遍除该行中的每一个数，得到一组 $\leqslant 1$ 的数，见表 7-23 各行的分子。

无量纲化及方案评价表　　　　　　　　　　　　　表 7-23

序号	名称	方案 A	方案 B	方案 C	方案 D	方案 E	权数
1	投资额	$\dfrac{1.00}{0.20}$	$\dfrac{1.00}{0.20}$	$\dfrac{0.82}{0.16}$	$\dfrac{0.89}{0.18}$	$\dfrac{0.78}{0.16}$	0.2
2	工期	$\dfrac{0.91}{0.18}$	$\dfrac{1.00}{0.20}$	$\dfrac{0.73}{0.15}$	$\dfrac{0.91}{0.18}$	$\dfrac{0.55}{0.11}$	0.2
3	年产值	$\dfrac{0.73}{0.26}$	$\dfrac{0.73}{0.26}$	$\dfrac{0.98}{0.34}$	$\dfrac{1.00}{0.35}$	$\dfrac{0.88}{0.31}$	0.35
4	产值利用率	$\dfrac{0.97}{0.15}$	$\dfrac{1.00}{0.15}$	$\dfrac{0.77}{0.12}$	$\dfrac{0.82}{0.12}$	$\dfrac{0.94}{0.14}$	0.15
5	环境污染程度	$\dfrac{1.00}{0.10}$	$\dfrac{1.00}{0.10}$	$\dfrac{0.33}{0.03}$	$\dfrac{0.67}{0.07}$	$\dfrac{0.67}{0.07}$	0.10
	方案综合指数	0.89	0.91	0.80	0.90	0.79	—

④将分子与权数相乘，得各指标的加权综合指数值，见表 7-23 中各行分母。

⑤将各方案的分母相加，得方案的综合指数。由表 7-23 可以看出，方案 E 为最优方案。

习　题

一、单选题

1. 价值工程的目的是提高产品的（　　）。

A. 功能　　　　　　B. 质量　　　　　　C. 价值　　　　　　D. 性能

2. 价值工程中的价值是指研究对象所具有的功能与取得该功能的（　　）之比。

A. 寿命周期收入　　B. 寿命周期成本　　C. 寿命周期产值　　D. 寿命周期收入

3. 在价值工程中，提高产品的途径不包括（　　）。

A. 降低成本

B. 同时提高功能水平和成本，但功能提高幅度大

C. 同时降低功能水平和成本，但功能降低幅度小

D. 降低成本，同时提高功能水平

4. 在 ABC 分类法选择对象时，A 类部件的累积成本比重一般在（　　）%左右。

A. 10　　　　　　　B. 20　　　　　　　C. 50　　　　　　　D. 70

5. 用强制确定法选择分析对象是，优先选择（　　）。

A. $V<1$　　　　　B. $V>1$　　　　　C. $V=1$　　　　　D. $V>2$

二、计算题

1. 已知某产品由 5 个部件组成，各部件的功能重要性见表 1，各部件的成本见表 2，应用强制确定法和积值法确定价值工程的分析对象，并进行分析。

零部件重要性评价　　　　　　　　　　　　　　　　　　表 1

	A	B	C	D	E	得分
A	×	1	0	1	1	3
B	0	×	0	1	1	2
C	1	1	×	1	1	4
D	0	0	0	×	0	0
E	0	0	0	1	×	1

零部件成本指数　　　　　　　　　　　　　　　　　　表 2

	A	B	C	D	E	合计
成本	189	140	105	140	126	700

2. 某项目，有甲、乙、丙、丁四个设计方案，通过专业人员测算和分析，四个方案功能得分和单方造价如下表所示。按照价值工程原理，选择实施的方案。

各方案的功能得分和单方造价

方案	甲	乙	丙	丁
功能得分	98	96	99	94
单方造价（元/m²）	2500	2700	2600	2450

3. 某分部工程由 6 个子项构成，各子项的功能评分及实际成本见下表。已知该分部工程的目标成本为 165 万元，试确定成本改进的优选顺序。

各子项的功能评分及实际成本

序号	子项	功能评分	实际成本（万元）
1	A	11.9	61
2	B	7.7	13
3	C	22.8	16
4	D	9.4	30
5	E	8.8	9
6	F	39.4	48
Σ		100.0	177

4. 试按"大者为优"的指标体系综合评价法对【例 7.8】进行方案评价。

第 8 章　建设项目实施阶段经济评价

建设项目实施阶段的经济评价，在土木工程领域主要指工程施工阶段施工工艺方案的技术经济评价、施工组织方案的技术经济评价和工程施工中采用的工艺、技术及设备的经济分析评价等。

8.1　项目实施阶段的经济评价指标

8.1.1　施工工艺方案的技术经济评价指标

施工工艺方案是指分部分项工程的施工方案，主要包括施工技术方法和机械设备选型等。如建筑物的基础是采用桩基础、带形基础还是箱形基础，运土采用人工运土还是机械运土等。施工工艺方案的技术经济评价指标一般可以分为三大类，如图 8-1 所示。不同的项目还可以根据自身的特点，定性或定量的选择反映项目特点的其他技术经济评价指标。

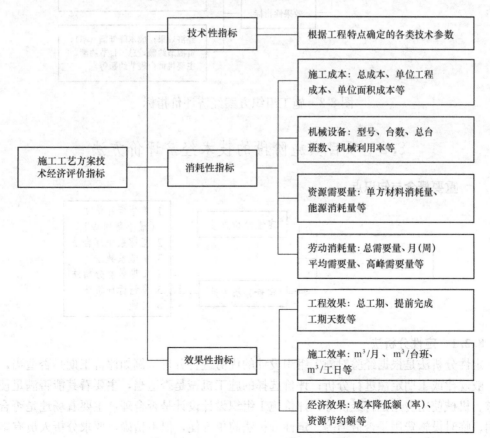

图 8-1　施工工艺方案技术经济评价指标

8.1.2　施工组织方案的技术经济评价指标

施工组织方案是指施工企业对施工过程的组织与安排，如施工采用平行作业还是流水作业等。施工组织方案的经济评价指标一般也可分为三大类，如图 8-2 所示。

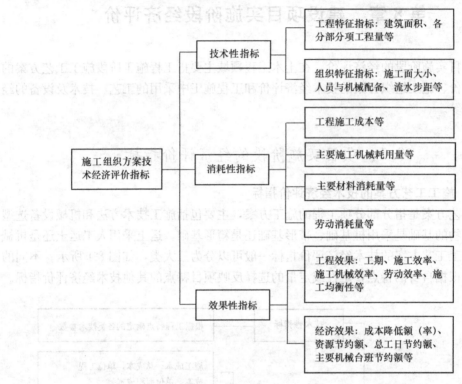

图 8-2　施工组织方案经济评价指标

8.2　项目实施阶段的技术经济评价方法

重要概念与知识点

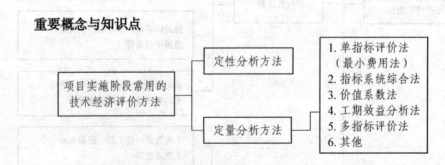

8.2.1　定性分析法

定性分析法是根据经验对施工组织设计的优劣进行分析。例如评价工期是否适当，可按一般规律或工期定额进行分析；评价选择的施工机械是否适当，主要看其能否满足使用要求、机械使用费用是否经济等；评价施工组织设计设计是否合理，主要看场地是否合理利用、临时设施费用是否恰当等。定性分析法简单方便，但不精确，要求分析人员有丰富的施工经验和项目管理经验。

8.2.2 定量分析法

1. 最小费用法

最小费用法是用支出费用的多少来进行方案评价的方法。当施工工期较短，可用静态方法进行分析评价，当施工工期较长，则应考虑资金的时间价值。

【例8.1】 某工程的一根9.9m长的现浇钢筋混凝土梁可采用三种断面尺寸不同的设计方案，其承受荷载能力相同。三种方案采用的混凝土品种分别A类、B类和C类，相关数据见表8-1。经测算，A混凝土单价为220元/m³，B混凝土单价为230元/m³，C混凝土单价为225元/m³。另外，支梁侧模单价为21.4元/m²，支梁底模单价为24.8元/m²，钢筋绑扎单价为3390元/t。试选择最经济的施工制作方案。

各方案基础数据表 表 8-1

方案	混凝土种类	梁断面尺寸（宽 mm×高 mm）	钢筋（kg/m³ 混凝土）
一	A	300×900	95
二	B	500×600	80
三	C	300×800	105

【解】 计算方案一的费用：

(1) 混凝土费用：$0.3×0.9×9.9×220=588.06$ 元

(2) 支梁侧模费用：$0.9×9.9×2×21.4=381.35$ 元

(3) 支梁底模费用：$0.3×9.9×24.8=73.66$ 元

(4) 钢筋绑扎费用：$0.3×0.9×9.9×0.095×3390=860.84$ 元

由此：方案一的总费用为：$588.06+381.35+73.66+860.84=1903.91$ 元

同理，可得方案二的费用为1865.55元，方案三的费用为1792.97元。由于方案三的费用最低，故方案三为最经济的施工方案。

【例8.2】 某机械化施工企业承包了某工程的土方施工任务，土方工程量为9800m³，平均运土距离为8km，合同工期为10天。该企业的挖掘机和自卸汽车的主要参数见表8-2。

(1) 若挖掘机和自卸汽车按表中型号只能各取一种，且数量没有限制，如何组合机械最经济？每立方米土方的挖运费为多少？

(2) 若工程只允许白天施工，且每天安排的挖掘机和自卸汽车的型号、数量不变，需安排几台何种型号的挖掘机和几台何种型号的自卸汽车？

(3) 按上述的机械安排，每立方米土方的挖运费用为多少元？

挖运设备主要参数 表 8-2

型 号	挖掘机			自卸汽车		
	WY50	WY75	WY100	5t	8t	15t
数量（台）	4	2	1	10	20	10
台班产量（m³）	401	549	692	28	45	68
台班单价（元/台班）	880	1060	1420	318	458	726
单位产量费用（元/m³）	2.19	1.93	2.05	11.36	10.18	10.68

注：自卸汽车的台班产量指运距8km时的台班产量。

【解】（1）当设备数量没有限制时，应选择单位产量费用最低的机械，即选用 WY75 挖掘机和 8t 的自卸汽车，每立方米土方的挖运费为：

$$1.93+10.18=12.11 \text{ 元}/\text{m}^3$$

（2）若工程只允许白天施工，每天需安排 WY75 挖掘机的台数为：

9800/（549×10）＝1.79 台，即每天安排 WY75 挖掘机 2 台。

每天应安排 8t 的自卸汽车台数为：

2×549/45＝24.4 台，即每天安排 8t 自卸汽车的数量 25 台。

由于该公司目前仅有 20 台 8t 自卸汽车，故还应另选其他型号自卸汽车。由于已选定每天安排 2 台 WY75 挖掘机，则挖完该工程土方天数为：

$$9800/（549×2）=8.93≈9 \text{ 天}$$

因此，20 台 8t 自卸汽车每天不能运完的土方量为：

$$9800/9-45×20=189\text{m}^3$$

为每天运完以上土方量，可选择三种不同的机械组合方案，见表 8-3。

不同的机械组合方案 表 8-3

型　　号	方案一		方案二		方案三	
	15t	5t	15t	5t	15t	5t
数量（台）	3		2	2	1	5
每天可完成的工程量（m³）	68×3=204		(68+28)×2=192		68+28×5=208	
费用（元）	726×3=2178		(726+318)×2=2088		726+318×5=2316	

在上述三种方案中，方案二费用最低，故应另外再安排 2 台 15t 自卸汽车和 2 台 5t 自卸汽车。

即为完成该工程的土方任务，每天需安排 WY75 挖掘机 2 台，8t 自卸汽车 20 台，15t 自卸汽车和 5t 自卸汽车各 2 台，时间共 9 天。

（3）按上述安排的挖掘机和自卸汽车的数量，每立方米土方相应的挖运费用为：

挖掘机单位产量费用：（1060×2×9）/9800＝1.95 元/m³

自卸汽车单位产量费用：（458×20+726×2+318×2）×9/9800＝10.33 元/m³

挖运费用为：1.95＋10.33＝12.28 元/m³

在进行机械安排方案的经济评价时，应综合考虑工程量、工期要求、机械效率、现场管理等因素，才能得出较为合理的结论。

在本例中，如挖土每天安排 WY75 挖掘机 2 台（共 9 个台班），运土每天安排 20 台 8t 和 3 台 5t 的自卸汽车（共 10 个台班），有：

自卸汽车可完成的运土量：（45×20+28×3）×10＝9840m³＞9800m³

单位土方量挖运费用：（1060×2×9）/9800＋（458×20+318×3）×10/9800

$$=12.27 \text{ 元}/\text{m}^3<12.28 \text{ 元}/\text{m}^3$$

这种方案可以在工期内可完成土方运输量，但造成每天都有运不完的土堆在施工现场，影响现场施工管理和运土效率，而单位产量费用仅节约 0.01 元/m³。如果考虑提前 1 天完成土方工程可能带来的收益，此方案就更不宜采用了。

2. 指标系统综合法

【例 8.3】 某高层住宅的施工总平面图布置有三种不同的方案,各方案的分析指标见表 8-4,试评价哪种方案较好。

【解】 按第 7 章介绍的方法,以大者为优转置指标数列,见表 8-5。

对转置后的指标数列用大数相除,可得到新的分析指标数列,见表 8-6 中的分子。

表 8-6 中分子上的数与相应行的权数相乘,得到表 8-6 中分母的数。各列分母上的数相加,即得方案综合指数。比较方案综合指数,以大者为优,故应选用第三方案。

施工总平面图技术经济效果比较表 表 8-4

序号	指标名称	单位	方案一	方案二	方案三	权数
1	场内占地面积	m^2	26000	23000	24000	0.15
2	场外占地面积	m^2	3000	4000	4200	0.12
3	场内占地利用系数	%	40	50	55	0.18
4	临时设施总费用	万元	225	212	200	0.20
5	利用原有设施节约	万元	54	58	72	0.18
6	临时水管长度	m	300	250	270	0.09
7	临时电线长度	m	415	460	486	0.08

指标数转置表 表 8-5

指标序号	转置指标			权数
	方案一	方案二	方案三	
1	23000	26000	25000	0.15
2	4200	3200	3000	0.12
3	40	50	55	0.18
4	200	213	225	0.20
5	54	58	72	0.18
6	250	300	280	0.09
7	486	441	415	0.08

无量纲化及方案评价表 表 8-6

指标序号	分析指标数列表			权数
	一	二	三	
1	0.88/0.13	1.00/0.15	0.96/0.14	0.15
2	1.00/0.12	0.76/0.09	0.71/0.09	0.12
3	0.73/0.13	0.91/0.16	1.00/0.18	0.18
4	0.89/0.18	0.95/0.19	1.00/0.20	0.20
5	0.75/0.14	0.81/0.15	1.00/0.18	0.18
6	0.83/0.08	1.00/0.09	0.93/0.08	0.09
7	1.00/0.08	0.91/0.07	0.85/0.07	0.08
方案综合指数	0.85	0.90	0.94	1.00

3. 价值系数法

【例 8.4】 某工程队准备用价值工程方法降低框架轻墙住宅建筑的成本。现拟定了三种砌墙方案。首先工程队对框架轻墙的八个评价特性进行了 01 评分法，见表 8-7。然后对三种方案中的八个评价特性的满足程度进行了评分，见表 8-8。试用价值系数法进行方案择优。

01 评分法得分值 表 8-7

评价特性	A	B	C	D	E	F	G	H	得分	修正得分
强度 A	×	0	1	0	0	1	1	1	4	5
稳定性 B	1	×	1	1	1	1	1	1	7	8
耐久性 C	0	0	×	0	0	0	0	1	1	2
防火 D	1	0	1	×	1	1	1	1	6	7
隔热 E	1	0	1	0	×	1	1	1	5	6
隔声 F	0	0	1	0	0	×	1	1	3	4
防水 G	0	0	1	0	0	0	×	1	2	3
防盗 H	0	0	0	0	0	0	0	×	0	1
总分										36

各方案对功能的满足程度及造价 表 8-8

评价特性	A	B	C	D	E	F	G	H	造价（万元）
方案 I	5	5	5	5	3	3	5	2	182.16
方案 II	5	5	5	5	3	4	5	3	175.41
方案 III	5	5	5	5	4	4	5	3	160.64
Σ									518.21

【解】 根据表 8-7 计算方案各功能的重要程度，并根据表 8-8 方案对八个评价特性的满足程度得分求出各方案功能总分和方案功能评价系数，见表 8-9。

各方案的评价系数 表 8-9

功能	A	B	C	D	E	F	G	H	方案功能总分 $\sum_j \phi_i S_{ij}$	方案功能评价系数
重要系数 Φ_i	0.139	0.222	0.056	0.194	0.167	0.111	0.083	0.028		
方案	\multicolumn{8}{c}{满足程度得分（S_{ij}）}		
I	5	5	5	5	3	3	5	2	4.361	0.322
II	5	5	5	5	3	4	5	3	4.500	0.333
III	5	5	5	5	4	4	5	3	4.667	0.345
合计									13.528	1.000

根据表 8-8、表 8-9 计算各方案的功能评价系数、成本系数，并求价值系数，见表 8-10。

各方案的价值系数计算表 表 8-10

方　案	功能评价系数	成本系数	价值系数
I	0.322	0.352	0.917
II	0.333	0.338	0.983
III	0.345	0.310	1.113

方案 III 价值系数最高，因此 III 为最优方案。

4. 工期效益分析法

在工程实施阶段，项目提前建成投产，既能减少固定资产投资的占用，又能提前创造新的经济效益，因此控制工期就显得十分重要。

由于工期拖延，造成的总损失可用下式计算：

$$F_t = P_{ra}(F/A, i, n) + [P_0(F/P, i, n) - P_0] \tag{8-1}$$

式中 F_t——工期拖延损失的终值；

P_{ra}——达到设计能力的年利润额；

P_0——项目投资额；

n——工期拖延年数；

i——资金年利息率。

【例 8.5】 某工程投资总额为 1000 万元，预计投产后每年能获得利润 100 万元，投资由银行贷款，贷款利率为 8%，现因故拖延 3 年才能投产，试计算项目的经济损失。

【解】 依式（8-1），有：

$$F_t = 100(F/A, 8\%, 3) + [1000(F/P, 8\%, 3) - 1000] = 584.6 \text{ 万元}$$

此外，在第 4 章介绍的互斥方案的选择方法、第 7 章介绍的多指标评价法等都可以用于项目实施阶段方案的经济评价。

工程实施阶段，机械的选择对项目的经济效果影响很大。施工企业面临机械的匹配选择（如例 8-2）、机械的更新选择、机械的租赁选择等问题，详细内容将在第 9 章论述。

习 题

1. 某项目每月混凝土总需要量为 5000m³，混凝土工程施工有两种方案可供选择：方案 A 为施工企业混凝土搅拌站提供，方案 B 为购买商品混凝土。已知商品混凝土平均单价为 410 元/m³，施工企业混凝土搅拌站制作混凝土的单价计算公式为：

$$C = \frac{200000}{Q} + \frac{15000 \times T}{Q} + 320$$

式中 C——施工企业混凝土搅拌站制作混凝土的单价（元/m³）；

Q——每月混凝土总需要量（m³）；

T——工期（月）。

(1) 当混凝土浇筑工期不确定时，A、B 两个方案哪一个较经济？

(2) 当混凝土浇筑工期为 12 个月时，施工企业混凝土搅拌站制作混凝土的数量最少为多少立方米才比购买商品混凝土经济？

2. 某企业产品装配有两种方案，一是手工装配，每件成本 12 元，相关辅助设备年摊销费 3000 元；二是机械装配，需投资 45000 元购置一台装配设备，寿命 9 年，预计残值 1500 元，每装配一件产品人工费 5 元，年设备维护成本 1800 元。如果其他费用相同，资金利率为 10%，试选择装配方案。

3. 某建筑物有两个不同的施工方案，A 方案的建造成本为 1200 元/m²，B 方案的建造成本为 1350 元/m²，两方案的评价指标、各指标权重及方案对指标的满足程度见下表，试用价值工程方法对方案进行评价。

指 标	平面布局	使用面积	建筑成本	施工效率	工期	资源节约额
重要系数	0.15	0.15	0.20	0.12	0.20	0.18
A 方案对指标的满足程度	8	8	9	7	8	7
B 方案对指标的满足程度	7	9	8	8	9	8

4. 某施工企业需购一台机械设备，现有两种设备可供选择，设备的各年的现金流量见下表。设基准收益率为 10%，试进行设备的选择。

方案	投资（万元）	年净现金流量（万元）	残值（万元）	寿命（年）
A	10	3	1.5	6
B	15	4	2	9

第9章 设备选择与更新经济评价

设备是建设项目中的重要技术要素和物质手段。设备的技术水平和效率是行业或企业机械化水平的重要标志，是判定一个企业技术创新能力、市场竞争能力的重要标准，也是国家经济发展的物质技术基础。

9.1 设备选择与更新概述

重要概念与知识点

(1) 设备更新的概念：

广义的设备更新是指补偿设备的综合磨损，包括设备修理、设备更换、设备更新和设备现代化改装。狭义的设备更新包括原型设备更新和新型设备更新。

(2) 设备磨损与补偿的关系：

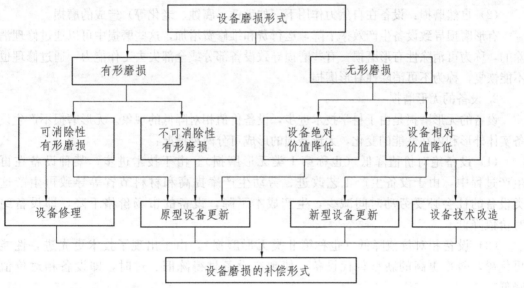

(3) 设备的寿命：

设备的寿命包括设备的自然寿命、技术寿命、折旧寿命和经济寿命。经济寿命是确定设备最佳更新时间的主要依据。

9.1.1 设备的选择

设备的选择有不同的含义。一是由于项目需要，需购置新设备，满足项目运营需要；二是项目现有设备效率下降，不能满足使用要求，需用同类型的设备或效率更高的设备替换；三是对现有设备进行修理，恢复原有功能或效率；四是租赁设备，降低设备的使用成本或满足短期使用设备的需求。不同的设备选择方式，其经济效果会有所不同。

9.1.2　设备的更新

广义的设备更新是指补偿设备的综合磨损，包括设备大修、设备更换、设备更新和设备现代化改装。

狭义的设备更新包括原型设备更新和新型设备更新。原型设备更新又称更换，即用同型号的新设备代替磨损严重不能继续使用的旧设备；新型设备更新是以结构更先进、功能更完善、性能更可靠、生产效率更高、产品成本更低的新设备代替已磨损、不能继续使用的设备或设备虽然能继续使用，但在经济上继续使用已不合理的旧设备。

设备的更新应进行技术论证和经济评价，从而做出最佳选择。片面追求机械的现代化，会造成企业资产的流失；但延缓设备更新时间，则将会造成机械生产效率下降，生产成本增加。因此，正确确定设备何时更新和如何更新，对提高企业的竞争力十分重要。

9.1.3　设备的磨损

1. 设备的有形磨损

设备在使用或闲置过程中所发生的实体磨损称为有形磨损或物质磨损。有形磨损可分为两种。

（1）使用磨损：设备在外力作用下（如摩擦、受到冲击、超负荷或交变应力作用、受热不均匀等）造成的实体磨损、变形或损坏。

（2）自然磨损：设备在自然力作用下（如生锈、腐蚀、老化等）造成的磨损。

有形磨损导致设备生产效率下降，运行费和维修费增加，这些磨损中可以通过修理消除的，称为可消除性有形磨损；有些磨损导致设备部分或全部失去工作能力，通过修理也不能恢复，称为不可消除性有形磨损。

2. 设备的无形磨损

设备的无形磨损是由于科学技术进步，设备价值相对降低的现象。无形磨损不产生设备实体外形和内在性能的变化，无形磨损的形成可分两种情况：

（1）设备绝对价值降低（也称第Ⅰ类无形磨损）。由于技术进步，某种设备在再生产过程中，由于设备生产工艺改进、劳动生产率提高和材料节省等导致再生产这类设备的社会必要劳动时间减少，生产成本下降，设备的市场价格下降，即设备绝对价值降低。

（2）设备相对价值降低（也称第Ⅱ类无形磨损）。由于出现了技术更先进，性能更优越，效率更高的新型替代设备，使现有设备显得陈旧、过时，即设备相对价值降低。

3. 设备的综合磨损

设备在使用过程中发生的磨损往往是由有形磨损和无形磨损的共同作用产生的，这称为综合磨损。

有形磨损和无形磨损的共同点是两者均会导致设备原始价值的贬值，不同点是：有形磨损较为严重的设备，在修理之前，往往不能正常运转；无形磨损一般不会影响正常使用，但经济性能下降。

9.1.4　设备磨损的补偿

设备磨损的类型不同，补偿的方式也不相同。设备磨损的补偿方式有设备修理、设备技术改造、原型设备更新和新型设备更新四种。

当设备发生有形磨损，如磨损具有可消除性，既可以通过设备修理局部补偿，也可以进行原型设备更新予以完全补偿；如磨损不可消除，只能进行原型设备更新。当设备出现无形磨损，如属于设备绝对价值降低，将促使原型设备更新时间提前；如属于设备相对价值降低，一方面可以通过设备现代化技术改造，使设备磨损得以补偿；另一方面，也可以通过新型设备更新，实现设备的完全补偿。

设备磨损的补偿方式分为局部补偿和完全补偿，如图9-1所示。设备有形磨损的局部补偿是修理，设备无形磨损的局部补偿是改造。有形磨损和无形磨损的完全补偿是更新，即淘汰旧设备，更换新设备。

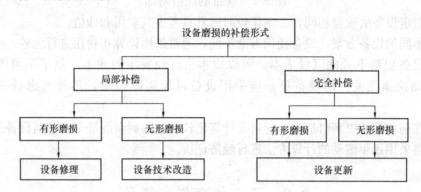

图9-1　设备磨损的不同补偿形式

9.1.5　设备的寿命

由于磨损的存在，设备的使用价值和经济价值逐渐消失，因而设备具有一定的寿命。设备的寿命，由于研究角度的不同其含义也有差异。

1. 设备自然寿命

设备自然寿命，又称物理寿命，是指设备从投入使用，到因物质磨损导致设备报废为止所经历的时间。自然寿命由设备的有形磨损所决定，与维修保养得好坏，以及使用状况密切相关。

2. 设备技术寿命

设备技术寿命是指设备从投入使用到因技术落后而被淘汰为止所经历的时间。技术寿命与技术进步引起的无形磨损密切相关，技术进步越快，设备的技术寿命越短。

3. 设备折旧寿命

设备折旧寿命是指国家有关部门规定的设备计提折旧费的年限。

4. 设备的经济寿命

设备经济寿命是从经济的角度看设备最合理的使用期限，即投入使用的设备总成本最低的年限。如图9-2所示。

图中 N_0 是设备的经济寿命。设备按经济寿命进行更新，可以确保使用设备的总成本费用最低。

9.1.6　设备更新经济评价的特点

由设备磨损形式与其补偿方式的关系可以看出，设备更新经济评价一般都可归结为互斥方案比选问题，但由于设备更新的特殊性，设备更新经济评价具有以下特点：

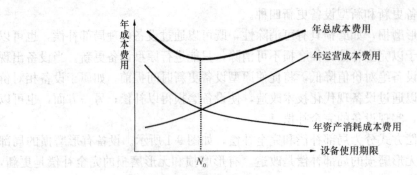

图 9-2 设备的经济寿命

（1）假定设备的收益相同，方案比较时通常只考虑其费用和残值。

（2）不同的设备方案，设备使用寿命不同，通常采用计算年费用进行比较。

（3）设备更新不考虑沉没成本。沉没成本是已经发生的成本，属于不可恢复的费用，与更新决策无关。即设备更新应采用设备目前实际价值，不能考虑设备原购买价格。

（4）在确定最佳更新时机时，应首先计算比较设备的剩余经济寿命和新设备的经济寿命，然后再采用逐年滚动的计算方法进行经济评价。

9.2 设备修理经济评价

重要概念与知识点

（1）设备进行大修理应满足的条件：

①大修理费应小于或等于购置同类型新设备的价值与现有设备的残值之差。

②设备大修理后的单位产品生产费用不能高于同类型新设备的单位产品生产费用。

（2）单位产品生产费用的计算公式

①设备大修理后的单位产品生产费用 C_P：

$$C_P = \frac{(\text{大修费现值}+\text{设备现值}-\text{下一大修时间设备残值的现值})(A/P,i,\text{大修间隔年数})}{\text{设备年均产量}}$$

$+$运行期单位产品成本

②同类型新设备的单位产品生产费用 C_m：

$$C_m = \frac{(\text{设备现值}-\text{下一大修时间设备残值的现值})(A/P,i,\text{大修间隔年数})}{\text{设备年均产量}}$$

$+$运行期单位产品成本

9.2.1 设备修理概述

设备修理分为小修、中修和大修。小修主要进行设备调整、修复、个别零部件更换；中修需要进行设备的部分解体；大修则要进行设备的全部解体，彻底消除缺陷，使设备性能基本恢复并接近出厂标准。大修理是设备修理工作中花费最高的修理，所以进行设备修理经济分析应以设备大修理为重点。

9.2.2 设备大修理的经济评价方法

设备大修能够利用现有设备大部分零部件，并在一定程度上恢复设备的效能水平，这与购置新设备相比具有优越性。但随着设备大修次数的增长，设备劣化程度逐次加深，大修费用越来越高，大修间隔期越来越短，大修的经济性也越来越差。因此，在决策设备大修时，需要与设备更新的效果进行比较。

设备大修应满足以下两个条件：

（1）大修理费用 R 不能超过购置同类型新设备的重置价值 P 与现有设备的残值之差。即：

$$R \leqslant P - S \tag{9-1}$$

（2）现有设备 P 大修理后的单位产品生产成本费用 C_P 不能高于同类型新设备 m 的单位产品生产成本费用 C_m。即：

$$C_P \leqslant C_m \tag{9-2}$$

$$C_P = \frac{(R + V_P)(A/P, i, T_P)}{Q_{AP}} + C_{oP}$$

$$C_m = \frac{V_m(A/P, i, T_m)}{Q_{Ai}} + C_{om}$$

式中　R——大修理费用；

　　　V——设备现有的市场价值扣减设备在下一大修时间的残值的现值；

　　　T——设备运行到下一次大修的间隔年数；

　　　Q_A——设备到下一次大修期间的年均产量；

　　　C_o——设备到下一次大修期间的单位产品成本。

【例9.1】　某企业一台设备已使用6年，该设备的评估价值为3000元。现设备需进行第一次大修，预计大修费为5000元，大修后设备增值为6400元，平均每年加工产品45吨，年平均运行成本费用2530元。设备经大修后可继续使用4年，届时设备价值为2000元。现市场新设备价值为32000元，平均每年加工产品63吨，年平均运行成本费用2260元。预计使用5年进行第一次大修，大修时设备价值7500元。设基准收益率为10%，对该企业设备大修理决策进行经济分析。

【解】　已知 $R = 5000$ 元

$P - S$ 为：$32000 - 3000 = 29000$ 元

$R < P - S$，满足设备大修理的第一个条件。

由题意，有：

$C_P = \{[5000 + 3000 - 2000(P/F, 10\%, 4)](A/P, 10\%, 4)\} \div 45 + 2530 \div 45$
　　　$= 102.73$ 元/吨

$C_m = \{[32000 - 7500(P/F, 10\%, 5)](A/P, 10\%, 5)\} \div 63 + 2260 \div 63$
　　　$= 150.37$ 元/吨

即 $C_P \leqslant C_m$，满足大修理的第二个条件。

所以，该企业应选择对设备进行大修理。

9.3　原型设备更新经济评价

重要概念与知识点

（1）原型设备更新的最佳时机就是设备的经济寿命。因此，原型设备的更新问题可归结为求设备的经济寿命的问题。

（2）年平均成本费用的计算公式：

$$AC_N = \frac{P - L_N}{N} + \frac{1}{N} \sum_{t=1}^{N} C_t$$

静态方法确定的经济寿命即为年平均成本费用最小时所对应的年份。

（2）净年值法的计算公式为：

$$AC_N = P(A/P, i_c, N) - L_N(A/F, i_c, N) + \left[\sum_{t=1}^{N} C_t(P/F, i_c, t) \right] \times (A/P, i_c, N)$$

或 $AC_N = \left[(P - L_N) + \sum_{t=1}^{N} C_t(P/F, i_c, t) \right] \times (A/P, i_c, N) + L_N i_c$

当 C_t 为常量 A_0，有

$$AC_N = (P - L_N)(A/P, i_c, N) + L_N i_c + A_0$$

动态方法确定的经济寿命即为净年值最小时所对应的年份。

9.3.1　原型设备更新概述

原型设备更新，主要针对设备在使用期内，没有出现技术更先进、功能更完善、性能更优越的新设备。现有设备与替换设备类型相同，具有完全相同的经济属性。当该设备到达经济寿命进行更新时，花费的年平均成本费用最小。若提前更新或延迟更新，其对应的年平均成本费用都高于经济寿命时的年平均成本费用。因此，原型设备更新的最佳时机就是设备的经济寿命。原型设备更新问题可归结为求该设备的经济寿命问题。

按照是否考虑资金时间价值，设备经济寿命可以分为经济寿命的静态计算和动态计算。

9.3.2　经济寿命的静态计算

设 P 为设备的原值，C_t 为设备第 t 年的经营成本，L_N 为设备第 N 年末的残值，则设备使用 N 年的年平均成本费用为 AC_N，计算公式为：

$$AC_N = \frac{P - L_N}{N} + \frac{1}{N} \sum_{t=1}^{N} C_t \tag{9-3}$$

由经济寿命的定义，可通过计算设备不同使用年限的年平均成本费用 AC_N，来确定设备的经济寿命。若设备的经济寿命为 m 年，则应同时满足下列条件：

$$AC_{m-1} \geqslant AC_m \leqslant AC_{m+1} \tag{9-4}$$

如图 9-3 所示，当设备使用年限为 m 时，年平均成本费用最小，即设备经济寿命为第 m 年。

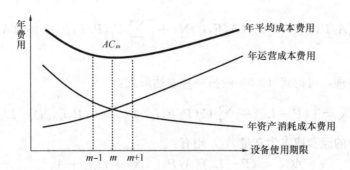

图 9-3 设备经济寿命计算示意图

【例 9.2】 某施工企业的一台施工设备，原值 30 万元，自然寿命 8 年，各年运行费用及年末残值见表 9-1，不考虑资金时间价值，试确定该设备的经济寿命。

设备运行费用及年末残值（元）　　　　　　　　　　　表 9-1

年　限	1	2	3	4	5	6	7	8
C_t（运行费用）	50000	60000	73000	88000	108000	133000	163000	198000
L_N（残值）	150000	80000	50000	30000	10000	3000	3000	3000

【解】 根据式（9-2），列表计算该设备在不同年限的年平均成本费用，结果见表 9-2。

设备年平均成本费用计算表（元）　　　　　　　　　　表 9-2

N（年限）	$P-L_N$	$\dfrac{P-L_N}{N}$	$\displaystyle\sum_{t=1}^{N} C_t$	$\dfrac{1}{N}\displaystyle\sum_{t=1}^{N} C_t$	AC_N
（1）	（2）	（3）＝（2）/（1）	（4）	（5）＝（4）/（1）	（6）＝（3）＋（5）
1	150000	150000	50000	50000	200000
2	220000	110000	110000	55000	165000
3	250000	83333	183000	61000	144333
4	270000	67500	271000	67750	135250
5	290000	58000	379000	75800	133800
6	297000	49500	512000	85333	134833
7	297000	42429	675000	96429	138857
8	297000	37125	873000	109125	146250

由年平均成本费用计算结果知，设备使用到第 5 年时，年平均成本费用最低，因此，设备经济寿命为 5 年，即每隔 5 年更新，企业年平均成本费用最低。

随着设备使用时间的延长，设备的磨损将会导致设备年使用成本逐年增加，这称为设备的劣化。逐年增加的设备年使用成本称为设备的低劣化值。假定设备每年的低劣化值 λ 为常量，并假定设备每年的残值相等（设为 L），由式（9-3）可推出：

$$m = \sqrt{\frac{2(P-L)}{\lambda}} \tag{9-5}$$

用该式计算设备经济寿命十分简便。但由于式（9-5）的推导过程中，假定各年的低劣化值和残值为常量，这与实际情况存在差距，因此计算结果有一定的误差。

9.3.3 经济寿命的动态计算

经济寿命的动态计算即在经济寿命计算时考虑了资金的时间价值。可以通过计算净年值的方法求出方案的经济寿命，即 AC_N 最小时的年份即为其对应的经济寿命。净年值的计算公式为：

$$AC_N = P(A/P, i_c, N) - L_N(A/F, i_c, N) + \left[\sum_{t=1}^{N} C_t(P/F, i_c, t) \right] \times (A/P, i_c, N)$$

$$(9\text{-}6)$$

经过数学整理，可得式（9-6）的另一种表达形式：

$$AC_N = \left[(P - L_N) + \sum_{t=1}^{N} C_t(P/F, i_c, t) \right] \times (A/P, i_c, N) + L_N i_c \quad (9\text{-}7)$$

当设备每年的经营成本为常量 A_0，则有：

$$AC_N = (P - L_N)(A/P, i_c, N) + L_N i_c + A_0 \quad (9\text{-}8)$$

【例 9.3】 计算【例 9.2】所述设备动态经济寿命，设企业确定的基准收益率为 10%。

【解】 根据式（9-7）计算该设备在不同使用年限的等值年费用。计算过程和结果见表 9-3。

不同使用年限的等值年费用计算表（单位：元）　　　　　　　　表 9-3

年限	C_t	$C_t(P/F, i_c, n)$	$\sum\limits_{t=1}^{N} C_t(P/F, i_c, t)$	$P - L_N$	[(4) + (5)] × $(A/P, i_c, N)$	$L_N i_c$	AC_N
(1)	(2)	(3) = (2) × $(P/F, i_c, n)$	(4) = $\sum\limits_{t=1}^{N}$(3)	(5)	(6)	(7)	(8) = (6) + (7)
1	50000	45455	45455	150000	215000	15000	230000
2	60000	49587	95041	220000	181524	8000	189524
3	73000	54846	149887	250000	160801	5000	165801
4	88000	60105	209992	270000	151424	3000	154424
5	108000	67060	277052	290000	149587	1000	150587
6	133000	75075	352127	297000	149044	300	149344*
7	163000	83645	435772	297000	150515	300	150815
8	198000	92368	528140	297000	154668	300	154968

由计算结果可知，考虑资金时间价值时，该设备使用到 6 年时，净年值为 149344 元，使用年限大于或小于 6 年时，净年值均大于 149344 元，故该设备动态经济寿命为 6 年。

9.4　新型设备更新经济评价

重要概念与知识点

现有设备与新型设备的评价方法

（1）现有设备采用目前实际价值，不考虑沉没成本；将其目前实际价值作为现有设备的机会成本。

（2）分别计算现有设备与新型设备的年均成本费用法或年值成本法，选用费用最低的设备。

9.4.1　新型设备更新概述

新型设备更新是指以功能更完善、效能更优越的先进设备替换已磨损不能继续使用或虽可继续使用，但在经济上继续使用已不合理的现有设备。因此，新型设备更新问题实质上是现有设备方案与新型设备方案的互斥方案比较问题。

9.4.2 新型设备更新经济评价方法

新型设备更新的方案评价常采用年均成本费用法或年值成本法。年均成本费用法不考虑资金的时间价值，即静态方法。年值成本法是指在考虑资金的时间价值条件下，通过分别计算比较既有旧设备和备选新设备服务期（或经济寿命期）内的年均总费用，决定使用新型设备还是继续使用旧设备。

运用年值成本法进行设备更新决策需注意：

（1）在设备仍需使用较长时间时，需比较新旧设备在其各自经济寿命期内的费用年值。若新设备费用年值小于旧设备费用年值，则应考虑进行设备更新；相反则继续使用旧设备。

（2）在设备还需使用的时间是确切期限时，比较新旧设备在该服务年限期内的费用年值。若新设备费用年值小于旧设备费用年值，则应考虑进行设备更新，否则继续使用旧设备。

（3）在计算旧设备费用年值时，因其初始购置费发生在决策之前，属于沉没成本，不予考虑，只考虑现有设备的现行市场价值。

【例 9.4】 某企业的设备是 8 年前以 9.6 万元购置及安装费的，该旧设备目前市场价为 28000 元，估计可再使用 2 年，1 年后残值为 15200 元，2 年后残值为 2850 元。市场现有一种新型设备，购置及安装费为 12 万元，使用寿命为 8 年，第 1 年价值减损 18000 元，以后年递减 1800 元，最后两年分别减损 9200 和 13400 元。旧设备和新设备每加工 100 件产品所需时间分别为 5.24 小时和 4.6 小时，企业预计今后年均销售 24000 件产品。该企业人工费为 18.7 元/时。旧设备使用第 1 年的动力费为 8.7 元/时，次年为 9.7 元/时；新设备第 1 年动力费为 7.9 元/时，以后每年递增 0.50 元/时。用静态方法分析是否应进行设备更新（各指标计算结果取整数）。

【解】 新旧设备单位产品人工费均为 18.7 元/时，但动力费不相同。

第 1 年旧设备的费用计算如下：

年人工费＝5.24×240×18.7＝23517.12 元

年动力费＝5.24×240×8.7＝10941.12 元

年运行费＝23517＋10941＝34458 元

年均设备消耗费＝28000－15200＝12800 元

第 1 年新设备的费用计算如下：

年人工费＝4.6×240×18.7＝20644.80 元

年动力费＝4.6×240×7.9＝8721.60 元

年运行费＝20644.80＋8721.60＝29366 元

第 1 年期末残值＝120000－18000＝102000 元

年均设备消耗费＝120000－102000＝18000 元

同理可算得新旧设备各年费用，见表 9-4、表 9-5。

旧设备费用年值计算表（元） 　　　　　　　　　　　　　表 9-4

计算年限	年运行费	年均运行费	期末残值	年均设备消耗费	费用年值
①	②	③＝∑②/①	④	⑤＝（现时价格－④）/①	⑥＝③＋⑤
1	34458	34458	15200	12800	47258
2	35716	35087	2850	12575	47662

新设备费用年值计算表（元）　　　　　　　　　　　　　　　表 9-5

计算年限 ①	年运行费 ②	年均运行费 ③＝∑②/①	期末残值 ④	年均设备消耗费 ⑤＝（现时价格－④）/①	费用年值 ⑥＝③+⑤
1	29366	29366	102000	18000	47366
2	29918	29642	85800	17100	46742
3	30470	29918	71400	16200	46118
4	31022	30194	58800	15300	45494
5	31574	30470	48000	14400	44870
6	32126	30746	39000	13500	44246
7	32678	31022	29800	12886	43908
8	33230	31298	16400	12950	44248

由以上计算结果可以得出：

（1）若只需使用该类设备 1 年时间，则无需更换；

（2）若使用时间超过 1 年，则应考虑更新设备。

【例 9.5】 某企业 6 年前花 8400 元购置了设备 A，寿命期为 12 年，残值为 1200 元，年经营费用为 2100 元。现在由于 A 设备的生产能力已不能市场满足要求，企业提出了两个解决方案：

方案一：购进与设备 A 完全相同的 A 型机器，现购买价为 9600 元，寿命期和年使用费与 A 相同，残值为 1600 元；

方案二：将设备 A 折价 3000 元出售，再购进生产同样产品的 B 型机器，生产能力是 A 型的两倍。购置费为 17000 元，寿命期为 10 年，年经营费用为 3100 元，残值为 4000 元。

设 i_c＝10%。比较两个更新方案，并作出选择。

【解】 对这个问题，可以换个角度考虑，即方案一为花 3000 元买一台使用了 6 年的旧 A 设备加花 9600 元买一台新的 A 设备；方案二是花 17000 元购置一台 B 型机器。

方案一包括两个现金流量图，如图 9-4 所示。

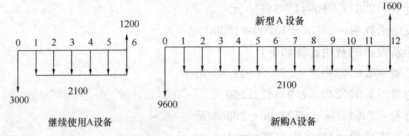

图 9-4　使用旧设备与增加原型新设备的流量图

依式 (9-8)，方案一的年费用为：

$$AC_1 = (3000-1200)(A/P,10\%,6) + 1200 \times 10\% + 2100$$
$$+(9600-1600)(A/P,10\%,12) + 1600 \times 10\% + 2100$$
$$=6067 \text{ 元}$$

方案二的现金流量图如图 9-5 所示。

方案二的年费用为：

$$AC_2 = (17000-4000)(A/P,10\%,10) + 4000 \times 10\% + 3100 = 5615 \text{ 元}$$

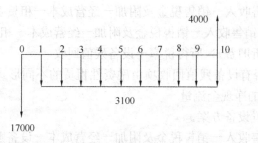

图 9-5 购买新设备的流量图

方案一的年费用高于方案二的年费用，因此应该将旧设备 A 处理，购入 B 设备。

9.5 设备租赁与购置经济评价

重要概念与知识点

设备购置方案与租赁方案的比选属于互斥方案的比选。比选方法就是将两种方案的现金流量进行比较。

当方案寿命期相同时，可以采用直接计算各方案净现值的方法进行比选，也可以采用计算设备购置费方案与设备租赁费方案的差额现金流量的净现值的方法比选。如果差额现金流量的净现值＞0，应选择设备购置方案；如果差额现金流量的净现值＜0，应选择设备租赁方案。

当方案寿命期不相同时，则可采用计算各方案的净年值进行比选。

9.5.1 设备租赁概述

设备租赁是设备使用者按照合同规定，按期向设备所有者支付租金而取得设备使用权的经营活动。设备租赁分经营租赁和融资租赁两种，前者一般租赁期较短，承租方可视自身需要决定承租时间和期限，决定是终止还是继续租赁，常用于技术更新快、临时短期使用的设备；后者租赁期较长，租赁双方在确定租赁期内的义务不得任意中止和取消。由于设备是承租者选定的，出租者对设备的整体性能、维修保养、老化等不承担责任。对于承租人来说，融资租入的设备属于固定资产，可以计提折旧计入企业成本，而租赁费一般不直接列入企业成本，由企业税后支付。但租赁费中的利息和手续费（手续费也可约定包括在租赁费中或一次支付）可在支付时计入企业成本，作为纳税所得额中准予扣除的项目。

9.5.2 设备租赁与购置经济评价方法

设备租赁与购置经济评价关键是比较租赁设备和购置设备哪个方案的年总费用更低。

1. 租赁设备方案的净现金流量

（1）经营性租赁方案。

净现金流量＝销售收入－销售税金及附加－经营成本－租赁费

$\qquad$－（销售收入－销售税金及附加－经营成本－租赁费）×所得税率 　　　（9-9）

其中租赁费一般包括租赁保证金占用损失、租金和担保费。

（2）融资性租赁方案。

净现金流量＝销售收入－销售税金及附加－经营成本－租赁费

　　　　　　－（销售收入－销售税金及附加－经营成本－租赁费中的手续费和利息

　　　　　　－折旧费）×所得税率＋设备残值回收　　　　　　　　　　　　　（9-10）

式（9-10）中是否有设备残值回收项由融资性租赁的不同形式决定。

2. 购置设备方案的净现金流量

（1）自有资金购置设备方案。

净现金流量＝销售收入－销售税金及附加－经营成本－设备购置费

　　　　　　－（销售收入－销售税金及附加－经营成本－折旧费）×所得税率

　　　　　　＋设备残值回收　　　　　　　　　　　　　　　　　　　　　　（9-11）

（2）贷款购置设备方案。

净现金流量＝贷款金额＋销售收入－销售税金及附加－经营成本－设备购置费

　　　　　　－贷款利息－（销售收入－销售税金及附加－经营成本－折旧费

　　　　　　－贷款利息）×所得税率－偿还贷款本金＋设备残值回收　　　　（9-12）

根据互斥方案差额投资分析法，用购置设备方案的净现金流量减去租赁设备方案的净现金流量；如果差额现金流量的净现值＞0，说明设备购置方案增加的投资在财务上是可行的，应选择设备购置；如果差额现金流量的净现值＜0，则说明投资购买设备不经济，应选择设备租赁。当然，也可采用差额现金流量的年等值法进行比较，原理相同。

【例 9.6】　某企业需要某种设备，其购置费为 10 万元。以自有资金购买，估计使用期为 10 年，折旧采用直线折旧法，10 年后残值为 2000 元。如果采用自营融资租赁，同类设备年租赁费为 1.6 万元（其中利息部分为 1950 元），折旧同购置方案。

当设备投入使用后，企业每年的销售收入为 6 万元，销售税及附加为销售收入的10％，设备年经营成本为 1.2 万元，所得税税率为 25％，该企业的基准收益率为 12％，试对设备购置方案和租赁方案进行比选。

【解】　①采用购置方案。

年折旧＝（100000－2000）/10＝9800 元

年利润总额＝60000－60000×10％－12000－9800＝32200 元

税后利润＝32200×（1－25％）＝24150 元

投入使用后年净现金流量＝24150＋9800＝33950 元

净现值＝－100000＋33950(P/A,12％,10)＋2000(P/F,12％,10)

　　　　＝92468.29 元

②采用融资租赁方案。

年利润总额＝60000－60000×10％－12000－9800－1950＝30250 元

税后利润＝30250×（1－25％）＝22687.50 元

投入使用后年净现金流量＝22687.50＋9800－（16000－1950）＝18437.50 元

净现值＝18437.5(P/A,12％,10)＋2000(P/F,12％,10)＝104819.56 元

通过计算可知，租赁方案的净现值高于购置方案的净现值，因此租赁方案优于购置方案。

【例 9.7】　某建筑企业需要某种施工机械短期使用，如购买需购置费 100 万元，可利用 50％的银行贷款，贷款期限 3 年，按利率 8％等额支付本利和。施工机械采用年限平均法折旧，使用寿命 5 年，预计期末残值 5 万元。如采用经营性租赁方式租用该机械，每年

租赁费28万元。企业所得税税率25%，行业基准收益率10%。假设各项费用均发生在年末，试对企业施工机械的选择进行经济评价。

【解】 ①折旧费计算。

$$年折旧费＝(100－5)\div 5＝19.00 万元$$

②贷款利息计算。

$$年还本付息＝1000000\times 50\%\times (A/P,8\%,3)＝19.40 万元$$

各年支付的贷款利息及还本见表9-6。

各年支付的利息（万元） 表9-6

年份	年初贷款余额＝上年的（①－④）①	当年还本付息 ②	当年付息＝①×8% ③	当年还本＝②－③ ④
1	50.00	19.40	4.00	15.40
2	34.60	19.40	2.77	16.63
3	17.97	19.40	1.43	17.97

③计算差额现金流量。

设备购置与设备租赁方案的差额现金流量为式（9-11）与式（9-7）之差，即：

差额净现金流量＝贷款金额－设备购置费－贷款利息＋租赁费

$$＋(折旧费＋贷款利息－租赁费)\times 所得税率$$

$$－偿还贷款本金＋设备残值回收$$

根据上式，计算结果见表9-7。

差额现金流量计算表（万元） 表9-7

序号	现金流量项目	1	2	3	4	5
1	贷款金额	50				
2	设备购置费	100				
3	贷款利息	4.00	2.77	1.43		
4	租赁费	28.00	28.00	28.00	28.00	28.00
5	（折旧费＋贷款利息－租赁费）×所得税率	－1.25	－1.56	－1.89	－2.25	－2.25
6	偿还贷款本金	15.40	16.63	17.97		
7	设备残值回收					5.00
8	净现金流量（＝1－2－3＋4＋5－6＋7）	－42.65	7.04	6.71	25.75	30.75

④计算增量现金流量的现值。

$$\Delta P_{购置－租赁}＝－42.65(P/F,10\%,1)＋7.04(P/F,10\%,2)＋6.71(P/F,10\%,3)$$

$$＋25.75(P/F,10\%,4)＋30.75(P/F,10\%,5)$$

$$＝8.77 万元＞0$$

设备购置与设备租赁方案的差额现金流量的净现值大于零，说明应选择设备购置方案。

习 题

一、单选题

1. 设备发生有形磨损的后果是( )。

A. 性能、精度降低，运行和维修费用增加，使用价值不变

B. 性能、精度降低，运行和维修费用增加，使用价值降低   C. 性能、精度、运行和维修费用不

变，使用价值不变

　　D. 性能、精度不变，运行和维修费用减少，使用价值降低

　2. 有形磨损的局部补偿形式适用于（　　）。

　　A. 可消除性的有形磨损　　　　　B. 不可消除性的有形磨损

　　C. 第Ⅰ种无形磨损　　　　　　　D. 第Ⅱ种无形磨损

　3. 从经济观点考虑，（　　）寿命是确定设备更新的最佳时刻。

　　A. 技术　　　　　　　　　　　　B. 自然

　　C. 经济　　　　　　　　　　　　D. 折旧

　4. 设备的等值年成本由年资产消耗成本和（　　）组成。

　　A. 年大修理费　　　　　　　　　B. 年维修成本

　　C. 年经营成本　　　　　　　　　D. 年运行成本

　5. 设备更新方案比选中，由于新设备方案的寿命与旧设备方案的寿命在大多数情况下是不等的，设备更新方案的必选不能采用下列（　　）指标。

　　A. 净年值　　　　　　　　　　　B. 年成本

　　C. 净现值　　　　　　　　　　　D. 等值年度费用

　6. 旧设备的经济寿命为一年，第一年经济寿命时的年成本为 6050 元/年，第二年使用旧设备的年成本 6750 元/年，第三年使用旧设备的年成本 7450 元/年；新设备的经济寿命为 8 年，8 年时的年平均成本为 6466 元/年。根据更新方案比选的原则，采用（　　）更新方案最经济。

　　A. 旧设备保留使用 1 年更换　　　B. 旧设备保留使用 2 年更换

　　C. 旧设备保留使用 3 年更换　　　D. 旧设备立即更换

　7. 设备租赁与设备购买相比，引起企业现金流量发生的变化是（　　）。

　　A. 经营成本　　　　　　　　　　B. 销售收入

　　C. 所得税　　　　　　　　　　　D. 与销售相关的税金

　8. 在进行设备购买与设备租赁方案经济比较时，应将购买方案与租赁方案视为（　　）。

　　A. 独立方案　　　　　　　　　　B. 相关方案

　　C. 互斥方案　　　　　　　　　　D. 组合方案

　9. 在进行设备租赁与设备购置的选择时，设备租赁与购置的经济比选是互斥方案的优选问题，寿命期相同时，可以采用的比选尺度是（　　）。

　　A. 净现值指数　　　　　　　　　B. 内部收益率

　　C. 投资回收期　　　　　　　　　D. 净现值

　10. 设备更新方案比选时，首先计算新旧设备不同使用年限的年平均成本和经济寿命，然后选择设备的更新时机。下列（　　）情况下，旧设备应立即更新。

　　A. 旧设备经济寿命时的年成本＝新设备经济寿命时的年成本

　　B. 旧设备经济寿命时的年成本＜新设备经济寿命时的年成本

　　C. 旧设备经济寿命时的年成本＞新设备经济寿命时的年成本

　　D. 旧设备经济寿命时的年成本≤新设备经济寿命时的年成本

二、多选题

　1. 设备的有形磨损，致使设备（　　）。

　　A. 性质、精度不变　　　　　　　B. 运行和维修费用增加

　　C. 使用价值降低　　　　　　　　D. 设备自然寿命延长

　　E. 使用效率降低

　2. 设备发生第Ⅱ种无形磨损的采用补偿方式是（　　）。

　　A. 更新　　　　　　　　　　　　B. 大修理

C. 现代化改装　　　　　　　　D. 小修理

E. 中修理

3. 更新是对整个设备进行更换，属于完全补偿，适用于设备(　　)。

A. 可消除性的有形磨损　　　　B. 不可消除性的有形磨损

C. 第Ⅰ种无形磨损　　　　　　D. 第Ⅱ种无形磨损

E. 无形磨损

4. 企业采用设备租赁方案，在计算每期净现金流量时，考虑的项目有 (　　)。

A. 销售收入　　　　　　　　　B. 设备折旧费

C. 所得税　　　　　　　　　　D. 租赁费

E. 贷款利息

5. 设备购买与租赁比较分析时，如果按增量原则进行比选，需比较的内容包括 (　　)。

A. 设备的租赁费　　　　　　　B. 经营成本

C. 折旧与贷款利息　　　　　　D. 销售收入

E. 与销售相关的税金

三、计算题

1. 某企业急需某种设备，其购置费用为 22000 元，估计使用寿命为 10 年，折旧采用直线法，期末残值为 2000 元；这种设备也可以采用经营性租赁方式得到，每年租赁费为 2500 元，运行费都是 1200 元/年。已知所得税率为 25%，折现率为 10%。试确定该企业应采用租赁方案还是购置方案。

2. 某企业 4 年前以 22000 元购得机器 A，尚可使用 6 年，预计使用期末残值 2000 元，年度使用费 7000 元。现市场上出现新型机器 B，价格 24000 元，估计可使用 10 年，残值 3000 元，年度使用费 4000 元；如选择购买机器 B，出售机器 A 可得到 6000 元。已知基准收益率 15%，试决定是否进行机器设备更新。

3. 某单位 3 年前用 40 万元购买了一台设备，目前运行正常，该设备现在出售的市场价格为 12 万元。现市面有一种新型号的设备，售价为 35 万元，其运行费用低于现有设备。现有设备和新型设备各年的运营费用见下表。该旧设备还可使用 4 年，4 年后的残值为 1 万元。新设备的经济寿命为 6 年，4 年后的残值为 20 万元，6 年后的残值为 15 万元。设 $i_c = 15\%$。考虑设备的经济寿命前提下，分析企业是否需要现在更新设备。

新旧设备运营费表

年　份	设备运营费		年　份	设备运营费	
	旧设备	新设备		旧设备	新设备
1	34000	2000	4	56000	15000
2	39000	10000	5		20000
3	46000	12000	6		26000

4. 某单位的一台旧机器，目前可以转让，价格为 25000 元，下一年将贬值 10000 元，以后每年贬值 5000 元。由于性能退化，它今年的使用费为 80000 元，预计今后每年将增加 10000 元。它将在 4 年后报废，残值为 0。现有一台新型的同类设备，它可以完成与现在设备相同的工作，购置费为 160000 元，年平均使用费为 60000 元，经济寿命为 7 年，期末残值为 15000 元，并预计该设备在 7 年内不会有大的改进。设 $i_c = 12\%$，问是否需要更新现有设备？如果需要，应该在什么时间更新？

5. 某企业在 3 年前花 20000 元购置了一台设备，目前设备的实际价值为 10000 元，估计还能继续使用 5 年，有关资料见表 1。

设备年使用费及年末残值表（元） 表 1

继续使用年限	1	2	3	4	5
年使用费	3000	4000	5000	6000	7000
年末残值	7000	5500	4000	2500	1000

现在市场上出现同类新型设备，新设备的购置费为 15000 元，使用寿命估计为 10 年，有关资料见表 2。

新设备年使用费及年末残值表（元） 表 2

使用年限	1	2	3	4	5	6	7	8	9	10
年使用费	1000	1500	2000	2500	3000	3500	4000	5000	6000	7000
年末残值	10000	8000	6500	5000	4000	3000	2000	1000	1000	1000

如果基准折现率 $i_c = 8\%$，试分析该企业是否需要更新现有设备。若需更新，应何时更新？

第 10 章　建设项目后评价

建设项目后评价是工程经济评价的一个重要组成部分。通过对项目进行后评价，可以考察项目投资全过程的实际情况与预测情况的差异，总结建设项目投资决策的经验教训，评估建设项目实施过程的管理工作质量，促进项目决策科学化、项目管理规范化，提高项目决策和实施的管理水平。

10.1　建设项目后评价概述

重要概念与知识点

（1）建设项目后评价与前评价的区别。

区别点	后　评　价	前　评　价
评价目的和作用	总结经验教训，改进项目的管理水平	为项目投资决策提供依据
评价的工作阶段	项目建成投产并运行后的某一时间	项目决策阶段
评价依据	项目实施中和投产后的实际数据和项目后续年限的预测数据	历史资料，国家、部门颁布的各项标准、参数等
评价内容	项目投资全过程的实际情况与预计情况进行比较研究	分析项目建设的必要性和可能性、经济合理性等
评价主体	以投资运行的监督管理机构或决策的上一级机构为主	项目发起者、投资主体、贷款决策机构或项目审批部门

（2）建设项目后评价的程序。

10.1.1　项目后评价概念

建设项目后评价是指在项目建成投产并运行一段时间（一般 2 年或达到设计生产能力）后，对项目立项、决策、设计、实施直至投产运营的工作进行总结；对项目取得的经济效益、社会效益和环境效益进行评价；对项目的作用和影响进行系统、客观地分析，衡量和分析项目投资目标的实现程度，总结项目投资管理的经验教训，对提高项目投资效益提出对策与措施，为今后提高投资决策与管理水平提供参考和借鉴。

10.1.2　项目后评价与前评价的区别

项目前评价与后评价是同一对象的不同过程，它们既有联系又有区别。评价内容上两者有相似性，但在评价的目的和作用、评价的工作阶段、评价的依据和标准、评价的内容和评价主体等方面又有区别。

1. 评价目的和作用不同

可行性研究阶段的前评价目的在于分析项目建设的必要性和可能性，评价项目经济上的合理性，其作用是直接为项目投资决策提供依据。后评价侧重于项目投资全过程的实际情况与预计情况进行比较研究，查找项目成功与失败的原因，目的是总结经验教训，为以后改进项目管理和制定科学的投资计划提供依据。这对于改进建设项目的管理水平、实现投资项目的最优控制、提高项目投资决策的科学性都将起到重要作用。

2. 评价阶段不同

项目前评价是在项目决策阶段进行，为项目的决策服务的。它主要运用有关评价理论和预测方法，对项目的前景作全面的技术经济预测分析。而项目的后评价，通常选择在项目建成投产并运行一段时间（一般 2 年或达到设计生产能力）后进行。

3. 评价依据、标准不同

项目前评价主要依据历史资料和经验性资料，按照国家、部门颁布的定额标准、经济评价方法和参数进行评价。项目后评价依据项目实施中和投产后的实际数据以及项目后续年限的预测数据，对其技术、设计实施、产品市场、成本和效益进行系统的调查分析评价，并与前评价中相应的内容进行对比分析，找出两者差距，分析其原因和影响因素，提出相应的补救措施，从而提出改进项目前评价和其他相应工作的建议与措施。

4. 评价内容不同

项目前评价主要分析研究项目市场需求、建设条件、工程技术方案、项目的实施计划和项目的经济社会效益等，即对项目建设的必要性和可能性进行评价，对项目未来经济效益进行预测。后评价主要对项目决策目标、项目实施效率、项目实际运营状况、影响效果、可持续性等进行深入分析。

5. 评价主体不同

项目前评价由项目发起者、投资主体（投资者）、贷款决策机构或项目审批部门组织实施。而后评价由投资运行的监督管理机构或决策的上一级机构为主，会同计划、财政、审计、设计等相关部门进行。

10.1.3　项目后评价的特点

从以上区别可以看出建设项目后评价具有以下特点：

1. 现实性

建设项目后评价是从实际出发，对建设项目建设、投产后一段时间的营运状态、存在问题的一种研究、总结、评价。它分析研究的是项目的实际情况，所依据的数据资料是现实发生的真实数据或根据实际情况重新预测的数据，总结的是现实存在的经验教训，提出的是具有针对性且实际可行的对策措施。

2. 全面性

建设项目后评价的内容不仅包括投资项目立项决策、设计施工实施过程，而且包括生产、营运等过程；不仅要分析项目投资的经济效益，而且还要分析项目的社会效益、环境效益以及潜在效益。

3. 反馈性

建设项目后评价的目的在于对现有项目的投资决策、设计实施、生产营运等实际情况的回顾和检查，向有关部门反馈信息，以利于提高建设项目决策水平和管理水平。

4. 合作性

项目后评估的进行要涉及投资人、专职技术经济人员、项目管理人员、企业经营管理人员、投资项目主管部门等，因此是一项系统工程，只有各方融洽合作，项目后评估工作才能顺利完成。

5. 探索性

建设项目后评价是在分析建设项目现状的基础上，及时发现问题、研究问题，以探索项目未来的发展方向和发展趋势。

10.1.4 项目后评价的程序

根据项目规模大小、复杂程度的不同，每个项目后评价的具体工作程序会存在一定的差异。一般情况下，项目后评价的基本程序可概括如下：

1. 明确评价目的与要求

深入了解项目及其所处环境，确定项目后评价具体对象、评价目的及具体要求。

2. 建立机构，制订后评价计划

组建后评价小组，配备项目后评价人员，确定后评价内容范围与深度，选择评价标准，确定评价方法，制订周详的项目后评价计划。

3. 调查搜集资料

制订出调查提纲，确定调查方法，开展实际调查和资料收集工作。收集的资料和数据主要包括：国家经济政策资料、项目前评价资料、项目建设资料、项目运营状况的有关资料、反映项目实施和运营实际影响的有关资料、本行业有关资料、与后评价有关的技术资料及其他资料等。

4. 分析研究

对所收集的资料进行汇总加工，围绕项目后评价内容，采用定量分析和定性分析相结合的方法，分析整理，计算有关评价指标。

5. 编制项目后评价报告

在分析研究基础上，编制项目后评价报告，提交给委托单位和组织后评价的部门。

10.2 建设项目后评价的内容与指标

重要概念与知识点

（1）项目后评价的主要内容包括：项目目标后评价、项目前期工作后评价、项目实施后评价、项目运营后评价、项目影响后评价和项目持续性评价。

（2）项目后评价的主要经济评价指标

阶 段	指 标 名 称	指 标 作 用
项目前期	项目决策周期与决策周期变化率	考察项目的决策效率
	实际建设工期与建设工期变化率	反映项目实际建设速度
	实际投资总额和实际投资总额变化率	反映项目投资控制指标
实施阶段	实际单位生产能力投资	反映竣工项目实际投资效果
	项目实际工程合格率	反映工程质量优劣
	项目实际工程停工返工损失率	衡量工程管理水平与工程质量管理水平

阶　　段	指　标　名　称	指　标　作　用
运营阶段	项目产品价格变化率	衡量项目产品价格预测水平
	项目生产成本变化率	衡量项目生产成本预测水平
	实际净现值和实际净现值变化率	反映实际盈利能力
	实际内部收益率和实际内部收益率变化率	反映实际盈利能力
	实际投资回收期和实际投资回收期变化率	反映实际投资回收速度

10.2.1　项目后评价的内容

1. 项目目标后评价

项目目标后评价把项目实际产生的经济、技术指标与项目审批决策时确定的目标进行比较，判断项目目标是否实现或实现程度，对项目目标的正确性、合理性和实践性进行分析和评价。

2. 项目前期工作后评价

项目前期工作的质量对项目成功与否影响重大，因此前期工作的后评价是整个项目后评价的重点。其任务是评价项目前期工作的效果，分析和总结项目前期工作的经验教训。

项目前期工作后评价的主要内容包括：

(1) 项目立项决策后评价。立项决策后评价主要从决策依据、投资方向、技术水平、引进效果、协作条件、土地使用状况、决策程序和方法、社会和经济效益等方面，将项目实际现状进行比较评价，如果项目实施结果偏离预测目标较远，要分析产生偏差的原因，提出相应的补救措施。

(2) 项目管理组织机构设置的评价。项目管理组织机构评价主要评价组织机构设置的类型、定编定员情况、组织人员的聘用及其业绩、职责划定、管理跨度、组织机构内部的协作等，是否体现了精干高效的原则。

(3) 项目前期管理工作的评价。项目前期管理工作的评价主要分析筹建工作、人员培训工作、资金筹措工作、征地工作、勘测设计工作、项目物资落实工作、委托施工工作、项目配套工作等各方面的组织管理工作。

3. 项目实施后评价

项目实施后评价包括：项目开工的评价；项目施工组织与管理的评价；项目建设资金供应与使用情况的评价；项目建设工期的评价；项目建设成本的评价；项目工程质量和安全的评价；项目变更情况的评价；项目竣工验收的评价；项目生产能力和单位生产能力投资的评价等。

4. 项目运营阶段后评价

项目运营阶段是实现和发挥项目投资效益的阶段，是项目投资效果显现的核心阶段。项目运营的后评价是通过项目投产后的有关实际数据资料或重新预测的数据，研究建设项目实际投资效益与预测情况或其他同类项目投资效益的偏离程度及其原因，系统地总结项目投资的经验教训，并为进一步提高项目投资效益提出切实可行的建议。

项目运营阶段后评价包括以下内容：项目经营管理状况的评价；项目产品方案的评价；项目达产年限的评价；项目经济效益评价。其中项目经济效益评价又包括项目财务后评价、项目国民经济后评价、综合评估等内容。

5. 项目影响后评价

项目影响后评价主要包括经济影响后评价、环境影响后评价和社会影响后评价。

（1）经济影响后评价

经济影响后评价主要分析评价项目对所在地区、所处行业产生的经济方面的影响。评价的内容主要包括分配、就业、国内资源成本、技术进步等。由于经济影响后评价的部分因素难以量化，一般只能做定性分析，一些国家和组织把这部分内容并入社会影响评价的范畴。

（2）环境影响后评价

环境影响后评价是指遵照国家环保法的规定，根据国家和地方环境质量标准和污染物排放标准以及相关产业部门的环保规定，重新审查项目环境影响的实际结果，审核项目环境管理的决策、规定、规范、参数的可靠性和实际效果，对未来环境影响进行预测。主要包括污染控制评价、对地区环境质量的影响评价、自然资源的利用和保护、对生态平衡的影响、环境管理等内容。项目环境影响后评价，应侧重分析随着项目的进程和时间的推进所发生的变化。

（3）社会影响后评价

社会影响后评价是对项目在社会经济发展方面有形和无形的效益与结果的分析，重点评价项目对国家（或地区）社会发展目标的贡献和影响。包括项目本身和对周围地区的影响。主要包括就业影响、居民生活条件和生活质量影响、地区收入分配影响、项目受益范围及受益程度、对地方社区发展的影响、当地政府和居民的参与度等。

6. 项目持续性评价

项目持续性评价是指对项目的既定目标是否能按期实现，项目是否可以持续保持较好的效益，项目业主是否愿意并可以依靠自己的能力继续实现既定的目标，项目是否具有可重复性等方面做出评价。项目持续性评价主要包括政府政策因素评价、组织管理因素评价、经济财务因素评价、技术因素评价、社会文化因素评价、环境和生态因素评价等内容。

10.2.2 项目后评价的主要指标

1. 项目前期工作后评价指标

（1）项目决策周期。项目决策周期是指项目从提出"项目建议书"起，至项目可行性研究报告被批准为止所经历的时间。该指标反映了投资者与有关部门投资决策的效率。将拟建项目的实际决策周期与当地同类项目的决策周期或计划决策周期进行比较，以便考察项目的决策效率。

（2）项目决策周期变化率。项目决策周期变化率是指项目实际决策周期减去项目计划决策周期的差与项目计划决策周期的比率。该指标大于零，表明项目的实际决策周期超过预计的决策周期；反之，则小于预计的决策周期。

2. 项目实施后评价指标

项目实施阶段是指从项目开工建设起至竣工交付使用为止所经历的全过程。项目实施阶段后评价的主要指标有：

（1）实际建设工期与建设工期变化率

实际建设工期指已建项目从开工之日起至竣工验收之日止所实际经历的有效天数，它不包括开工后停建、缓建所间隔的时间。是反映项目实际建设速度的指标。

项目建设工期变化率是指项目实际建设工期减去项目计划建设工期的差与项目计划建设工期的比率。该指标大于零，表明项目的实际建设工期超过预计的建设工期，说明工期拖延，反之，则说明项目工期提前。

（2）实际投资总额和实际投资总额变化率

实际投资总额是指项目竣工投产后重新核定的实际完成投资额，包括固定资产投资和流动资金投资。

实际投资总额变化率是反映实际投资总额与项目前评估中预计的投资总额偏差大小的指标，有静态实际投资总额变化率和动态实际投资总额变化率之分。该指标大于零，表明项目的实际投资额超过预计或估算的投资额；反之，则小于预计或估算的投资额。

（3）实际单位生产能力投资

实际单位生产能力投资反映竣工项目实际投资效果。实际单位生产能力投资越少，项目实际投资效果越好；反之，项目实际投资效果越差。

（4）工程质量指标

反映工程质量的指标主要有两项：

1）项目实际工程合格率。项目实际工程合格率是指项目单位工程合格数量与项目实际单位工程总数之比。该比值越大，说明项目质量控制做得越好。

2）项目实际工程停工返工损失率。项目实际工程停工返工损失率是指项目因质量事故停工返工增加的投资额与项目总投资额之比。该比值越小，说明项目管理水平越高，项目管理水平与质量管理水平越高。

3. 项目运营后评价指标

（1）项目产品价格变化率

项目产品价格变化率是指项目在营运期所生产的产品实际价格减去产品计划价格之差与产品计划价格之比。该比值大于零，项目能达到或超过预期的盈利水平；该比值等于零，说明产品市场需求稳定、产品价格预测较准。

（2）项目生产成本变化率

项目生产成本变化率是指项目营运期的产品实际成本减去产品计划成本的差与计划产品成本之比。该比值小于零，项目能达到或超过预期的盈利水平；该比值等于零，说明产品资源供应市场稳定、生产成本价格预测较准。

（3）实际净现值和实际净现值变化率

实际净现值是依据项目投产后各年实际的净现金流量或根据实际情况重新预测的项目寿命期内各年的净现金流量，并按重新选定的折现率，将各年的净现金流量折现到建设期初的现值之和。实际净现值总额越大，项目实际投资效益越好。

实际净现值变化率是衡量项目实际净现值与前评估预测净现值或其他同类项目实际净现值偏离程度的指标。该指标大于零，表明项目实际净现值大于预测或其他同类项目净现值；反之，则小于预测或其他同类项目净现值。

（4）实际内部收益率和实际内部收益率变化率

实际内部收益率是根据实际项目发生的年净现金流量或重新预测的项目寿命期各年净现金流量现值总和等于零时的折现率。

实际内部收益率变化率是衡量项目实际内部收益率与预测内部收益率或其他同类项目内部收益率偏离程度的指标。该指标大于零，表明项目实际内部收益率高于预测或其他同类项目内部收益率；反之，则小于预测或其他同类项目内部收益率。

（5）实际投资回收期和实际投资回收期变化率

实际投资回收期是以已建项目实际产生的净收益或根据实际情况重新预测的项目净收益抵偿实际投资总额所需要的时间。分为实际静态投资回收期和实际的动态投资回收期。

实际投资回收期变化率是衡量实际投资回收期与预测投资回收期或其他同类项目实际投资回收期或部门基准投资回收期偏离程度的指标。该指标大于零，表明项目实际投资回收期比预测或其他同类项目或基准投资回收期长；反之，则短于预测或其他同类项目或基准投资回收期。

除了上述指标外，不同的项目还可以根据自身的特点，选择其他有关的后评价参数。

10.3 建设项目后评价方法

重要概念与知识点

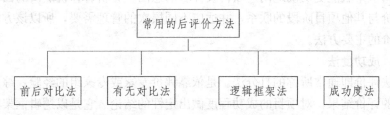

10.3.1 前后对比法和有无对比法

前后对比法。是指将项目可行性研究时所预测的效益和项目竣工投产运营后的实际结果相比较，找出差异并分析原因。这种对比用于衡量计划、决策和实施的质量。

有无对比法。是指将项目实际发生的情况与无项目可能发生的情况进行对比，以度量项目的真实效益、影响和作用。对比的重点是要分清项目本身作用与项目以外的作用。这种对比用于项目的效益评价和影响评价。

10.3.2 逻辑框架法

逻辑框架法是一种概念化分析论述项目的方法，即通过一张简单的框图来清晰地分析一个复杂项目的内涵和关系。该方法将几个内容相关、必须同步考虑的因素组合起来，通过分析其间的因果关系、项目目标与达到目标所需的手段间的逻辑关系、项目与外部因素的制约关系，从而确定工作的范围和任务。

逻辑框架法的核心是项目层次间的因果逻辑关系，即项目"如果"提供了某种条件，"那么"就会产生某种结果。这些条件包括项目内在的因素和项目所需要的外部条件。逻辑框架法的基本模式是由4×4的矩阵组成，见表10-1。

逻辑框架法的基本模式表　　　　　　表 10-1

层次描述	客观验证指标	指标验证方法	重要假定条件
目标	目标的衡量标准	检测和监督手段及方法	实现目标的主要条件
目的	目的的实现指标	检测和监督手段及方法	实现目的的主要条件
产出	产出物定量指标	检测和监督手段及方法	实现产出的主要条件
投入	投入物定量指标	检测和监督手段及方法	落实投入的主要条件

逻辑框架法把目标及因果关系划分为四个层次，即目标、目的、产出和投入。

目标通常是指宏观计划、规划、政策和方针等，这个层次目标的确定和指标的选择一般由国家或行业部门负责。

目的是指项目的直接效果和作用，一般应考虑项目为受益目标群带来社会和经济等方面的成果和作用。这个层次的目标由项目和独立的评价机构来确定，指标由项目确定。

产出即项目的建设内容或产出物，一般要提供项目可计量的直接结果。

投入是指项目的实施过程及内容，主要包括资源的投入量和时间等。

以上四个层次由下而上形成了三个垂直逻辑关系。第一级是资源投入与产出之间的关系；第二级是产出与目的间的关系；第三级是项目的目的对整个地区或整个国家更高层次目标贡献的关联性。垂直逻辑关系分清了项目层次关系，每个层次水平方向的逻辑关系则由客观的验证指标、指标的验证方法和重要的假定条件组成。

由于逻辑框架法能更明确地阐述项目设计者的意图，分析各评价层次的因果关系，明确描述后评价与其他项目阶段的联系，并适应不同层次的管理需要，所以该方法已成为国外项目后评价的主要方法。

10.3.3　成功度法

成功度法评价即通常所称的打分法。是依靠评价专家或专家组的经验，综合项目后评价各项指标的评价结果，对项目的成功程度做出定性的结论。它是以逻辑框架法分析的项目目标的实现程度和经济效益分析的评价结论为基础，以项目的目标和效益为核心进行的全面系统的评价。

1. 项目成功度的标准

项目评价的成功度一般可分为五个等级，如表 10-2 所示。

项目成功度等级标准表　　　　　　表 10-2

等级	内容	标准
1	完全成功	项目各项目标都已全面或超额实现；相对成本而言，项目取得巨大效益和影响
2	成功	项目的大部分目标都已经实现；相对成本而言，项目达到了预期的效益和影响
3	部分成功	项目实现了原定的部分目标；相对成本而言，只取得了一定的效益和影响
4	不成功	项目实现的目标非常有限；相对成本而言，几乎没有产生正面效益和影响
5	失败	项目的目标是无法实现的；相对成本而言，项目不得不终止

2. 项目成功度的测定步骤和方法

（1）根据具体项目的类型和特点，确定评定成功度的指标。并分析其指标与项目的相关重要性程度，将之分为"重要"、"次重要"、"不重要"三类。国内较为常用的项目成功度评价表见表 10-3，不同的项目也可设置具有自身特点的成功度评价表。

（2）采用打分制测定各项指标，即按表 10-2 评定标准，通过指标相关重要性分析，确定单项指标的成功度，可用 A、B、C、D 等作为成功度（也称评价等级）来描述，也可以采用其他分值法来描述。

（3）根据项目各指标的成功度，得出整个项目的成功度总评。

项目成功度评价表　　　　　　　　　　　　　　　　　表 10-3

评价指标	相关重要性	成功度
宏观目标和产业政策		
决策及其程序		
布局与规模		
项目目标与市场		
设计与技术装备水平		
资源与建设条件		
资金来源与融资		
项目进度与控制		
项目质量与控制		
项目投资与控制		
项目经营		
机构与管理		
项目财务效益		
项目经济效益		
社会和环境影响		
项目可持续性		
项目总评		

总之，项目的后评价在思路、方法等方面与前评价有许多相似之处，只是采用的数据不同而已，此处不再赘述。

习　题

1. 简述项目后评价的特点。
2. 项目后评价与项目前评价的区别是什么？
3. 项目后评价的主要内容包括哪几方面？
4. 建设项目后评价的主要评价指标有哪些？

附录　复利因素表

$$i=4\%$$

	一次支付		等额多次支付				
N	(F/P, i, n)	(P/F, i, n)	(F/A, i, n)	(P/A, i, n)	(A/F, i, n)	(A/P, i, n)	N
1	1.0400	0.9615	1.0000	0.9615	1.0000	1.0400	1
2	1.0816	0.9246	2.0400	1.8861	0.4902	0.5302	2
3	1.1249	0.8890	3.1216	2.7751	0.3203	0.3603	3
4	1.1699	0.8548	4.2465	3.6299	0.2355	0.2755	4
5	1.2167	0.8219	5.4163	4.4518	0.1846	0.2246	5
6	1.2653	0.7903	6.6330	5.2421	0.1508	0.1908	6
7	1.3159	0.7599	7.8983	6.0021	0.1266	0.1666	7
8	1.3686	0.7307	9.2142	6.7327	0.1085	0.1485	8
9	1.4233	0.7026	10.5828	7.4353	0.0945	0.1345	9
10	1.4802	0.6756	12.0061	8.1109	0.0833	0.1233	10
11	1.5395	0.6496	13.4864	8.7605	0.0741	0.1141	11
12	1.6010	0.6246	15.0258	9.3851	0.0666	0.1066	12
13	1.6651	0.6006	16.6268	9.9856	0.0601	0.1001	13
14	1.7317	0.5775	18.2919	10.5631	0.0547	0.0947	14
15	1.8009	0.5553	20.0236	11.1184	0.0499	0.0899	15
16	1.8730	0.5339	21.8245	11.6523	0.0458	0.0858	16
17	1.9479	0.5134	23.6975	12.1657	0.0422	0.0822	17
18	2.0258	0.4936	25.6454	12.6593	0.0390	0.0790	18
19	2.1068	0.4746	27.6712	13.1339	0.0361	0.0761	19
20	2.1911	0.4564	29.7781	13.5903	0.0336	0.0736	20
21	2.2788	0.4388	31.9692	14.0292	0.0313	0.0713	21
22	2.3699	0.4220	34.2480	14.4511	0.0292	0.0692	22
23	2.4647	0.4057	36.6179	14.8568	0.0273	0.0673	23
24	2.5633	0.3901	39.0826	15.2470	0.0256	0.0656	24
25	2.6658	0.3751	41.6459	15.6221	0.0240	0.0640	25
26	2.7725	0.3607	44.3117	15.9828	0.0226	0.0626	26
27	2.8834	0.3468	47.0842	16.3296	0.0212	0.0612	27
28	2.9987	0.3335	49.9676	16.6631	0.0200	0.0600	28
29	3.1187	0.3207	52.9663	16.9837	0.0189	0.0589	29
30	3.2434	0.3083	56.0849	17.2920	0.0178	0.0578	30
31	3.3731	0.2965	59.3283	17.5885	0.0169	0.0569	31
32	3.5081	0.2851	62.7015	17.8736	0.0159	0.0559	32
33	3.6484	0.2741	66.2095	18.1476	0.0151	0.0551	33
34	3.7943	0.2636	69.8579	18.4112	0.0143	0.0543	34
35	3.9461	0.2534	73.6522	18.6646	0.0136	0.0536	35

$i=5\%$

	一次支付		等额多次支付				
N	(F/P, i, n)	(P/F, i, n)	(F/A, i, n)	(P/A, i, n)	(A/F, i, n)	(A/P, i, n)	N
1	1.0500	0.9524	1.0000	0.9524	1.0000	1.0500	1
2	1.1025	0.9070	2.0500	1.8594	0.4878	0.5378	2
3	1.1576	0.8636	3.1525	2.7232	0.3172	0.3672	3
4	1.2155	0.8227	4.3101	3.5460	0.2320	0.2820	4
5	1.2763	0.7835	5.5256	4.3295	0.1810	0.2310	5
6	1.3401	0.7462	6.8019	5.0757	0.1470	0.1970	6
7	1.4071	0.7107	8.1420	5.7864	0.1228	0.1728	7
8	1.4775	0.6768	9.5491	6.4632	0.1047	0.1547	8
9	1.5513	0.6446	11.0266	7.1078	0.0907	0.1407	9
10	1.6289	0.6139	12.5779	7.7217	0.0795	0.1295	10
11	1.7103	0.5847	14.2068	8.3064	0.0704	0.1204	11
12	1.7959	0.5568	15.9171	8.8633	0.0628	0.1128	12
13	1.8856	0.5303	17.7130	9.3936	0.0565	0.1065	13
14	1.9799	0.5051	19.5986	9.8986	0.0510	0.1010	14
15	2.0789	0.4810	21.5786	10.3797	0.0463	0.0963	15
16	2.1829	0.4581	23.6575	10.8378	0.0423	0.0923	16
17	2.2920	0.4363	25.8404	11.2741	0.0387	0.0887	17
18	2.4066	0.4155	28.1324	11.6896	0.0355	0.0855	18
19	2.5270	0.3957	30.5390	12.0853	0.0327	0.0827	19
20	2.6533	0.3769	33.0660	12.4622	0.0302	0.0802	20
21	2.7860	0.3589	35.7192	12.8212	0.0280	0.0780	21
22	2.9253	0.3418	38.5052	13.1630	0.0260	0.0760	22
23	3.0715	0.3256	41.4305	13.4886	0.0241	0.0741	23
24	3.2251	0.3101	44.5020	13.7986	0.0225	0.0725	24
25	3.3864	0.2953	47.7271	14.0939	0.0210	0.0710	25
26	3.5557	0.2812	51.1135	14.3752	0.0196	0.0696	26
27	3.7335	0.2678	54.6691	14.6430	0.0183	0.0683	27
28	3.9201	0.2551	58.4026	14.8981	0.0171	0.0671	28
29	4.1161	0.2429	62.3227	15.1411	0.0160	0.0660	29
30	4.3219	0.2314	66.4388	15.3725	0.0151	0.0651	30
31	4.5380	0.2204	70.7608	15.5928	0.0141	0.0641	31
32	4.7649	0.2099	75.2988	15.8027	0.0133	0.0633	32
33	5.0032	0.1999	80.0638	16.0025	0.0125	0.0625	33
34	5.2533	0.1904	85.0670	16.1929	0.0118	0.0618	34
35	5.5160	0.1813	90.3203	16.3742	0.0111	0.0611	35

i＝6%

	一次支付		等额多次支付				
N	(F/P, i, n)	(P/F, i, n)	(F/A, i, n)	(P/A, i, n)	(A/F, i, n)	(A/P, i, n)	N
1	1.0600	0.9434	1.0000	0.9434	1.0000	1.0600	1
2	1.1236	0.8900	2.0600	1.8334	0.4854	0.5454	2
3	1.1910	0.8396	3.1836	2.6730	0.3141	0.3741	3
4	1.2625	0.7921	4.3746	3.4651	0.2286	0.2886	4
5	1.3382	0.7473	5.6371	4.2124	0.1774	0.2374	5
6	1.4185	0.7050	6.9753	4.9173	0.1434	0.2034	6
7	1.5036	0.6651	8.3938	5.5824	0.1191	0.1791	7
8	1.5938	0.6274	9.8975	6.2098	0.1010	0.1610	8
9	1.6895	0.5919	11.4913	6.8017	0.0870	0.1470	9
10	1.7908	0.5584	13.1808	7.3601	0.0759	0.1359	10
11	1.8983	0.5268	14.9716	7.8869	0.0668	0.1268	11
12	2.0122	0.4970	16.8699	8.3838	0.0593	0.1193	12
13	2.1329	0.4688	18.8821	8.8527	0.0530	0.1130	13
14	2.2609	0.4423	21.0151	9.2950	0.0476	0.1076	14
15	2.3966	0.4173	23.2760	9.7122	0.0430	0.1030	15
16	2.5404	0.3936	25.6725	10.1059	0.0390	0.0990	16
17	2.6928	0.3714	28.2129	10.4773	0.0354	0.0954	17
18	2.8543	0.3503	30.9057	10.8276	0.0324	0.0924	18
19	3.0256	0.3305	33.7600	11.1581	0.0296	0.0896	19
20	3.2071	0.3118	36.7856	11.4699	0.0272	0.0872	20
21	3.3996	0.2942	39.9927	11.7641	0.0250	0.0850	21
22	3.6035	0.2775	43.3923	12.0416	0.0230	0.0830	22
23	3.8197	0.2618	46.9958	12.3034	0.0213	0.0813	23
24	4.0489	0.2470	50.8156	12.5504	0.0197	0.0797	24
25	4.2919	0.2330	54.8645	12.7834	0.0182	0.0782	25
26	4.5494	0.2198	59.1564	13.0032	0.0169	0.0769	26
27	4.8223	0.2074	63.7058	13.2105	0.0157	0.0757	27
28	5.1117	0.1956	68.5281	13.4062	0.0146	0.0746	28
29	5.4184	0.1846	73.6398	13.5907	0.0136	0.0736	29
30	5.7435	0.1741	79.0582	13.7648	0.0126	0.0726	30
31	6.0881	0.1643	84.8017	13.9291	0.0118	0.0718	31
32	6.4534	0.1550	90.8898	14.0840	0.0110	0.0710	32
33	6.8406	0.1462	97.3432	14.2302	0.0103	0.0703	33
34	7.2510	0.1379	104.1838	14.3681	0.0096	0.0696	34
35	7.6861	0.1301	111.4348	14.4982	0.0090	0.0690	35

$i=8\%$

	一次支付		等额多次支付				
N	$(F/P, i, n)$	$(P/F, i, n)$	$(F/A, i, n)$	$(P/A, i, n)$	$(A/F, i, n)$	$(A/P, i, n)$	N
1	1.0800	0.9259	1.0000	0.9259	1.0000	1.0800	1
2	1.1664	0.8573	2.0800	1.7833	0.4808	0.5608	2
3	1.2597	0.7938	3.2464	2.5771	0.3080	0.3880	3
4	1.3605	0.7350	4.5061	3.3121	0.2219	0.3019	4
5	1.4693	0.6806	5.8666	3.9927	0.1705	0.2505	5
6	1.5869	0.6302	7.3359	4.6229	0.1363	0.2163	6
7	1.7138	0.5835	8.9228	5.2064	0.1121	0.1921	7
8	1.8509	0.5403	10.6366	5.7466	0.0940	0.1740	8
9	1.9990	0.5002	12.4876	6.2469	0.0801	0.1601	9
10	2.1589	0.4632	14.4866	6.7101	0.0690	0.1490	10
11	2.3316	0.4289	16.6455	7.1390	0.0601	0.1401	11
12	2.5182	0.3971	18.9771	7.5361	0.0527	0.1327	12
13	2.7196	0.3677	21.4953	7.9038	0.0465	0.1265	13
14	2.9372	0.3405	24.2149	8.2442	0.0413	0.1213	14
15	3.1722	0.3152	27.1521	8.5595	0.0368	0.1168	15
16	3.4259	0.2919	30.3243	8.8514	0.0330	0.1130	16
17	3.7000	0.2703	33.7502	9.1216	0.0296	0.1096	17
18	3.9960	0.2502	37.4502	9.3719	0.0267	0.1067	18
19	4.3157	0.2317	41.4463	9.6036	0.0241	0.1041	19
20	4.6610	0.2145	45.7620	9.8181	0.0219	0.1019	20
21	5.0338	0.1987	50.4229	10.0168	0.0198	0.0998	21
22	5.4365	0.1839	55.4568	10.2007	0.0180	0.0980	22
23	5.8715	0.1703	60.8933	10.3711	0.0164	0.0964	23
24	6.3412	0.1577	66.7647	10.5288	0.0150	0.0950	24
25	6.8485	0.1460	73.1059	10.6748	0.0137	0.0937	25
26	7.3964	0.1352	79.9544	10.8100	0.0125	0.0925	26
27	7.9881	0.1252	87.3507	10.9352	0.0114	0.0914	27
28	8.6271	0.1159	95.3388	11.0511	0.0105	0.0905	28
29	9.3173	0.1073	103.9659	11.1584	0.0096	0.0896	29
30	10.0627	0.0994	113.2832	11.2578	0.0088	0.0888	30
31	10.8677	0.0920	123.3459	11.3498	0.0081	0.0881	31
32	11.7371	0.0852	134.2135	11.4350	0.0075	0.0875	32
33	12.6760	0.0789	145.9506	11.5139	0.0069	0.0869	33
34	13.6901	0.0730	158.6267	11.5869	0.0063	0.0863	34
35	14.7853	0.0676	172.3168	11.6546	0.0058	0.0858	35

$i=10\%$

	一次支付		等额多次支付				
N	$(F/P, i, n)$	$(P/F, i, n)$	$(F/A, i, n)$	$(P/A, i, n)$	$(A/F, i, n)$	$(A/P, i, n)$	N
1	1.1000	0.9091	1.0000	0.9091	1.0000	1.1000	1
2	1.2100	0.8264	2.1000	1.7355	0.4762	0.5762	2
3	1.3310	0.7513	3.3100	2.4869	0.3021	0.4021	3
4	1.4641	0.6830	4.6410	3.1699	0.2155	0.3155	4
5	1.6105	0.6209	6.1051	3.7908	0.1638	0.2638	5
6	1.7716	0.5645	7.7156	4.3553	0.1296	0.2296	6
7	1.9487	0.5132	9.4872	4.8684	0.1054	0.2054	7
8	2.1436	0.4665	11.4359	5.3349	0.0874	0.1874	8
9	2.3579	0.4241	13.5795	5.7590	0.0736	0.1736	9
10	2.5937	0.3855	15.9374	6.1446	0.0627	0.1627	10
11	2.8531	0.3505	18.5312	6.4951	0.0540	0.1540	11
12	3.1384	0.3186	21.3843	6.8137	0.0468	0.1468	12
13	3.4523	0.2897	24.5227	7.1034	0.0408	0.1408	13
14	3.7975	0.2633	27.9750	7.3667	0.0357	0.1357	14
15	4.1772	0.2394	31.7725	7.6061	0.0315	0.1315	15
16	4.5950	0.2176	35.9497	7.8237	0.0278	0.1278	16
17	5.0545	0.1978	40.5447	8.0216	0.0247	0.1247	17
18	5.5599	0.1799	45.5992	8.2014	0.0219	0.1219	18
19	6.1159	0.1635	51.1591	8.3649	0.0195	0.1195	19
20	6.7275	0.1486	57.2750	8.5136	0.0175	0.1175	20
21	7.4002	0.1351	64.0025	8.6487	0.0156	0.1156	21
22	8.1403	0.1228	71.4027	8.7715	0.0140	0.1140	22
23	8.9543	0.1117	79.5430	8.8832	0.0126	0.1126	23
24	9.8497	0.1015	88.4973	8.9847	0.0113	0.1113	24
25	10.8347	0.0923	98.3471	9.0770	0.0102	0.1102	25
26	11.9182	0.0839	109.1818	9.1609	0.0092	0.1092	26
27	13.1100	0.0763	121.0999	9.2372	0.0083	0.1083	27
28	14.4210	0.0693	134.2099	9.3066	0.0075	0.1075	28
29	15.8631	0.0630	148.6309	9.3696	0.0067	0.1067	29
30	17.4494	0.0573	164.4940	9.4269	0.0061	0.1061	30
31	19.1943	0.0521	181.9434	9.4790	0.0055	0.1055	31
32	21.1138	0.0474	201.1378	9.5264	0.0050	0.1050	32
33	23.2252	0.0431	222.2515	9.5694	0.0045	0.1045	33
34	25.5477	0.0391	245.4767	9.6086	0.0041	0.1041	34
35	28.1024	0.0356	271.0244	9.6442	0.0037	0.1037	35

$$i=12\%$$

	一次支付		等额多次支付				
N	(F/P, i, n)	(P/F, i, n)	(F/A, i, n)	(P/A, i, n)	(A/F, i, n)	(A/P, i, n)	N
1	1.1200	0.8929	1.0000	0.8929	1.0000	1.1200	1
2	1.2544	0.7972	2.1200	1.6901	0.4717	0.5917	2
3	1.4049	0.7118	3.3744	2.4018	0.2963	0.4163	3
4	1.5735	0.6355	4.7793	3.0373	0.2092	0.3292	4
5	1.7623	0.5674	6.3528	3.6048	0.1574	0.2774	5
6	1.9738	0.5066	8.1152	4.1114	0.1232	0.2432	6
7	2.2107	0.4523	10.0890	4.5638	0.0991	0.2191	7
8	2.4760	0.4039	12.2997	4.9676	0.0813	0.2013	8
9	2.7731	0.3606	14.7757	5.3282	0.0677	0.1877	9
10	3.1058	0.3220	17.5487	5.6502	0.0570	0.1770	10
11	3.4785	0.2875	20.6546	5.9377	0.0484	0.1684	11
12	3.8960	0.2567	24.1331	6.1944	0.0414	0.1614	12
13	4.3635	0.2292	28.0291	6.4235	0.0357	0.1557	13
14	4.8871	0.2046	32.3926	6.6282	0.0309	0.1509	14
15	5.4736	0.1827	37.2797	6.8109	0.0268	0.1468	15
16	6.1304	0.1631	42.7533	6.9740	0.0234	0.1434	16
17	6.8660	0.1456	48.8837	7.1196	0.0205	0.1405	17
18	7.6900	0.1300	55.7497	7.2497	0.0179	0.1379	18
19	8.6128	0.1161	63.4397	7.3658	0.0158	0.1358	19
20	9.6463	0.1037	72.0524	7.4694	0.0139	0.1339	20
21	10.8038	0.0926	81.4987	7.5620	0.0122	0.1322	21
22	12.1003	0.0826	92.5026	7.6446	0.0108	0.1308	22
23	13.5523	0.0738	104.6029	7.7184	0.0096	0.1296	23
24	15.1786	0.0659	118.1552	7.7843	0.0085	0.1285	24
25	17.0001	0.0588	133.3339	7.8431	0.0075	0.1275	25
26	19.0401	0.0525	150.3339	7.8957	0.0067	0.1267	26
27	21.3249	0.0469	169.3740	7.9426	0.0059	0.1259	27
28	23.8839	0.0419	190.6989	7.9844	0.0052	0.1252	28
29	26.7499	0.0374	214.5828	8.0218	0.0047	0.1247	29
30	29.9599	0.0334	241.3327	8.0552	0.0041	0.1241	30
31	33.5551	0.0298	271.2926	8.0850	0.0037	0.1237	31
32	37.5817	0.0266	304.8477	8.1116	0.0033	0.1233	32
33	42.0915	0.0238	342.4294	8.1354	0.0029	0.1229	33
34	47.1425	0.0212	384.5210	8.1666	0.0026	0.1226	34
35	52.7996	0.0189	431.6635	8.1755	0.0023	0.1223	35

$i=15\%$ 续表

	一次支付		等额多次支付				
N	$(F/P, i, n)$	$(P/F, i, n)$	$(F/A, i, n)$	$(P/A, i, n)$	$(A/F, i, n)$	$(A/P, i, n)$	N
1	1.1500	0.8696	1.0000	0.8696	1.0000	1.1500	1
2	1.3225	0.7561	2.1500	1.6257	0.4651	0.6151	2
3	1.5209	0.6575	3.4725	2.2832	0.2880	0.4380	3
4	1.7490	0.5718	4.9934	2.8550	0.2003	0.3503	4
5	2.0114	0.4972	6.7424	3.3522	0.1483	0.2983	5
6	2.3131	0.4323	8.7537	3.7845	0.1142	0.2642	6
7	2.6600	0.3759	11.0668	4.1604	0.0904	0.2404	7
8	3.0579	0.3269	13.7268	4.4873	0.0729	0.2229	8
9	3.5179	0.2843	16.7858	4.7716	0.0596	0.2096	9
10	4.0456	0.2472	20.3037	5.0188	0.0493	0.1993	10
11	4.6524	0.2149	24.3493	5.2337	0.0411	0.1911	11
12	5.3502	0.1869	29.0017	5.4206	0.0345	0.1845	12
13	6.1528	0.1625	34.3519	5.5831	0.0291	0.1791	13
14	7.0757	0.1413	40.5047	5.7245	0.0247	0.1747	14
15	8.1371	0.1229	47.5804	5.8474	0.0210	0.1710	15
16	9.3576	0.1069	55.7175	5.9542	0.0179	0.1679	16
17	10.7613	0.0929	65.0751	6.0072	0.0154	0.1654	17
18	12.3755	0.0808	75.8364	6.1280	0.0132	0.1632	18
19	14.2318	0.0703	88.2118	6.1982	0.0113	0.1613	19
20	16.3665	0.0611	102.4436	6.2593	0.0098	0.1598	20
21	18.8215	0.0531	118.8101	6.3125	0.0084	0.1584	21
22	21.6447	0.0462	137.6316	6.3587	0.0073	0.1573	22
23	24.8915	0.0402	159.2764	6.3988	0.0063	0.1563	23
24	28.6252	0.0349	184.1678	6.4338	0.0054	0.1554	24
25	32.9190	0.0304	212.7930	6.4641	0.0047	0.1547	25
26	37.8568	0.0264	245.7120	6.4906	0.0041	0.1541	26
27	43.5353	0.0230	283.5688	6.5135	0.0035	0.1535	27
28	50.0656	0.0200	327.1041	6.5335	0.0031	0.1531	28
29	57.5755	0.0174	377.1697	6.5509	0.0027	0.1527	29
30	66.2118	0.0151	434.7451	6.5660	0.0023	0.1523	30
31	76.1435	0.0131	500.9569	6.5791	0.0020	0.1520	31
32	87.5651	0.0114	577.1055	6.5905	0.0017	0.1517	32
33	100.6998	0.0099	664.6655	6.6005	0.0015	0.1515	33
34	115.8048	0.0086	765.3654	6.6091	0.0013	0.1513	34
35	133.1755	0.0075	881.1702	6.6166	0.0011	0.1511	35

$i=20\%$

	一次支付		等额多次支付				
N	$(F/P,i,n)$	$(P/F,i,n)$	$(F/A,i,n)$	$(P/A,i,n)$	$(A/F,i,n)$	$(A/P,i,n)$	N
1	1.2000	0.8333	1.0000	0.8333	1.0000	1.2000	1
2	1.4400	0.6944	2.2000	1.5278	0.4545	0.6545	2
3	1.7280	0.5787	3.6400	2.1065	0.2747	0.4747	3
4	2.0736	0.4823	5.3680	2.5887	0.1863	0.3863	4
5	2.4883	0.4019	7.4416	2.9906	0.1344	0.3344	5
6	2.9860	0.3349	9.9299	3.3255	0.1007	0.3007	6
7	3.5832	0.2791	12.9159	3.6046	0.0774	0.2774	7
8	4.2998	0.2326	16.4991	3.8372	0.0606	0.2606	8
9	5.1598	0.1938	20.7989	4.0310	0.0481	0.2481	9
10	6.1917	0.1615	25.9587	4.1925	0.0385	0.2385	10
11	7.4301	0.1346	32.1504	4.3271	0.0311	0.2311	11
12	8.9161	0.1122	39.5805	4.4392	0.0253	0.2253	12
13	10.6993	0.0935	48.4966	4.5327	0.0206	0.2206	13
14	12.8392	0.0779	59.1959	4.6106	0.0169	0.2169	14
15	15.4070	0.0649	72.0351	4.6755	0.0139	0.2139	15
16	18.4884	0.0541	87.4421	4.7296	0.0114	0.2114	16
17	22.1861	0.0451	105.9306	4.7746	0.0094	0.2094	17
18	26.6233	0.0376	128.1167	4.8122	0.0078	0.2078	18
19	31.9480	0.0313	154.7400	4.8435	0.0065	0.2065	19
20	38.3376	0.0261	186.6880	4.8696	0.0054	0.2054	20
21	46.0051	0.0217	225.0256	4.8913	0.0044	0.2044	21
22	55.2061	0.0181	271.0307	4.9094	0.0037	0.2037	22
23	66.2474	0.0151	326.2369	4.9245	0.0031	0.2031	23
24	79.4968	0.0126	392.4842	4.9371	0.0025	0.2025	24
25	95.3962	0.0105	471.9811	4.9476	0.0021	0.2021	25
26	114.4755	0.0087	567.3773	4.9563	0.0018	0.2018	26
27	137.3706	0.0073	681.8528	4.9636	0.0015	0.2015	27
28	164.8447	0.0061	819.2233	4.9697	0.0012	0.2012	28
29	197.8136	0.0051	984.0680	4.9747	0.0010	0.2010	29
30	237.3763	0.0042	1181.8816	4.9789	0.0008	0.2008	30
31	284.8516	0.0035	1419.2579	4.9824	0.0007	0.2007	31
32	341.8219	0.0029	1704.1095	4.9854	0.0006	0.2006	32
33	410.1863	0.0024	2045.9314	4.9878	0.0005	0.2005	33
34	492.2235	0.0020	2456.1176	4.9898	0.0004	0.2004	34
35	590.6682	0.0017	2948.3411	4.9915	0.0003	0.2003	35

i＝25%

	一次支付		等额多次支付				
N	(F/P, i, n)	(P/F, i, n)	(F/A, i, n)	(P/A, i, n)	(A/F, i, n)	(A/P, i, n)	N
1	1.2500	0.8000	1.0000	0.8000	1.0000	1.2500	1
2	1.5625	0.6400	2.2500	1.4400	0.4444	0.6944	2
3	1.9531	0.5120	3.8125	1.9520	0.2623	0.5123	3
4	2.4414	0.4096	5.7656	2.3616	0.1734	0.4234	4
5	3.0518	0.3277	8.2070	2.6893	0.1218	0.3718	5
6	3.8147	0.2621	11.2588	2.9514	0.0888	0.3388	6
7	4.7684	0.2097	15.0735	3.1611	0.0663	0.3163	7
8	5.9605	0.1678	19.8419	3.3289	0.0504	0.3004	8
9	7.4506	0.1342	25.8023	3.4631	0.0388	0.2888	9
10	9.3132	0.1074	33.2529	3.5705	0.0301	0.2801	10
11	11.6415	0.0859	42.5661	3.6564	0.0235	0.2735	11
12	14.5519	0.0687	54.2077	3.7251	0.0184	0.2684	12
13	18.1899	0.0550	68.7596	3.7801	0.0145	0.2645	13
14	22.7374	0.0440	86.9495	3.8241	0.0115	0.2615	14
15	28.4217	0.0352	109.6868	3.8593	0.0091	0.2591	15
16	35.5271	0.0281	138.1085	3.8874	0.0072	0.2572	16
17	44.4089	0.0225	173.6357	3.9099	0.0058	0.2558	17
18	55.5112	0.0180	218.0446	3.9279	0.0046	0.2546	18
19	69.3889	0.0144	273.5558	3.9424	0.0037	0.2537	19
20	86.7362	0.0115	342.9447	3.9539	0.0029	0.2529	20
21	108.4202	0.0092	429.6809	3.9631	0.0023	0.3523	21
22	135.5253	0.0074	538.1011	3.9705	0.0019	0.2519	22
23	169.4066	0.0059	673.6264	3.9764	0.0015	0.2515	23
24	211.7582	0.0047	843.0329	3.9811	0.0012	0.2512	24
25	264.6978	0.0038	1054.7912	3.9849	0.0009	0.2509	25
26	330.8722	0.0030	1319.4890	3.9879	0.0008	0.2508	26
27	413.5903	0.0024	1650.3612	3.9903	0.0006	0.2506	27
28	516.9879	0.0019	2063.9515	3.9923	0.0005	0.2505	28
29	646.2349	0.0015	2580.9394	3.9938	0.0004	0.2504	29
30	807.7936	0.0012	3227.1743	3.9950	0.0003	0.2503	30
31	1009.7420	0.0010	4034.9678	3.9960	0.0002	0.2502	31
32	1262.1770	0.0008	5044.7098	3.9968	0.0002	0.2502	32
33	1577.7210	0.0006	6306.8872	3.9975	0.0002	0.2502	33
34	1972.1520	0.0005	7884.6091	3.9980	0.0001	0.2501	34
35	2465.1900	0.0004	9856.7613	3.9984	0.0001	0.2501	35

$$i=30\%$$

	一次支付		等额多次支付				
N	$(F/P, i, n)$	$(P/F, i, n)$	$(F/A, i, n)$	$(P/A, i, n)$	$(A/F, i, n)$	$(A/P, i, n)$	N
1	1.3000	0.7692	1.0000	0.7692	1.0000	1.3000	1
2	1.6900	0.5917	2.3000	1.3609	0.4348	0.7348	2
3	2.1970	0.4552	3.9900	1.8161	0.2506	0.5506	3
4	2.8561	0.3501	6.1870	2.1662	0.1616	0.4616	4
5	3.7129	0.2693	9.0431	2.4356	0.1106	0.4106	5
6	4.8268	0.2072	12.7560	2.6427	0.0784	0.3784	6
7	6.2749	0.1594	17.5828	2.8021	0.0569	0.3569	7
8	8.1573	0.1226	23.8577	2.9247	0.0419	0.3419	8
9	10.6045	0.0943	32.0150	3.0190	0.0312	0.3312	9
10	13.7858	0.0725	42.6195	3.0915	0.0235	0.3235	10
11	17.9216	0.0558	56.4053	3.1473	0.0177	0.3177	11
12	23.2981	0.0429	74.3270	3.1903	0.0135	0.3135	12
13	30.2875	0.0330	97.6250	3.2233	0.0102	0.3102	13
14	39.3738	0.0254	127.9125	3.2487	0.0078	0.3078	14
15	51.1859	0.0195	167.2863	3.2682	0.0060	0.3060	15
16	66.5417	0.0150	218.4722	3.2832	0.0046	0.3046	16
17	86.5042	0.0116	285.0139	3.2948	0.0035	0.3035	17
18	112.4554	0.0089	371.5180	3.3037	0.0027	0.3027	18
19	146.1920	0.0068	483.9734	3.3105	0.0021	0.3021	19
20	190.0496	0.0053	630.1655	3.3158	0.0016	0.3016	20
21	247.0645	0.0040	820.2151	3.3198	0.0012	0.3012	21
22	321.1839	0.0031	1067.2796	3.3230	0.0009	0.3009	22
23	417.5391	0.0024	1388.4635	3.3254	0.0007	0.3007	23
24	542.8008	0.0018	1806.0026	3.3272	0.0006	0.3006	24
25	705.6410	0.0014	2348.8033	3.3286	0.0004	0.3004	25
26	917.3333	0.0011	3054.4443	3.3297	0.0003	0.3003	26
27	1192.5330	0.0008	3971.7776	3.3305	0.0003	0.3003	27
28	1550.2930	0.0006	5164.3109	3.3312	0.0002	0.3002	28
29	2015.3810	0.0005	6714.6042	3.3317	0.0001	0.3001	29
30	2619.9950	0.0004	8729.9855	3.3321	0.0001	0.3001	30
31	3405.9940	0.0003	11349.9811	3.3324	0.0001	0.3001	31
32	4427.7920	0.0002	14755.9755	3.3326	0.0001	0.3001	32
33	5756.1300	0.0002	19183.7681	3.3328	0.0001	0.3001	33
34	7482.9690	0.0001	24939.8985	3.3329	0.0000	0.3000	34
35	9727.8600	0.0001	32422.8681	3.3330	0.0000	0.3000	35

习题参考答案

第2章 参考答案

计算题

1. 3.79%； 2. 5.1%； 3. 13.4%； 4. 6.32%

5. A方案加权平均资金成本为11.02%

 B方案加权平均资金成本为11.87% 故A方案优。

第3章 参考答案

计算题

1. 16.92万元 2. 第3年的贷款利息应为53.55万元，建设期建设利息共为89.05万元 3. 26.53万元； 4. 1076.48万元； 5. 2123.25万元； 6. 999.95万元； 7. 10.55万元； 8. 22.94万元； 9. $FNPV=-0.557<0$ 不能达到收益水平； 10. 1303.36万元

第4章 参考答案

计算题

1. 114.75万元； 2. 7.4年可行； 3. 11.33%

4. $FNPV_{A1}=127.75$； $FNPV_{A2}=140.76$（有利）； $FNPV_{A3}=119.87$； $FNPV_{A4}=65.08$

5. (1) $NPV_A=19.13$； $NPV_B=18.10$； $A_A=4.191$； $A_B=3.9674$，B优
 (2) $n\geqslant5.06$年B有利； (3) $i\geqslant19.72\%$A有利。

6. $A_A=5574.8$； $A_B=4358.7$，B优

7. $FNPV_A=7.37$万元； $FNPV_B=12.65$万元，B优

第5章 参考答案

计算题

1. 1) 大中取大法选Q_1，2) 小中取大法选Q_3，3) 平均概率法选Q_2

2. 2010年121.03万吨；2012年137.27万吨

3. 取开工方案。

4. 问题1：

5年的静态净利润：Ⅰ设备：11.8万元；Ⅱ设备：21万元；故应选Ⅱ设备为好。

问题2：寿命期大于5.25年时选Ⅰ设备有利。

5. 用大规模扩建新厂方案。

第 6 章　参考答案

计算题

1. 问题 1：

(1) 运营期销售税金及附加：第 3 年销售税金及附加＝29.40 万元

第 4～9 年销售税金及附加＝42.00 万元

(2) 运营期所得税

第 3 年所得税＝59.60 万元；第 4～9 年所得税＝85.14 万元

问题 2：年折旧费＝75 万元；固定资产余值＝275 万元

年　份	1	2	3	4	5	6	7	8	9
累计折现净现金流量	－345.46	－676.02	－682.8	－496.4	－327.0	－173.0	－32.94	94.35	411.52

问题 3：

动态投资回收期＝7.26 年，$FNPV$＝411.52 万元

问题 4：

i_1＝20％时，$FNPV_1$＝17.59 万元；i_2＝25％时，$FNPV_2$＝－88.54 万元

用插值法计算拟建项目的内部收益率 $FIRR$＝20.83％

问题 5：

净现值＞0，内部收益率＞基准收益率 10％，超过行业基准收益水平，项目可行。

2. 基本预备费＝1638 万元；涨价预备费＝1466.96 万元；年实际贷款利率＝6.09％

贷款利息计算：

第 1 年贷款利息＝152 万元；第 2 年贷款利息＝460 万元；建设期贷款利息＝612 万元

建设项目投资估算＝20096.96 万元。

3. 项目的产量应该安排在每年 88 台到 2852 台之间。

4. (1) BEP_Q＝17647 件，盈亏平衡时的销售收入＝352.94 万元

BEP_y＝44.11％；E＝152 万元

(2) 变动成本为 112 元/件。

5. (1) 敏感度系数

基本方案时，$FNPV$＝270.35

投资的敏感度系数＝－5.55；年销售收入的敏感度系数＝10.47；

年经营成本的敏感度系数＝－4.03

(2) 设投资变动的百分率为 X，年经营成本变动的百分率为 Y，则：

$FNPV$＝270.35－1500X－1088.83Y

令 $FNPV$＝0，Y＝0.248－1.378X

将上式在坐标中表示，该直线即为 $FNPV$＝0 的临界线，在直线左下方表示 $FNPV$＞0，在直线右上方表示 $FNPV$＜0。

6. (1) 折现率＝20％时折现值合计为 393360

折现率＝25％时折现值合计为－85070

(2) $FIRR=24.11\%$

(3) $FNPV>0$ $FIRR>20\%$，方案可行。

(4) 盈亏平衡点为 4434 立方米，$BEP_Y=44.34\%$ 说明经营状况良好，风险较小。

第 7 章　参考答案

计算题

1.（1）强制确定法

	A	B	C	D	E
功能系数	0.267	0.200	0.333	0.067	0.133
成本系数	0.270	0.200	0.150	0.200	0.180
价值系数	0.988	1.000	2.222	0.333	0.741

D、E 是价值工程研究对象。C 是否需要分析，应根据具体情况而定。

（2）积值法进行计算，结果 $\times 10^4$。

分项工程	A	B	C	D	E
积值	8.05	0.00	441.95	177.56	73.56
选择顺序	4	5	1	2	3

C 的价值系数较大，但成本明显偏低，为保证工程质量，有必要对 C 进行分析，适当加大成本。其他结论同价值工程分析结论。

2. 选甲方案

方　案	甲	乙	丙	丁
价值系数	1.038	0.942	1.008	1.016

3.

方案	A	B	C	D	E	F	Σ
成本降低期望值	41.365	0.295	−21.62	14.49	−5.52	−17.01	12

4. E 为最优方案

名称	A	B	C	D	E
方案综合指数	0.79	0.77	0.88	0.78	0.89

第 8 章　参考答案

计算题

1. 问题 1：

当工期 $T=16.67$ 个月时，A、B 两方案单价相同；

当工期 $T<16.67$ 个月时，A 方案（企业制作混凝土）比 B 方案（购买商品混凝土）

经济；

当工期 $T>16.67$ 个月时，B 方案比 A 方案经济。

问题 2：

当 $T=12$ 个月时，现场制作混凝土的数量必须大于 $4222.22m^3$ 时，比购买商品混凝土经济。

2. 年装配产品数量小于 929（件），采用手工装配；年装配产品数量大于 929（件），采用机械装配。

3. A 方案价值系数为 1.043，B 方案价值系数为 0.961，A 方案优。

4. $NAC_A=0.898$（万元），$NAC_B=1.543$（万元），B 方案为优。

第 9 章　参考答案

计算题

1. 差额净现金流量现值为 $-6635.58<0$，所以应采用租赁设备方案。

2. $AC_A=8356.8$ 元，$AC_B=8635.3$ 元，$AC_A<AC_B$，所以应选择机器 A。

3. $AC_{旧}=82524$，$AC_{新}=91567$ 元，在 4 年内，新设备的年费用高于旧设备，所以现在不应该更新。

4. 旧设备继续使用一年，$AC_{旧}=93000$，$AC_{新}=93572$ 元

　　旧设备第 2 年继续使用，$AC_{旧}=96800$ 元 >93572 元

　　所以旧设备在第一年应该继续保留使用，第二年更新。

5. 计算原设备和新设备的经济寿命：

（1）原设备保留使用 2 年，等额年成本最低即原设备的经济寿命为 2 年，此时等额年成本 AC（原）为 6444.4 元。

（2）新设备的经济寿命为 6 年，其等额年成本 AC（新）$=4973.6$ 元。

AC（原）$>AC$（新），因此应更新现有设备。

即原设备应在继续保留使用 1 年之后立即更新。

参 考 文 献

[1] 谭大璐. 土木工程经济（第二版）. 成都：四川大学出版社，2003.

[2] 谭大璐，赵世强. 工程经济学. 武汉：武汉工业大学出版社，2008.

[3] 刘晓君. 工程经济学（第二版）. 北京：中国建筑工业出版社，2008.

[4] 黄有亮，徐向阳. 工程经济学. 南京：东南大学出版社，2006.

[5] 郭献芳等. 工程经济学（第二版）. 北京：中国电力出版社，2007.

[6] 宋伟，王恩茂. 工程经济学. 北京：人民交通出版社，2007.

[7] 中国建设监理协会. 建设工程投资控制. 北京：知识产权出版社，2010.

[8] 全国造价工程师执业资格考试培训教材编审委员会. 工程造价案例分析. 北京：中国计划出版社，2007.

[9] 国家发展改革委、建设部. 建设项目经济评价方法与参数（第三版）. 中国计划出版社，2006.

[10] 投资项目可行性研究指南编写组. 投资项目可行性研究指南. 北京：中国电力出版社，2002.

[11] 全国一级建造师执业资格考试用书编写委员会. 建设工程经济. 北京：中国建筑工业出版社，2007.

[12] 全国一级建造师执业资格考试用书编写委员会. 建设工程经济复习题集. 北京：中国建筑工业出版社，2007.

[13] 任宏. 工程管理概论. 北京：中国建筑工业出版社，2007.

[14] 谭大璐. 工程估价（第三版）. 北京：中国建筑工业出版社，2008.

[15] 贾正甫，李章政. 土木工程概论. 成都：四川大学出版社. 1997.

[16] 关柯等. 建筑工程经济与企业管理. 北京：中国建筑工业出版社，1989.

[17] 杨劲. 价值工程. 北京：中国建筑工业出版社，1991.